本书出版得到北京师范大学价值观与民族精神创新基地、北京师范大学价值与文化研究中心资助

当代价值与文化丛书

丛书主编 韩 震

非确定性与现代人的生存

吴玉军 ◇ 著

人民出版社

建设社会主义核心价值体系（代丛书序）

袁贵仁

胡锦涛同志在党的十七大报告中提出，"建设社会主义核心价值体系，增强社会主义意识形态的吸引力和凝聚力"[1]，巩固全党全国各族人民团结奋斗的共同思想基础。这是我们党理论创新的又一重要成果。它深化了对中国特色社会主义的认识，进一步回答了什么是社会主义、怎样建设社会主义的问题，对于我们坚持和发展中国特色社会主义道路和中国特色社会主义理论体系，推进科学发展、促进社会和谐具有重大而深远的意义。

一

"社会主义核心价值体系是社会主义意识形态的本质体现"[2]，是社会主义制度的内在精神。社会主义是一种道路、一种制度，也是一种理论、精神。社会主义道路表现为社会主义制度的建立和不断完善、成熟，社会主义精神则是社会主义道路、制度的理论基础和思想支撑。社会主义与资本主义及其他社会形态的区别，表现为社会道路、制度的不同，其实质是社会理论、精神的不

---

[1]　胡锦涛：《高举中国特色社会主义伟大旗帜　为夺取全面建设小康社会新胜利而奋斗》，
　　　人民出版社 2007 年版，第 34 页。
[2]　胡锦涛：《高举中国特色社会主义伟大旗帜　为夺取全面建设小康社会新胜利而奋斗》，
　　　人民出版社 2007 年版，第 34 页。

同。在一定意义上说,只有先进的社会理论、精神,才能有先进的社会道路,形成先进的社会制度,对社会理论、精神的科学认识和把握的程度,制约着社会道路、社会制度完善和成熟的程度。

在人类历史中,每一社会都有其独特的社会精神气质,它因社会的经济方式、政治理念、文化传统而形成,反映社会的价值需要、价值目标和价值追求,涵盖社会的理想信念、精神风貌、道德规范,构成社会的核心价值体系。任何社会都有自己的核心价值体系,在社会意识形态中处于统摄和支配地位,对经济社会建设、社会进步和人的发展发挥着引领和主导作用。这是一定的社会系统得以运转、一定的社会秩序得以维持的基本精神依托。先进的社会核心价值体系是维系社会团结和睦的精神纽带、推动社会全面发展的精神力量、指引社会前进方向的精神旗帜,直接而深刻地影响着社会的生命力、凝聚力和创造力。

社会主义核心价值体系,是与社会主义基本制度和根本性质联系在一起的。它揭示了社会主义经济、政治、文化、社会的发展动力,反映了社会主义现代化富强、民主、文明、和谐的发展要求。《中共中央关于构建社会主义和谐社会若干重大问题的决定》明确指出,马克思主义指导思想,中国特色社会主义共同理想,以爱国主义为核心的民族精神和以改革创新为核心的时代精神,社会主义荣辱观,是构成社会主义核心价值体系的基本内容。这些都是我国社会主义意识形态中最重要的部分,是我国社会主义制度的思想根基,任何时候都不能动摇。

二

社会主义核心价值体系是一个层次清晰、结构严谨的有机整体。中国特色社会主义共同理想,既是社会主义核心价值体系的一个基本内容,又是整个社会主义核心价值体系的主题。在中国共产党领导下,走中国特色社会主义道路,实现中华民族的伟大复兴,是全党全国各族人民的共同理想;建设中国特色社会主义,是现阶段全党全国各族人民的共同事业。改革开放以来我们取得一切成绩和进步的根本原因,归结起来就是:开辟了中国特色社会主义道路,形成了中国特色社会主义理论体系。中国特色社会主义,是当代中国发展进步的旗帜,是全党全国各族人民团结奋斗的旗帜。社会主义核心价值体系,就是围绕建设中国特色社会主义这个主题展开的,是为坚持和发展中国特色社会主义道路服务的。

马克思主义指导思想是社会主义核心价值体系的灵魂。科学社会主义,是马克思主义的重要组成部分。当代中国的马克思主义理论,就是中国特色社会主义理论体系。邓小平同志说,把马克思主义普遍真理同我国的具体实际相结合,走自己的道路,建设中国特色社会主义,这是我们总结长期历史经验得出的基本结论。胡锦涛同志说,在当代中国,坚持中国特色社会主义道路,就是真正坚持社会主义;坚持中国特色社会主义理论体系,就是真正坚持马克思主义。因此,在当代中国,坚持马克思主义指导,坚持共产党领导,坚持中国特色社会主义道路,这是同一个问题的不同侧面,彼此是不可分割的。坚持马克思主义指导思想,坚持共产党的领导,就必须高举中国特色社会主义伟大旗帜,坚持中国特色社会主义伟大道路。离开中国特色社会主义,抽象地讲马克思主义指导和共产党领导,在理论上是错误的,在实践上是有害的。

民族精神和时代精神是社会主义核心价值体系的精髓。这是对中国特色社会主义的进一步揭示和规定。中国特色社会主义,是与中国国情相结合、与中国文化传统相承接的社会主义,是社会主义精神与中华民族精神相融合的社会主义。以爱国主义为核心的团结统一、爱好和平、勤劳勇敢、自强不息的民族精神,蕴涵着我国各族人民团结一心、共同奋斗的价值取向,彰显着我国社会主义制度的民族特色,深深地融入到我们的民族意识、民族品格、民族气质之中。民族精神是不断发展的,它与时代精神紧密地联系在一起。民族精神是时代精神在一个民族的凝结,时代精神是民族精神在一个时代的展现。改革开放以来,我国各族人民焕发出巨大的创造力,形成了解放思想、锐意改革、艰苦创业、开拓创新的时代精神。解放思想是发展中国特色社会主义的一大法宝,改革开放是发展中国特色社会主义的强大动力。党的十七大报告指出,新时期最鲜明的特点是改革开放,最显著的成就是快速发展,最突出的标志是与时俱进。改革创新作为时代精神的核心,是建设中国特色社会主义最宝贵的经验,是中国特色社会主义永葆生机和活力最重要的法宝,已经成为中国特色社会主义最重要的品格。在经济全球化、政治多极化、文化多样化的新世纪新阶段,没有民族精神和时代精神,就没有中国特色社会主义。保持和发扬民族精神和时代精神,是建设中国特色社会主义的精神支柱和力量源泉。

社会主义荣辱观是社会主义核心价值体系的基础,它从社会主义道德规范的角度,深化了对中国特色社会主义的认识。我们讲的荣辱观,是社会主义的荣辱观。中国特色社会主义是物质文明、政治文明、精神文明、社会文明协调发展的社会,要按照中国特色社会主义事业总体布局,全面推进经济建设、政治建设、文化建设、社会建设,思想道德建设是其中的重要内容。没有良好的道德规范,就无法实现社会和谐,也不可能建设好中国特色社会主义。胡锦涛同志说,在我们的社会主义社会里,是非、善恶、美丑的界限绝对不能混淆,坚持什么、反对什么,倡导什么、抵制什么,都必须旗帜鲜明。以"八荣八耻"为主要内容的社会主义荣辱观,与社会主义市场经济体制相适应、与社会主义法律规范相协调、与中华民族传统美德相承接、与人类文明发展趋势相一致,集中反映了社会主义道德规范和行为规范的基本要求,是中国特色社会主义的基本特征和建设中国特色社会主义的基本保证。

从邓小平理论到"三个代表"重要思想,再到科学发展观等重大战略思想,都是围绕建设中国特色社会主义这个主题而展开的,都包括在中国特色社会主义理论体系之中,坚持马克思主义指导思想,弘扬民族精神和时代精神,践行社会主义荣辱观,都是与牢固树立中国特色社会主义共同理想紧密相联的。离开中国特色社会主义道路和中国特色社会主义理论体系,就不可能形成社会主义核心价值体系,建设社会主义核心价值体系也就失去了实际意义。

三

社会主义核心价值体系是社会主义和谐社会的生命之魂。社会主义核心价值体系与中国特色社会主义的关系,最根本地体现在它与社会主义本质的关系中。建设社会主义核心价值体系是社会主义本质的内在要求。对于社会主义本质,邓小平同志作了科学的论述,他指出,社会主义的本质,是解放生产力,发展生产力,消灭剥削,消除两极分化,最终达到共同富裕。这就告诉我们,什么是社会主义主要包括两个方面的内容、要求,与之相应,怎样建设社会主义主要包括两个方面的任务、目标:一是解放和发展生产力,极大地增加全社会的物质财富;一是巩固和完善社会主义制度,逐步实现社会公平与正义,极大地激发全社会的创造活力和促进社会和谐。这两个方面相互联系、相互促进,是统一的整体,并贯穿于中国特色社会主义全部发展过程之中。在当代中国,建设社会主义就是建设社会主义市场经济、社会主义民主政治、社会主义先进文化、社会主义和谐社会,建设富裕民主文明和谐的社会主义现代化国家。

对社会主义本质的认识是在实践中发展的。随着改革开放和现代化建设的深入,我们党对社会主义本质的认识不断深化。先后提出既促进经济的发展又促进社会的全面进步是"社会主义的本质要求",人的全面发展是"社会主义新社会的本质要求",社会公平和正义是"社会主义制度的本质要求",民主与法制是"社会主义制度的内在要求",社会和谐是"中国特色社会主义的本质属性"等一系列重要论断。

社会和谐是中国特色社会主义的本质属性。这一判断,丰富发展了对什么是社会主义、怎样建设社会主义的认识,是总结国内外社会发展特别是中国特色社会主义建设历史经验得出的重要结论,也是构建社会主义和谐社会的理论基础。构建社会主义和谐社会,一个极其重要的任务,就是建设社会主义核心价值体系,增强社会主义意识形态的吸引力和凝聚力,形成全民族奋发向上的精神力量和团结和睦的精神纽带。《中共中央关于构建社会主义和谐社会若干重大问题的决定》指出,建设和谐文化,是构建社会主义和谐社会的重要任务;社会主义核心价值体系是建设和谐文化的根本。这两个判断,明确而深刻地揭示了社会主义核心价值体系在社会主义和谐社会中的地位和作用。没有社会主义核心价值体系的建设,就不可能很好地建设和谐文化;没有和谐文化的建设,就不可能很好地构建社会主义和谐社会。在中国特色社会主义道路和中国特色社会主义理论体系中,建设社会主义核心价值体系、建设社会主义和谐文化、建设社会主义和谐社会是紧密地联系在一起的。

什么是社会主义和谐社会? 胡锦涛同志指出,我们要构建的社会主义和谐社会,是在中国特色社会主义道路上,中国共产党领导全体人民共同建设、共同享有的和谐社会。这里,共同建设、共同享有,是和谐社会的基本原则。它着重强调,社会主义和谐社会建设必须把以人为本贯穿始终,把共同发展作为目标,尊重人民主体地位,发挥人民首创精神,保障人民各项权益,走共同富裕道路,促进人的全面发展,做到发展为了人民、发展依靠人民、发展成果由人民共享。共同发展是共同建设、共同享有的目的，是和谐社会的基本目标，人的全面发展是共同发展的核心内容。总的要求是人与人和谐共处，每个人的自由发展是一切人的自由发展的条件；人与社会和谐共进，人的进步与社会进步互为前提和基础；人与自然和谐共生，人的生产、生活、生存与人口、资源、环境相协调。

怎样坚持共建共享的原则、实现共建共享的要求？一个基本前提是共识，也就是用社会主义核心价值体系引领社会思潮，最大限度地形成社会思想共识。具体地说，就是坚持马克思主义指导思想，形成共同信念；坚持中国特色社会主义道路，形成共同理想；坚持爱国主义和改革创新，形成共同精神；坚持社会主义荣辱观，形成共同规范。特别是针对我国经济体制深刻变革、社会结构深刻变动、利益格局深刻调整、思想观念深刻变化，以及世界范围内思想文化的交流日益频繁、交融不断深化、交锋更加激烈的新形势新特征，在尊重差异中扩大社会认同，在包容多样中增进思想共识，团结全国各族人民同心同德、和衷共济、共同前进。

四

社会主义核心价值体系是全面推进中国社会主义发展的精神旗帜。社会主义核心价值体系蕴涵于我们党领导全国各族人民长期革命、建设、改革的实践中。提出建设社会主义核心价值体系的命题和任务，不仅具有重要的理论意义，更具有重要的实践意义。要坚持把社会主义核心价值体系"贯穿现代化建设的各方面"，引领社会思潮，推动科学发展，促进社会和谐，实现全面建设小康社会新胜利。

历史的经验表明，一个社会的核心价值的存在是客观的，高度概括、明确提出社会核心价值体系绝非易事，让全社会自觉认同核心价值体系并以此指导自己的行动则更难。这就要求我们，大力建设社会主义核心价值体系，深入研究社会主义核心价值体系，按照贴近实际、贴近生活、贴近群众的原则加强社会主义核心价值体系宣传教育，使全体社会成员特别是领导干部和青少年全面理解、自觉认同社会主义核心价值体系，形成自己对社会主义核心价值的看法、观点和态度，从而转化为自己的价值观念，转化为自己的行为准则，转化为自己投身中国特色社会主义建设的精神动力。

因此,建设社会主义核心价值体系,教育至关重要。要指导实践、推进工作,前提是武装头脑;要"贯穿现代化建设的各方面",前提是党的十七大报告所要求的"切实把社会主义核心价值体系融入国民教育和精神文明建设全过程"[1]。

要通过国民教育和精神文明建设,引导人民在推进社会主义现代化建设、构建社会主义和谐社会的实践中,坚持马克思主义指导思想,把握马克思主义的精髓,强化解放思想、实事求是、与时俱进的价值观;把握马克思主义的立场,强化以人为本,一切为了人民、一切依靠人民的价值观。树立中国特色社会主义共同理想,把握解放和发展生产力是马克思主义基本原则、社会主义根本任务的思想,强化发展是第一要务的价值观和科学发展、和谐发展、和平发展的价值观;把握公平正义是人类的共同追求、社会和谐的基本条件的观点,强化社会公平正义的价值观和民主法治的价值观。弘扬民族精神和时代精神,把握以热爱祖国、建设祖国为最大光荣的理念,强化爱国主义的价值观;把握改革创新是社会发展不竭动力、社会进步的灵魂的观点,强化坚持改革、鼓励创新的价值观。践行社会主义荣辱观,把握社会主义道德建设以为人民服务为核心、以集体主义为原则、以诚实守信为重点的总体要求,发扬戒骄戒躁、艰苦奋斗精神,强化为人民服务、集体主义和诚实守信的价值观,以及居安思危、埋头苦干的价值观。

总之,社会主义核心价值体系是社会主义意识形态的本质体现,是中国特色社会主义理论体系的重要内容,是中国特色社会主义道路的内在精神。胡锦涛同志强调:"要巩固马克思主义指导地位,坚持不懈地用马克思主义中国化最新成果武装全党、教育人民,用中国特色社会主义共同理想凝聚力量,用以爱国主义为核心的民族精神和以改革创新为核心的时代精神鼓舞斗志,用社会主义荣辱观引领风尚。"[2]我们要认真学习贯彻党的十七大精神,始终

[1] 胡锦涛:《高举中国特色社会主义伟大旗帜　为夺取全面建设小康社会新胜利而奋斗》,人民出版社2007年版,第34页。
[2] 胡锦涛:《高举中国特色社会主义伟大旗帜　为夺取全面建设小康社会新胜利而奋斗》,人民出版社2007年版,第34页。

建设社会主义核心价值体系(代丛书序)

不渝地高举中国特色社会主义伟大旗帜,把社会主义核心价值体系转化为自觉追求,努力"成为实践社会主义核心价值体系的模范,做共产主义远大理想和中国特色社会主义共同理想的坚定信仰者、科学发展观的忠实执行者、社会主义荣辱观的自觉实践者、社会和谐的积极促进者"[1]。坚定信心,埋头苦干,求真务实,开拓进取,把中国特色社会主义伟大事业不断推向前进。

(本文原发表于《中国社会科学》2008 年第 1 期)

---

[1] 胡锦涛:《高举中国特色社会主义伟大旗帜 为夺取全面建设小康社会新胜利而奋斗》,人民出版社 2007 年版,第 50—51 页。

目　录

目
录

序

　　按照古希腊哲学家伊壁鸠鲁的观点，非确定性早就存在于现实世界之中，原子在虚空中自由坠落的过程中，会在不确定的时刻和不确定的地点发生某些偏离，从而造成原子之间的碰撞，形成了原子之间的不同组合，并且构成了万事万物。可见，正是这种非确定性提供了自然万物形成的可能性，也给了人们某种自由行动的可能性。如果世界只服从必然性严格的铁律，那么人的选择和努力就都将成为不可能。由此可见，在古代，人们似乎并不焦虑于非确定性，因为他们把这种非确定性作为某种人们不能逃避的必然命运——无论是自然的运数还是诸神或上帝的神圣裁定——加以接受。

　　然而，现代人却对非确定性越来越焦虑，因为这既是由于他们再也不能像古代人那样逆来顺受地接受非确定性了，也是由于人类自身的活动增加了非确定性的广度和深度。这种变化首先与近代科学的发展有关。一方面，自然科学试图把世界都纳入必然的和可以说明的图景之中，人们变得难以接受非确定性了；另一方面，科学技术的发展却加快了自然和社会变化的进程，人们的生存失去了稳定的本体性的家园或基石，使人们觉得越来越不安定了。可见，现代人生存的非确定性焦虑是一种思维方式，甚至是一种生存在漂泊中的精神思乡病。

　　现代人对生存的不确定感表现为思维方式，但其内在的根源却存在于现代社会的变化进程之中。现代性需要朝向未来的扩张，使每个人的自我感觉到有一种流动性的成长。因此，与静止态的生存相比，流动的生存更加突出了人们的不确定感。

　　首先，现代性从人对神的反抗开始，人们借助科学的力量开始尝试解释自然现象并且取得了越来越大的成功。因此,法国数学家和天文学家拉普拉斯在向皇帝拿破仑回答为什么他的书中没有讲到上帝时,他不无骄傲地宣布:在我的体系中没有上帝的位置。过去,人们把各种人生的无常都解释为上帝的安排,可当"上帝死了"之后,我们也就没有了上帝安排的安慰,尽管这种安慰是有些无奈的。当人们在灾难面前需要抚平心灵的痛苦时,出于无奈和虚妄的精神安慰也是聊胜于无的。

其次,在人类社会的现代化进程中,人与自然之间的联系被割断,人与乡土之间的纽带被削弱,人们的家庭血缘被社会的流动性所稀释。全球化时代流动的现代性迫使人们寻找形而上学意义上的安全本体基础。可是,家园不再是稳定的,不再是可以随时回去寻找的地方。从这个意义上说,现代人生存的不确定感是旧有世界秩序衰落的产物,也是对未来航向无法明确的思虑。

再次,传统社会文化变迁缓慢,风俗、习惯、道德规则和价值观继承性强;现代社会特别是都市化进程,使原来稳固的社会系统转变成为流动性社会,规则和习俗的继承性减弱。同质化的社会更多地是无意识的被动接受既有文化,而不断变化的现代社会迫使人们必须思考自己的文化归宿和价值观选择的根基。可是,没有了上帝,没有了先验的形而上学理念,根基又何在呢?

最后,现代社会的科学技术和组织力量强化了人改变自然和社会的能力,如果说过去人们对自然的利用还是顺应自然的规律和现成功能的话,从原子时代开始人们已经可以通过技术拷问和释放自然包含的各种潜能。这种对自然的逼迫性索取,既为人类生活带来许多便利和福祉,同时也带来许多的不确定性和潜在的危险,切尔诺贝利的核灾难就是典型的警示。

不确定性给人带来焦虑,但是也给人以自由,促使人深思。

吴玉军博士是学界的后起之秀,他的这本专著是在其博士论文基础上经过充实和修改完成的。他对现代人关于非确定性焦虑的现象与原因进行了深入的探讨,并且在借助前人的理论研究成果的基础上,提出了对现代人生存状态进行合理性重构的新设想。著作观点明确,研究思路清晰,语言简洁明快,对理解当代社会问题和人的精神世界,有很好的参考价值。

韩 震

2010 年 12 月 16 日于北京师范大学价值与文化研究中心

第一章 引论:流动的现代社会与
无根基的人

> 一切固定的僵化的关系以及与之相适应的素被尊崇的观念和见
> 解都被消除了,一切新形成的关系等不到固定下来就陈旧了。一切
> 等级的和固定的东西都烟消云散了,一切神圣的东西都被亵渎了。
>
> ——马克思、恩格斯:《共产党宣言》

第一节 流动的现代社会

如果我们用最简单的语言来表达现代人生存的基本事实,那就是流动性。可以说,流动性构成了现代社会的本质特征。一方面,现代性表征着与传统的彻底决裂;另一方面,断裂的社会生活推动着现代社会的逐步形成和深入发展。生活于现时代的人们再也感受不到传统社会中的人们所体验到的年复一年相对平静不变的感觉,现代人越来越被一种变化的愿望和对分崩离析的恐惧所驱动,展现在人们面前的是一个变动不息的世界。也正是在这一意义上,齐格蒙特·鲍曼认为,现代性是一个从起点就已经开始"液化"(liquefaction)的进程;"溶解液体中的固形物"(melting the solids)是现代性主要的消遣方式和首要的成就。简言之,现代性从萌芽时期起,就一直是一个流动性的过程。[1]

---

[1] 参见齐格蒙特·鲍曼:《流动的现代性》,上海三联书店 2002 年版,第3—4页。

现代性通过与过去的不断决裂而使自身非定形化。现代性力图表达这样一种信念:不要成为过去的奴隶,不为过去而背负累赘。现代社会就是要打碎束缚个人自由的外在枷锁,在不断的批判和否定中,在与传统的决裂中彰显人的价值和尊严。人被确立为世界的中心。"人成为存在者的尺度和中心。人是一切存在者的基础,以现代的说法,就是一切对象化和可表象性的基础,即subiectum[一般主体]。"[1]"要有勇气运用你**自己**的理智","脱离自己所加之于自己的不成熟状态"[2],成为现代性的最强音。

现代社会在对传统进行激进的批判,对个体价值加以高扬的过程中,呈现出三种基本情形:[3]一种是启蒙运动以来在绝对理性的支配下所造就的现代意识。这种现代意识一方面激烈地批判千年基督教对个体自由与价值的否定,另一方面,又将基督教千禧年的理想追求继承下来,并将其发扬光大。这种具有强烈理想追求的现代性,力图将理性发挥至极致,在裁减和否定现实中建构一种绝对理性支配下的理想王国。这便是启蒙主义的现代性。它以知识的更新和人类进步的信念为支柱,以经验和科学方法为基础,"力求在人类经验或理性的基础上,建立有效认识世界的原则"[4]。

与之相反,另一情形则放弃理想追求而着迷于否定和批判,将现代性看做一种转瞬即逝的生活方式。这便是审美的现代性。审美的现代性既包含着对主体性的捍卫,又包含着对理性化的反抗。它既是现代性的建构性因素,同时更多地则是充当着现代化过程中的异己性力量。一方面,它与整个现代性的目标相一致,表达了人力图按照自身的逻辑而不是外在的神启或传统指令来行事的强烈愿望。另一方面,面对启蒙现代性造就的千篇一律的发展模式,它更加强调个人的独特审美感受。它更愿意假定一切都是偶然的、刹那的,醉心

---

[1] 海德格尔:《尼采》(下卷),商务印书馆 2002 年版,第 699 页。

[2] 康德:《历史理性批判文集》,商务印书馆 1990 年版,第 22 页。

[3] 在现代性与后现代性问题上,国内外学术界有着不同的看法。有人认为后现代性是对现代性的激进批判,因而与现代性具有迥然相异的品格;有的人将其看做是现代性否定性一面的极致。在此本书无意探讨这一问题,我们所要考察的是整个现代(由于在西方现代性理论话语中,现代就意味着与中世纪不同的一个时代的诞生,因此本书语境中的"现代"概念,包含了国内学术界普遍使用的"近代"概念在内,本书中的多数地方以"早期现代"与之对应)社会中人的生存的情形。

[4] 韩震:《关于现代性与后现代性的论争》,《新视野》2002 年第 1 期。

于否定的快感而追求一种平面化、无深度感的生活方式,对宏大的理想建构毫无兴趣。在审美的现代性看来,感觉的当下性是现代性最为显著的特征,现代性就是在转瞬即逝的刹那间被感官所捕捉到的东西,它自生自灭,没有永恒性和深度感。波德莱尔对法国巴黎街头浪子的生活态度的推崇便可划归为这一类型。在波德莱尔看来,"现代性就是过渡、短暂、偶然、就是艺术的一半,另一半是永恒和不变"[1]。波德莱尔在此展现了他对现代性的一种新的理解。他特别强调这种现代性或现代生活同样蕴涵着美。在波德莱尔的眼里,美既可能蕴涵在永恒性当中,也可能蕴涵在短暂性当中。"美永远是、必然是一种双重的构成……构成美的一种成分是永恒的,不变的,其多少极难加以确定,另一种成分是相对的,暂时的,可以说它是时代、风尚、道德、情欲……"[2]永恒部分是艺术的灵魂,可变成分是它的躯体。也正因如此,波德莱尔认为,人们无权蔑视现在,无权蔑视现代生活,无权蔑视现代生活中过渡的、短暂的、变化频繁的成分,无权蔑视现代的风尚、道德和情欲。如果取消它,则势必要跌进一种抽象的、不可确定的美的虚无主义之中。审美主义的现代生活方式突出了现代性的否定性、批判性和当下性的一面,无非是将启蒙哲学否定的向度片面化为极致而已。

较之前两种生活方式,第三种现代生活方式则具有稳妥性。这种生活方式尽管具有否定和批判传统的一面,但是与传统的决裂并不是它的最终目标和一贯追求。对传统的批判仅仅是追求进步所采取的一个必要步骤,因此对未来的追求过程必须时时返回到过去,在求得与过去的关联中反观自身。这便是反观自身的现代性。它承续了审美现代性的诸多特点,进一步反思和批判启蒙现代性,反观现代性自身,力图纠正现代化过程中的弊端。但是,反观自身的现代性较为强调传统与现代的关系,将现代看做一种与古典的过去息息相关的时代意识。它既肯定了启蒙哲学所追求的理想生活方式的一面,同时也对其理性的片面化所导致的作茧自缚的后果予以深刻的反省,从而力图保留两者的因素,为人类走出现时代的困境寻求一条积极稳妥的道路。

三种不同的现代生活理解方式,都蕴涵着对时间的不同理解。它们正是

[1] 波德莱尔:《波德莱尔美学论文选》,人民文学出版社1987年版,第485页。
[2] 波德莱尔:《波德莱尔美学论文选》,人民文学出版社1987年版,第475页。

第一章 引论:流动的现代社会与无根基的人

通过对时间含义的不同理解来展示自己关于现代与传统问题的基本看法。在传统社会,时间被作了循环化的处理,周而复始,循环不已。"历史是无止境的重演,生命也许就是通过新的肉身的再世来生。"[1]这其中无所谓进步也无所谓退步。在现代社会,线性的进步观冲破了循环观。"时间就好像高速公路一样,展现在我们眼前,从遥远的过去,穿过现在,通向未来。"[2]三种现代性都对时间作了线性处理,信奉进化和进步的观念。启蒙的现代性代表了对现代生活的高度肯定,通过对传统的扬弃来展现自身对未来的无限憧憬和追求,因而"在时间的安排和构思上是一条有着一个不安定的或不确定的起点但没有终点的直线"[3]。审美主义的现代性将当下抽象为一个个瞬间的点,时间破碎了,启蒙现代性视野中不断发展进步的直线在审美主义现代者的眼中退化为零散的、无规则的点的堆积。反观自身的现代性则可以看做是二者的综合,它将时间发展看做一个绵延过程,绵延之流中的任何一个瞬间都必须通过不断返回过去才能辨认自己,只有通过与传统的联系才能获得对自身相对独立价值的理解和把握。

尽管三种现代性模式之间存在着较大的差异,但是,通过比较,我们还是能够较为清晰地把握它们的共同点,那就是都包含着一种永不满足于传统的欲望和追求,都在不同程度地追寻新的特质的过程中表征自身。也正因如此,现代社会"预设了一种过去在某种程度上已成为负担,必须把人们从中解放出来的世界。在现代时期,人们已经不再把与生俱来的境遇作为其终生必须接受的生活条件,而是为了使未来屈从于他所希望的模式,反而把自己的意志强加在现实之上。"[4]简言之,现代性意味着一种新的社会景象、新的时代意识的产生,意味着人们在反思和批判传统的过程中,在变动的现实中寻求新生活的基本状态。流动性成为贯穿现代性过程中的一条主线。

历史发展到今天,"万物皆流,无物常在"的观念已广为现代人所接受。现代人日益明显地感受到现代社会流动不居的现实:资本冲破国与国的界限,

---

[1] 阿尔温·托夫勒:《第三次浪潮》,生活·读书·新知三联书店1984年版,第167页。

[2] 阿尔温·托夫勒:《第三次浪潮》,生活·读书·新知三联书店1984年版,第168页。

[3] 唐文明:《何谓现代性?》,《哲学研究》2000年第8期。

[4] 安东尼·吉登斯:《资本主义与现代社会理论》,上海译文出版社2007年版,导论第1—2页。

在全世界范围内自由流动,所到之处,田园诗话般的宁静与祥和被机器的轰鸣所取代;人类从自然的主宰中解放出来,理直气壮地成为大自然的主人,自然的神秘面纱被揭除,成为人类宰制的对象,被彻底地祛魅化了;大规模的劳动力大军从相对封闭的农村走向开放的城市,成为当代大工业生产中一道蔚为壮观的景象;个人走出狭小的共同体,个体对共同体的物质依赖和人身依赖消除了,由共同体的庇护所带来的安全感消除了,个体在市场经济,在全球化的漂泊中深陷于认同焦虑之中。

资本主义大生产驱动下的现代社会打破了传统社会的沉寂,生活于现时代的人们更能深切地体会到一个半世纪前马克思、恩格斯在《共产党宣言》中所作出的经典概括:

> 生产的不断变革,一切社会状况不停的动荡,永远的不安定和变动,这就是资产阶级时代不同于过去一切时代的地方。一切固定的僵化的关系以及与之相适应的素被尊崇的观念和见解都被消除了,一切新形成的关系等不到固定下来就陈旧了。一切等级的和固定的东西都烟消云散了,一切神圣的东西都被亵渎了。[1]

第二节 人的无根基生存

如前所述,现代性理想是一个觉醒的时代意识,它以主体自由权利的获得及高扬为基本标志。现代性不再将社会和共同体看做首要的东西,而更多地强调个人的独立和自由。随着封建人身依附关系的解除和宗教来世意识的衰退,个人日益将个性化作为人生理想,并以此来筹划自己的生活,自我实现成为了人们生存的标尺和追求。同时,科学和文化日益摆脱传统宗教和形而上学的羁绊,把目光从超验的上帝转移到自然和社会生活,通过对传统文化的批判反思,人们获得了自我意识的自由。

获得自我意识的自由和自我决定的自由的现代人,将自我的实现和发展作为最高目标。人因之成为关注的中心。人的一切特征的满足成为了社会运

---

[1] 《马克思恩格斯选集》第1卷,人民出版社1995年版,第275页。

动的全部内容,外在的一切社会制度都为人们自由地追求欲望满足创造着条件。在上帝和形而上学的权威消失以后,人类经历了一个辉煌时代。人类依靠理性的力量,完成着上帝曾经给予人类的许诺。于是,对彼岸天国的追求转变为对尘世幸福的渴望;对宗教文化的维护转变为对尘世生活的创造。天国的实现原先是上帝的事情,现在则成为了人类行为的目标。人类历史在凯歌中前进,人类充满着前所未有的豪情:既然上帝的存在已被证明只不过是人类理想的幻象,那么我们不如将目光由虚无缥缈的上帝转向实实在在的现实生活。在此,人的现实欲望追求成为推动现代社会不断前进发展的动力。在欲望的推动下,人们对自然进行着大规模的开发,对一切不合乎人之欲望实现的外在传统、习惯和制度进行着彻底的改造。资产阶级在此充当了黑格尔所言的"绝对精神"发展环节中的进步工具。对于资产阶级在这一伟大历史变革中发挥的作用,马克思主义经典作家给予了高度评价:

> 资产阶级在它的不到一百年的阶级统治中所创造的生产力,比过去一切世代创造的全部生产力还要多,还要大。自然力的征服,机器的采用,化学在工业和农业中的应用,轮船的行驶,铁路的通行,电报的使用,整个整个大陆的开垦,河川的通航,仿佛用法术从地下呼唤出来的大量人口,——过去哪一个世纪料想到在社会劳动里蕴藏有这样的生产力呢?[1]

随之,人类社会的价值秩序也发生了天翻地覆的变化,原先被人们倍加尊崇的价值观念如今被一种不同的甚至全然相反的价值观念所取代:笼罩在大自然之上的神秘面纱被解除了,自然由一位仁慈、善良的女性,由养育众生的母亲变成了任人宰割的对象;共同体所具有的温情脉脉的庇护功能,变成了人们伸张自由权利的基本的工具;笼罩在个体头上的公共之神——国家,只能在公共权力领域当中发挥自己的作用,在私人领域范围之内,每个人都是自我决定的上帝。个体的权利在不断伸张,个人的自主空间在不断扩大,较之以往任何一个时代,在现代社会,人类的自由解放达到了一个空前的程度。

---

[1] 《马克思恩格斯选集》第1卷,人民出版社1995年版,第277页。

尽管现代性在不断发展过程中日益显示自身的强大作用,但是伴随工具理性的高歌猛进,人们却同时面临严重的生存困境,即价值和意义的丧失。由于人类将发展的目标定格为欲望的不断满足和实现,然而人们的欲望是不断发展的,欲望的满足不会是固定的,感性的物质需要和精神需要不断推动新欲望的产生,同时新欲望的出现又进一步推动更多欲望的产生,因此以个体自由权利的追求为基本目标的现代性,其最终的结果将是人类欲望的永不满足和永不确定。由于欲望的不断满足成为现代社会衡量发展进步的一个最重要标志,进步因之也带有了不确定性的因素。在古典时期,进步始于对一个确定性的目标的追求,秩序、纯正成为进步的基本目标。当人们摈弃复杂多变的现象世界而遵从背后的"逻各斯",摈弃变动不居的感性欲望而屈从于永恒的上帝时,人们无疑是在追求一种确定的目标,从杂多当中归整出一个纯净单一的立足点。但是,当天国的神圣感消失,当上帝的神圣面纱被解除以后,人们的理性不再成为论证上帝崇高、压制个体感性欲望的基本手段,相反,理性变成了追求个体物质欲望的有效工具。现代人凭借强大的理性工具,对自然进行着无限的索取,通过外在的规范制度建构起有效的人际关系协调工具,通过理性化的论证为自己的感性欲望争得应有的位置。外在的一切都成为服务于个体欲望的工具,进步的标志就是个人欲望满足水平的高低。

永恒的宁静感与确定感消失了。自我作为一切活动、一切文化的准绳,被提升到了神的地位。曾经被信奉为神的东西被亵渎了,曾经被视做肮脏的东西被推向了神坛,成为人们竞相追逐和崇拜的偶像。以自我为中心的现代性"以世俗文化(艺术与文学)的姿态去拥抱、发掘、钻研它,逐渐视其为创造的源泉。在争取艺术自治的呐喊声中,形成了以经验本身为最高价值的信念,它要求探察一切,容许所有试验,至少是那种不在生活中加以实践的想象。行动一旦合法,历史的钟摆不免朝着松弛放纵的一端移动,日益远离节制和约束。"[1]

这样,现代性的发展实际上就是在对立和矛盾中曲折前进的。一方面是永不满足的欲望和冲动、不断的革命、无限的发展、一切生活领域中不断的创造和更新;另一方面是虚无主义、永不满足的破坏、生活的破碎和吞没、黑暗的

[1] 丹尼尔·贝尔:《资本主义文化矛盾》,生活·读书·新知三联书店1989年版,第65页。

中心、恐怖。具体说来,现代性围绕着这种人之欲望的满足过程,呈现出多种多样的显见的矛盾和冲突:

首先,现代性意味着人的理性能力的增强,宗教和迷信权威的式微,但是当反思和批判的力量渗透到社会的方方面面时,理性又体现了现代人在根本的生存信念面前的脆弱和无能。因为外在的一切权威都要经受理性法庭的批判和考察。"宗教的传统功能——针对人生境遇的变幻莫测提供终极确定感——被严重动摇了。现代社会的宗教危机使社会'无家感'转变成形而上'无家感'——即它变成了整个宇宙中人的'无家感'。"[1]如此一来,理性反思所蕴涵的怀疑主义向度使得现代人具有一种终极性的不安全感。

其次,现代人摆脱了上帝和天国的沉重负担,但又重新背上了金钱崇拜的重负,放逐上帝之后的现代人又成为了受商品和货币所支配的空心人。人们生命和精神的一切意义与价值所依赖的绝对的根基被瓦解了,曾经以为永恒的绝对者只不过是人类自我的幻想和自我欺骗的假象。一种比以往历史上任何形态都更为彻底、更为根本的虚无主义伴随着人类自身的觉醒也出现了。

再次,现代人试图利用工具理性的力量对自然、社会以及自我进行确定性的控制,试图将世界的一切作为一个解剖和实验的对象。但是祛魅化了的自然由于它所具有的高度复杂性,对人类的盲目开发和掠夺进行了顽强的反抗,人为的风险和危机作为潜在的破坏力量,对当代人的生存和发展构成着严重的威胁。

最后,现代性不再将社会和共同体看做首要的东西,它更加强调个人相对于他者的重要性,原子化的个人主义是现代人自由权的重要标志。但是,原子化的个人主义却又使得价值共识成为现代社会的一个突出问题。公共领域和私人领域分离,使得人生意义、人生价值和人生追求等道德信仰完全成为个人之事。于是,较之传统社会,现代人将价值选择、价值判断的权力收归为自身,主观的自我成为价值的重要立法者,由此而导致那种普遍性、客观性的价值权威失去了约束力,造成价值"诸神的逃遁"(马克斯·韦伯语)现象。

大自然的神秘面纱被揭除,共同体对人的价值规约失去了效力,人的超验

[1] 彼得·L.伯杰、布丽吉特·伯杰、汉斯弗莱德·凯尔纳:《现代性及其不满》,汪民安等主编:《现代性基本读本》(下),河南大学出版社2005年版,第729页。

性追求沦为片面的物质享受,所有这些表明,现代人的生存处于一种无根基的状态。当自我从一切外在的束缚当中摆脱出来,将自身与自然、共同体以及神圣的实体隔离开来之时,自我所面对的是一种无家可归的境地。

流动的现代社会与人的无根基生存,将我们时代当中的非确定性一面明显地表现出来。"在其他任何社会中,那种确定性和安全性——尤其是这种'肯定知道会发生什么事情'的给人以保证的感觉——都没有像在这个新的世界主义者栖息的界线不明、制度化不足、管制不足而且太频繁地失范的超国家性的领土上一样,崩溃得那样引人注目、突如其来……"[1]自由的现代人在不断拓展自己的生存地域,伸张着自身权利的同时,也背负着非确定感和非安全感的困扰。

第三节　自觉关注现代人的生存困境

哲学是时代精神的精华。哲学的理论自觉,源自对现实人类生存困境的应答。真正的哲学需要将外在的社会问题通过自身特有的概念、范畴和逻辑体系展现出来,以便对人类的生存状况作出批判性的考察、规范性的矫正和理想性的引导。面对流动的现代社会与人的无根生存这一基本现实,哲学需要作出自己的应答。现代人非确定性的生存状态,理应成为当代哲学自觉的关注点。正因如此,将非确定性提升出来,作为一个重要的哲学问题加以探讨,是十分必要的,这既切合于现代社会的实际发展状况,与当代哲学发展的基本趋势和潮流相吻合,同时又特别有助于为当代生存哲学研究的深化和具体化作出贡献。

自克尔凯郭尔、尼采等人以来,西方哲学界发生了一场影响深远的理论转向,即从传统的意识哲学向现代生存论哲学的转向,无论是存在主义关于人的存在状态的探讨,还是法兰克福学派的社会批判理论,抑或后现代主义关于现代性的批判莫不如此。近年来,生存哲学的探讨在国内也逐步发展开来,学者们从总体上对生存哲学进行了界定、说明和梳理,对马克思主义哲学所开启的

---

[1]　齐格蒙特·鲍曼:《共同体:在一个不确定的世界中寻找安全》,江苏人民出版社 2003 年版,第 72 页。

生存论转向进行了有益的探讨,并力图将马克思哲学放置在生存论框架之内。

生存哲学的兴起和发展,是与对人的具体生存情境的探讨密切结合在一起的,它并不是一个独立的哲学流派,也不是一个独立的哲学分支学科,它始终以关注人的现实生存状况为基本使命,因而具有强烈的问题意识和现实感。从西方生存哲学的兴起来看,它是与对人类特定历史处境的深刻反思密不可分的。宗教的衰微、社会的理性化安排、科学发展对自身有限性的揭示,构成了生存哲学思潮产生的现实社会根源。由于宗教的衰微,"人就失去了与存在的一个超验领域的具体联系,他就可以毫无约束地同这个世界的全部无理性的客观现实打交道"[1]。机械化生产尽管使人们获得了在高度抽象化水平上生活的能力,但却使人缺乏具体而真实的感觉;物理学、数学领域的进展所表明的人类理性能力的有限性,使人们不得不重新审视自己的存在。在中国,生存论哲学的研究也与特定的社会背景密切相关的。20 世纪七八十年代的"人道主义与异化"问题的讨论可看做是中国生存哲学研究的开端。随着研究的逐步深化、论题范围的逐步拓展,生存哲学研究在世纪之交达到一种理论自觉建构的高度。[2]

可见,生存哲学的发展始终以对人类具体生存境遇的密切关注为己任,并以对现实问题的哲学理论回应表征自身的存在。也正是在这一意义上,雅斯贝尔斯认为,生存哲学是要"呼吁性的发问",并在这种发问的过程中使人回到自身,"生存哲学不能找到解答,而只能现实地生成于思想的多样性之中……它唤醒了它本身所不知道的东西;它说明并进行推动,但它并不固定什么东西。"[3]因此,廓清生存哲学研究的领域,对西方学界关于生存哲学研究的基本理路加以梳理,探讨马克思哲学的生存论意蕴,这是我们探讨具体问题、深化研究的基本环节,但并不是最终目的。对于我们而言,"谈论'生存哲学'……更重要的是积极地去寻求'生存哲学'与中国特有语境的内在结合点,去自觉地思考:我们生存境遇的本质是什么? 我们所要'唤醒'和'解蔽'的生存情状究竟为何? 我们所应'彰显'和'照亮'的生存旨趣究竟是什么?

[1] 威廉·巴雷特:《非理性的人》,商务印书馆 1995 年版,第 24—25 页。
[2] 参见张曙光:《生存哲学——走向本真的存在》,云南人民出版社 2002 年版,第 25—48 页。
[3] 雅斯贝尔斯:《现时代的人》,社科文献出版社 1992 年版,第 101—102 页。

等等,倘若离开这些,所谓'生存哲学'就有可能成为一堆现成的'知识性陈述'而丧失其本有的思想品格。"[1]

也正因如此,以非确定性问题为中心,切入对当代人类生存状况的考察,既可以使非确定性研究更具人文意蕴,同时也可以推动生存哲学研究的具体化,使其避免流于纯粹知识的陈述。基于此,本书首先将通过对哲学史的考察,勾勒出非确定性问题逐步显现直至凸显出来的理论脉络,通过相关概念的阐释概括出理论分析的框架,最终在理论阐述与现实考察当中彰显现代人的生存困境,并尝试性地提出解决问题的基本思路。

第一章 引论: 流动的现代社会与无根基的人

---

[1] 贺来:《生存哲学:中国语境及其使命》,《哲学动态》2001 年第 1 期。

第二章　非确定性凸显的理论脉络

在整个人文和社会科学领域里,我们已经看到,寻求安全基础的大胆尝试和对构成真正知识前提的新方法的阐述都不再时兴了,继之而起的是提问,由此来揭露那些原来曾认为坚实可靠的信条并非真正如此。似乎突然之间各种形式的相对主义又受到了青睐……并不存在"硬事实",相反似乎"怎么都行"。

——理查丁·伯恩斯坦:《超越客观主义和相对主义》

在前一章中,我们从社会变化的宏观背景出发,从横向的层面展现了非确定性在现代社会的基本表现。在本章当中,我们主要从哲学史的考察出发,展现非确定性问题逐步显现直至凸显出来的理论脉络,并在相关问题的阐述当中概括出理论分析的具体框架。

第一节　分析前提：非确定性概念阐释

确定性与非确定性问题的争论贯穿于哲学发展的始终。尽管哲学家们从不同的角度寻找确定性的基点和探求解构确定性的基础,但是他们努力的方向基本上可以归结为两大类型,即"确定性观念"和"非确定性观念"。前者追求秩序、必然性和统一性;后者则强调差异、矛盾和无序。因之确定性与有序性、统一性、必然性、精确性和可预见性具有了内在的关联;而非确定性则与无序、差异性、偶然性、模糊性和不可预见性具有高度的相关性。由于确定性与非确定性是一组相互对立的概念,因此,出于论证的方便,我们将以确定性概念的阐述为基础,来对非确定性概念加以考察。

从存在论意义上看,确定性指世界所具有的秩序化状态。对于这一问题的理解,不同时代的思想家有着不同的看法。作为本体论思维的古代哲学,在现象和本原之间进行了二元区分,认为现象的背后有着固定不变的本质,柏拉图的理念论就是最为典型的例子。在柏拉图看来,现象世界是变动不居的,但是现象世界背后的理念世界却是永恒而真实的,也恰恰由于这一永恒理念世界的存在,决定了复杂多变的现象会沿着固定的轨道必然有序地发展开来。在中世纪,秩序的思想和对神的坚定信念是合而为一的。中世纪宗教神学把所有的方案和行为都归结于上帝。上帝是设计者和创造者,世界万物都遵循他所制定的规则,都受到他的监视并被置于一种秩序之中。正如处于古典和现代转换时期的意大利人文主义者乔瓦尼·皮科所言,"大自然就是秩序,就是经过和谐调节后的多样化了的统一性。这种和谐统一性的表现就是承认万事万物中存在着理智的联系和逻辑的推导"[1]。而人的职责则就在于用"理性"去发现由上帝所决定的自然中的秩序。启蒙哲学尽管将上帝从一切领域当中驱逐了出去,但是在世界内在秩序问题上也与基督教神学有着异曲同工之处。它采取了一种机械决定论的原则,将世界看做一座按照机械论原则运行着的精确时钟装置。以牛顿为代表的经典科学认为,现象世界的复杂性和变动性应该能够从简单的原理和普遍的规律出发加以消解。复杂性只是表面现象,而简单性则构成了它的内在本质。通过对世界偶然现象的剥离,人们可以发现其中稳定不变的内在结构。

从认识论意义上讲,确定性是指人类能够凭借自身的理性能力认识和把握世界的内在秩序,进而建构起一个逻辑连贯的理论体系。在这一意义上,确定论观念往往对人的理性寄予很大的希望。尽管古代哲学认为人的理性能力的存在是由于分有了宇宙理性或上帝的理性之光,但这在承认人类理性较之上帝卑微的同时,也认可了人较之动物的高贵之处。人毕竟因为分有了客观理性而具有了统治世界万物、洞察宇宙秩序的能力。现代哲学所开辟的认识论转向将人的理性鲜明地提了出来。在笛卡尔、斯宾诺莎等17世纪哲学家的

[1] 转引自加林:《意大利人文主义》,生活·读书·新知三联书店1998年版,第106页。

思想体系中,尽管理性被视为"永恒真理"的王国,是人和神的头脑中共同具有的真理的王国,人们通过理性所认识的就是在上帝身上所直接洞察到的东西,但是人的理性在很大程度上已经摆脱了上帝的束缚,上帝只是作为自我和自然协调者发挥作用。因此,理性的自我已被寄予了更高的希望。人被理解为自我确定的自律,自我的确定性开始成为确保世界客观性和普遍性的前提。启蒙哲学摆脱了将人的理性看做一种实体性的东西的观点,而是将理性看做一种功能性的东西。"理性不再是先于一切经验、揭示了事物的绝对本质的'天赋观念'的总和",理性成为了"引导我们去发现真理、建立真理和确定真理的独创性的理智力量。经过这样确定的真理,是一切真实的确定性的种子和不可缺少的前提。"[1]借助理性所具有的分析还原和理智重建的能力,人们可以建构起一个确定性的世界图景。人类凭借理性力量,可以建构起一个逻辑一贯的理论体系,并且通过理性的简化能力,能够对事件的发展作出准确的预期。这样,人类的理性能力能够确保人们建立起一种人为的确定性的秩序。

从价值论意义上讲,确定性是指人们能够设定一种有效的价值体系以指导自己的生活,从而获得一种意义感。人的生存不仅仅是为了满足物质的需要,还应当满足政治的、精神的需要。因此除了依靠理性的力量与自然界进行物质能量的交换以外,人还应当建立一个精神世界,以便为自己设定一种理想的目标。确定论认为,人的精神追求应当具有一种由低到高的发展序列,有一个层层提升的发展过程,这种由低到高的发展序列恰恰体现了人的形而上追求的一面。柏拉图依据其理念论对人的灵魂作出了理性、激情和欲望的三重区分;宗教神学在上帝之城和世俗世界、信仰和理性、精神和肉欲之间进行了价值高低的区分。如此一来,价值世界当中存在一个严密的价值等级秩序。当代自由主义思想家以赛亚·柏林(Isaiah Berlin)就价值领域的这种确定性观点进行了剖析。在他看来,这一等级序列是由下列三个基本假设构成的:"第一,正如在科学研究中一样,一切真正的问题只能有一个且只有一个正确的答案,所有其他答案必然是错误的;第二,一定有一条通向发现这些真理的可靠之路;第三,所获得的真实答案必定是彼此兼容的,构成一个单一的整体,

[1]　E.卡西勒:《启蒙哲学》,山东人民出版社1988年版,第11页。

因为一个真理不可能与另一个真理相冲突——我们先天地知道这一点。"[1]
因此,从价值论意义上讲,严密的体系而非偶然性的偏好、一元而非多元、普遍
性而非特殊性更符合确定性原则。

　　总之,对于确定论观念而言,无论是对世界内在秩序的确认,抑或对人理
性能力的自信,还是对人应当过一种具有理想性生活的要求,其最终目的在于
探求一个生命的阿基米德点,以便使人们站在稳固的岩石上,在变幻无常的现
象世界中获得一个确定性的根基,从而一劳永逸地发现并直面生命的意义。
简言之,确定性是指人们力图通过理性能力的运用,认识世界的内在秩序,并
在此基础上形成一套价值秩序来引导自身的生活,最终为自身的生存寻找到
一个稳固的支点。

　　在对确定性概念阐述的基础上,我们可以比较容易地对非确定性的含义
加以理解和把握。我们仍然可以从存在论、认识论和价值论等不同的角度来
对非确定的含义加以阐述。

　　从存在论角度看,非确定性是指世界是复杂的、非确定的,世界内部并不
存在规则简单的秩序。依照非确定观念,世界上除了一些非常简单的系统以
外,几乎所有的事件都被笼罩在一个相互关联的巨大非线性网络当中。一个
系统当中最小的不确定性通过反馈耦合而得以放大,在某一个分叉点上引起
突变,即使是一个简单的系统也会发生惊人的复杂性,从而使整个系统的发展
前景变得难以预测,具有高度的不确定性。因此,世界在总体上是由各种随机
性联系建构起来的。这样,非确定观念排斥了确定观所认为的世界具有内在
稳定秩序、事物发展具有明晰可见预期的观点。

　　从认识论角度来看,非确定性观念认为人类认识具有有限性,甚至采用极
端的观点对人的理性本身进行解构。非确定论排斥了那种绝对理性主义的观
点,认为人们应当放弃对复杂系统进行长期预测的僭妄。由于非确定性观念
在存在论上确立了世界的复杂性和非确定性,因而自然也就认为,对于一个不
确定的复杂系统,人类很难将其中所涉及的各项因素一一列举出来,并从中找
出复杂的因果联系。"即使我们已知初值和边界约束,系统仍有许多作为涨

第二章　非确定性凸显的理论脉络

[1]　Isaiah Berlin, *The Crooked Timber of Humanity*, Alfred A. Knopf, INC, 1991, pp. 5-6.

落的结果的态势可供'选择'。"[1] 依据非确定论观念,在一个非线性的复杂系统当中,准确预测在实际中和在理论上都是不可能的。诸如蝴蝶煽动空气那样的随机性事件,从理论上讲是可以影响全球的天气动力学的,并且在现实生活中,"蝴蝶效应"也是作为一个客观现实而存在着的。非确定性观念不仅认为理性主体只能对世界的发展作出概率性的把握,更有甚者,它还力图对主体本身进行解构。例如,弗洛伊德认为,自我并不是一个理性的统合的主体,而是由本我、自我和超我构成的东西,其中本我当中充满了各种被压抑的原始冲动、性欲等本能。这些非理性的本能比理性更为原始和根本。主体只是一系列不可把握的、非理性的情绪和感受的集合,是一个虚幻的影子。如此一来,同一的、稳定性的、理性的主体不复存在,成了一个在时间中永恒流动的碎片。这样,主体的确定性不复存在,更谈不上它具有认识世界的确定性的能力。

从价值论角度来看,非确定性是指各种价值选择之间并不存在一个高低排序,人类各种价值之间具有不可通约性。非确定性观念相信人们所追求的目的或价值是复杂多样的,并且相互之间存在着分歧或矛盾。从这些目的或价值来看,它们各自呈现出绝对的性质,我们很难通过比较的方法来判定它们孰优孰劣。它们是无法比较(incomparable)、无法通约(incommensurable)、无法兼容的(incompatible)。因此,无论是在理论上还是实践上,我们都很难建立起一种普遍的、绝对的标准和原则,以便区分出价值的高低,进而建立起一种价值等级体系。

由此可见,非确定性观念主张,世界的本然状态是杂乱和无序的,人自身的理性能力也是极其有限的,人们不能够也无需建立起一个逻辑一贯的价值体系。

需要说明的一点是,我们在此只是遵循简化原则对确定性和非确定性的特点以及含义进行了分析。实际上,无论是确定观还是非确定观,其内涵都是十分丰富的,其外延也是十分宽泛的。没有任何一个哲学家全然遵循确定性的观点,同样,也没有任何人是一个纯粹意义上的非确定论者,只是他们的观

---

[1] 普利高津:《确定性的终结——时间、混沌与新自然法则》,上海科学教育出版社 1998 年版,第 55 页。

点在有所差别的基础上呈现出了相似性。

第二节　自我的压制：确定性追求的前现代形态

对确定性的追寻一直是传统哲学[1]努力的基本方向。哲学家不满足现实世界的纷繁复杂和变化多端,他们力图从可变的世界当中或世界背后寻找到某种永恒不变的东西。正如理查丁·伯恩斯坦所言:"哲学的'真实的'基础或根据已经发现了,进行严肃哲学探讨的方法和程序唾手可得。这类主张在过去曾经一次又一次地被重复过。"[2]对绝对确定性的追求,在使传统哲学留下绚丽光芒的同时,又使其陷入进退维谷的绝境。传统哲学的许多品格及其局限,例如本质主义、基础主义、逻各斯中心主义等等莫不与此密切相关,而当代哲学对于确定性思维的解构也是以此为基本靶子的。

尽管我们可以笼统地将传统哲学归结到确定性思维的领域,但是,在哲学发展史的各个不同阶段,追求确定性的基本方式却在"家族相似"的框架下呈现出不同的特征。其中,古代哲学遵从本体论思维,力图从自我以外的东西当中寻找确定性的根基,而现代哲学则力图从自我当中寻找确定性的内在依据,因而二者之间呈现出不同的理论风格和价值取向,现代性区别于前现代性的最重要标志也正体现于此。也正因如此,几乎所有现代性的解释者都强调自我在现代社会中的地位。现代性强调个人独立于他人的重要性,否认个体主要是由他与其他人的关系、与自然、历史或神圣的造物主之间的关系所构成。相应地,在对确定性的理解和把握上,前现代性主要从宇宙秩序或神秘创造物当中加以探询,从外在的严格秩序框架中寻求个人的意义感,从而具有强烈的外向性特征。存在论意义上的宇宙而非认识论意义上的自我,成为了前现代性条件下确定性的内在根据。而恰恰是这一方面的区别,将现代社会条件下非确定性的一面显现了出来,尽管这种显现还不像后现代主义那样明显地突出来。"游离"于既定秩序之外的个人的东西不再是被谴责的对象,相反,

---

[1]　在此,为了论述方便以及兼顾国内学术界的习惯,我们将追求确定性的古代哲学以及早期现代哲学都归入传统哲学的行列。

[2]　理查丁·伯恩斯坦:《超越客观主义和相对主义》,光明日报出版社 1992 年版,第 3 页。

在早期现代哲学看来成为确定性最为清晰、明证的根基,而这在古代社会和古代哲学当中是绝对不可能的事情。在本节当中,我们主要考察前现代性寻求确定性的方式及其生存论意蕴,进而为揭示非确定性的凸显奠定一个比较性的框架。

一、作为确定性根基的本原

(一)永恒本原的探求

古希腊哲学并不满足于如实地描述和记录自然对象向人们所呈现出的变动不居的一面,而是要寻求作为多中之"一"的本原。早期古希腊哲学往往将万事万物的本原归结为某种"始基"。所谓"始基",按照亚里士多德的理解,就是指"万物始所从来,与其终所从入者,其属性变化不已,而本体常如"[1]。无论是泰勒斯的"水"、阿那克西美尼的"气",还是阿那克西曼德的"无限"、赫拉克里特的"火",无不具有这一鲜明的特色。这些不同的哲学流派尽管对世界本原的看法不一,但是其哲学皆可被归结为寻求宇宙始基的行动,这些哲学所探求的始基构成了它们追求确定性基础的本原。

当泰勒斯提出"水是世界的本原"这一哲学命题时,就意味着古希腊哲学开始了从事物的背后寻求确定性根基的努力。在这个命题当中,感性的水不是被当做与其他自然元素和自然事物相互平行的东西,而是被当做融合和包含一切实际事物在内的东西,因而构成了世界万物的本原。借助这个命题,哲学意识到"一"是本质,是唯一自在自为的存在体。"在这里产生了一种对我们感官知觉的离弃,一种对直接存在者的离弃,——一种从这种直接存在的退却。……有了那个命题,狂放的、无限纷纭的荷马式的幻想便安定了,——无限多的原则彼此之间的这种冲突,这一切认定某一特殊对象为自为地存在的真实体、为独立自为高于其他一切的力量的种种观念,都取消了;因此确定了只有一个'普遍',亦即普遍的自在自为的存在体,——这是单纯的没有幻想的直观,亦即洞见到只有'一'的那种思想。"[2] 把万物归结为"一",将"一"视为万物的本原或始基,理论的进一步抽象很容易得出这样的结论:只有这个

---

[1] 亚里士多德:《形而上学》,商务印书馆 1959 年版,第 7 页。
[2] 黑格尔:《哲学史讲演录》第一卷,商务印书馆 1959 年版,第 186—187 页。

"一"或"普遍性"是真实的、自在自为的和能动的,而具体的、特殊的存在物则是偶然的、派生的和被动的。

相对于纷繁复杂的现象之多,"一"无疑具有清晰明澈的色彩。但是这种"始基"要成为确定性的基础,还需要具有恒久性、不变性等特征。在古希腊哲学看来,世界是生灭变化的,但这种变化不属于始基,而只局限于现象界。换言之,生生死死、来来往往的只是始基变化出来的万物,始基本身是不生不灭、超越时空的。例如,阿那克西曼德宣称,始基作为本原,是不生不灭的。同样,主张宇宙始基是火的赫拉克利特虽然认为一切皆流、无物常在,但是他同时也认为这只是就世界和人生的现象领域而言的,世界的本质——宇宙始基是永远不变的,世界的过去、现在、未来永远是一团永恒的活火。作为世界始基的火无从产生、也无从消亡,它是不同于具体存在的一种永恒存在。而主张世界的始基是"存在"的巴门尼德宣称,存在者不是产生出来的,也不能消灭,因为它是完全的、不动的、无止境的。

既然万事万物始于始基又复归于始基,因而始基的这种恒常性存在,便成为规定事物发展变化的内在"命运",循环命定的思想成为了古希腊哲学的一个鲜明特色。阿那克西曼德就明确指出,"万物由之产生的东西,万物又消灭而复归于它,这是命运规定了的。因为万物在时间的秩序中不公正,所以受到惩罚,并且彼此互相补足。"[1]这种命定观也意味着事物是严格按照某种确定必然的方向进展开来的。

早期古希腊哲学在探询始基的过程中,其思维水平也在一步步地走向抽象化和普遍化。从作为"始基"的泰勒斯的"水"、赫拉克利特的"火",到毕达格拉斯的"数",巴门尼德的"存在的一",始基的超自然性特征就更加明显地表现了出来。始基已不再纯粹是自然界之中的感性个体,而是经过人的思维和语言抽象化了的一般之物。提出"能够被表述被思想的东西必定是存在"这一观点的巴门尼德就代表了早期古希腊哲学探询始基的最高抽象化水平。巴门尼德明确区分了两条认识的途径,即真理之路和意见之路。前者主张"存在者存在,它不可能不存在";后者主张"存在者不存在,非存在必然存

[1] 引自北京大学哲学系外国哲学史教研室编译:《古希腊罗马哲学》,商务印书馆 1961 年版,第 7 页。

在"。在巴门尼德看来,真正的实在就是"存在者",而只有存在者才是存在
的。这种存在者是唯一的、不可分割的、连续统一的;是永恒的、不生不灭的。
真理正是相对于这种存在而言的。存在就是实在,所以关于存在的知识就是
真理;存在不是感性的事物,因而把握存在的方式是思想。巴门尼德以意见与
真理、存在与非存在的区分划分了两个不同的世界,即确定的真理世界和非确
定的意见世界。巴门尼德的这一确定论观点具有极其重要的影响,他的实体
永恒不变的基本思想为以后柏拉图理念论的提出提供了重要的启示。也正因
为如此,哈贝马斯对巴门尼德的思想作出这样的评价:"尽管柏拉图和亚里士
多德之间矛盾重重,但是,随着巴门尼德而产生的形而上学思想一般都把存在
者的存在问题作为出发点——因此,这是一种本体论意义上的形而上学思想。
真知追求的永远都是普遍性、永恒性和必然性。无论是以数学为摹本,把真知
理解为直观和回忆,还是以逻辑学为摹本,把真知看做沉思和话语,认识所把
握的都是存在者自身的结构。"[1]

需要注意的一点是,尽管巴门尼德所说的"存在者"是表示世界本原或始
基的一个概念,但它并不是抽象的原则,而是时间和空间中的实在,并且是固
定的形体,这个固定的形体在他看来就是一个滚圆的球体。同其他古希腊自
然哲学家一样,巴门尼德并不认为世界的本原是某种超时空的本质,也不是无
形状的精神,而是处于时空之中的对象。它们之间的区别仅仅在于巴门尼德
的思想更加抽象化和普遍化。早期的古希腊自然哲学家所说的世界的本原具
有感性直观可把握的形状和性质,不管是泰勒斯的"水",还是赫拉克利特的
"火",在现实的可感世界当中人们都能够实实在在地感觉到,而巴门尼德的
"存在者"却只能通过理性思辨和逻辑的论辩来加以把握。因此巴门尼德的
哲学虽然代表了早期自然哲学发展的最高水平,但不足以构成古希腊哲学寻
求确定性的一次根本性转折。真正的转折当属苏格拉底和柏拉图哲学所开辟
的研究方向。

(二)确定性追求的内向化

通过前面的论述,我们可以看到,早期古希腊哲学是外向的追求世界的永
恒性和齐一性,但是这种外向的追求却潜在地依据于人性内部对确定性的欲

---

[1] 哈贝马斯:《后形而上学思想》,译林出版社 2001 年版,第 13 页。

求和规定,对相似性的欲求原则上先于对相似性的观察。实际上,正如古希腊哲学后来的发展所表明的那样,在外在的经验世界中难以寻找到人性所需的确定性,因为外在世界所呈现给我们的是一个流动不居的情景,因而对于确定性的寻求必须进行思路上的重大转换,即从外在世界转移到内心当中。苏格拉底正是将追求确定性的目光从万物的始基转移到"认识你自己"当中。

苏格拉底借用"认识你自己"向世人表明,哲学的探讨不应当像早期自然哲学家那样只研究自然而不考察人世。实际上,人的心灵内部已经包含着与世界本原相符合的原则,人首先应当在心灵中找到这些内在的原则,然后以此来反观世界本身。苏格拉底的"精神助产术"表明了他不主张传授一门现成的知识,而是把早已先天地包含在论辩双方心灵中的知识通过论辩诘难的方式揭示出来,这正如同接生婆将早已存在于母腹中的胎儿接生出来一样。苏格拉底的这一观点不仅解构了以往的哲学,也导引了新的哲学方向,使哲人思考问题的视角从自然界的现象转向了人自身,寻求人的理性能力的最高表达。

苏格拉底从变动不居的直接经验世界转向内心之中,这体现了古希腊哲学寻求确定性基础的一个新的方向,即在心灵中寻找反观外部世界的原则,这一新方向为柏拉图所继承并发扬光大。柏拉图接受了苏格拉底用心寻求事物定义的方法,主张将问题从可感的事物转移到另一类事实上去。在他看来,"感性事物既然变动不居,就无可捉摸,哪能为之定义,一切通则也不会从这里制出。这另一类事物名之曰'意第亚'"[1],即"理念"。"理念"是个别事物存在的根基和源泉,我们感官所涉及的那些个别的、可变的、相对的事物都不是真正的实在,真正的实在是那些一般的、不变的、永恒的、绝对的理念。这种理念就是关于事物的一般的类概念。"一个东西之所以是美的,乃是因为美本身为它所'分有'。"这个"美本身","美的一般定义",就是美的"理念"。由于每一类事物都有自己的理念,因此理念不仅是多中之"一"(个别中的一般),而且是众多的"一"。这些众多的"一"构成了他的理念世界,这是唯一真实的世界。显然,在此,柏拉图将巴门尼德关于实在是永恒的、无时间性的观点吸收了进来,同时也摈弃了赫拉克利特无物常在的观点。

柏拉图的理念论就是要反对相对主义,力图将人类知识从相对主义的主

---

[1] 亚里士多德:《形而上学》,商务印书馆 1959 年版,第 16 页。

观任意性和不可捉摸的赫拉克利特之流当中拯救出来,为知识寻求到确定性,为人类生存寻求到安身立命的根本。理念论的实质就是要将流动变化的可感事物加以定型化,从实然的流变世界当中抽象出一个具有内在规定性的世界,并用这一世界来对纷繁复杂的现象世界加以设定,从而使现象世界获得一定的秩序。

在柏拉图那里,理念具有多种不同的含义,它既是对事物的性质起决定作用的内在形式,又是逻辑上所讲的种概念,还是创造一件物品所根据的原型、本原和原因,具有本体论、目的论、认识论和发生学等多方面的含义,内含了人类理性的认知、建构和价值三大功能。从本体论上讲,理念是本体,是脱离和先于可感个体事物的客观实在;从目的论上讲,理念是万物追求的目标和赖以产生的动因;从认识论、逻辑学上讲,理念是种、一般概念、共相、范畴;从发生学上讲,理念是万物的本原、模型,可感个体事物是以同名的理念为模型,模仿或分有理念而派生出来的摹本。理念论提出,理念才是真正的实在,现象世界的"美"、"勇敢"等都是模仿或分有了同名理念而得来。

柏拉图把关于理念世界的认识称为知识,将关于现象世界的认识称为意见,"善"的理念是最高智慧。这样,在柏拉图那里,人们充其量只能得到对理念的认识,即知识。在此,尽管苏格拉底、柏拉图的哲学开启了寻求确定性基础的内在化转向,但是,我们需要看到,这种确定性的基础并不是内含在主体自我的确定性当中。尽管苏格拉底的精神助产术和柏拉图的灵魂回忆说表明,学习无非是恢复我们已有的知识的过程,似乎这种向内心寻求普遍必然性和确定性的做法是一种在主观中建构客观的基本思路,同后来现代哲学的主体主义思路并无根本性差别,但是这种表面的一致性并不能从根本上掩盖问题的实质。古代哲学,不管是古希腊哲学还是基督教哲学,从根本上而言,所遵循的是一种客观理性的观念,与早期现代意识哲学所追寻的主观理性形成鲜明的对照。赫拉克利特的"逻格斯"所表征的是外在事物所具有的内在规则和规律;柏拉图的理念世界也只是一个外在的本体世界。相比起确定的、本质化的理念世界,人们的意识所构成的世界只不过是一个非确定的意见世界。而这一意见世界所具有的真理成分只不过是对理念世界的分有或模仿,人的认识能力只不过是分有或模仿了最高理念——神的理性而已。也正是在这一意义上,伽达默尔认为,古代哲学是在宇宙中寻找理性,理性"并不是人的自我意识的最初的最重要的属性,而是存在本身的属性。存在本身以这种方式而成为全体,表现为全体,即人类理性被极其适当地设想为这种存在的合理性的一部分,而不是被设想为同客观的全体相对应而认识自己的自我意识。"[1]在古希腊哲学中,人的理性以其从属于超越的宇宙理性的方式达到了两者的统一。

古希腊哲学所具有的这种特征表明,在哲学发展的童年阶段,人的自我意识尚未完全觉醒,人的主体性观念尚处于萌芽状态。哲学发展的这种水平,使得它面临着两种可能的发展方向:一是人的主体意识逐步觉醒,以主体自我的确定性来规范外在变动的世界,从而使客观理性转化为主观理性,以主观性确保普遍性和确定性;一是丧失自我的确定性和明晰性,使自身委身于外在的确定性之中。实际上,古希腊哲学后来就是沿着后一种道路发展开来的。为追求一种绝对的确定性和普遍性,柏拉图不惜牺牲自我的明证性而使其哲学呈现出一种明显的异化倾向。作为最高理念的上帝按照自己的理解为世间万物注入了灵魂,这就是后来的基督教哲学具有彼岸性特征的理论源头。新柏拉图主义者普罗提诺所提出的"太一"说和流溢说更是将柏拉图的理念论片面化地发扬光大,他提出的太一、理智和灵魂三位一体的观点,包含了后来基督教哲学上帝"三位一体"的种子。柏拉图哲学所含有的、为新柏拉图主义所拓展了的追求异世性的做法,就是想要摆脱时间和历史而进入永恒之中。柏拉图的理念论为追求绝对超验、普遍必然性的先验哲学奠定了理论基础,这种超验性的追求,一方面为人们寻求安身立命的精神家园提供了重要的理论根据,另一方面也使古希腊哲学当中富有灵性冲动的"努斯"精神受到了窒息。共时性的结构分析取代了历时性的生成,上帝作为柏拉图理念论的发展成为了一种人类重新寻求生存根基的努力方向。

至此,古希腊哲学后期的发展不再寻求以经验的研究和独立的理性思考来代替神话时代的思想,而是把自己的任务视为用种种理由去支持传统宗教,并将其表述为理智上可理解的东西。"知识被恍惚神迷状态下的启示所代替。在古希腊哲学实行了这种自我阉割之后,它精疲力竭地倒入了宗教的怀

[1] 伽达默尔:《科学时代的理性》,国际文化出版公司1988年版,第15页。

第二章 非确定性凸显的理论脉络

抱。"[1]上帝的论证成为了西方哲学寻求确定性的努力新方向。

二、作为确定性根基的上帝

当柏拉图的理念论极端化发展,理性的力量不足以与神秘主义教义观念区分开来时,原先与宗教观念具有很大区别的希腊理性观念便与宗教结缘。当希伯来宗教观念、道德的上帝观念和希腊的哲学理性发生碰撞后,一个完整的、作为一种文化象征的上帝就诞生了,上帝不仅是一种抽象的理性原则,一种神秘的力量,一种有道德感召力的律令,同时还具有"道成肉身"的人格形象。可以说,这个上帝,是希腊哲学理性、犹太教的宗教崇拜和基督教的道德实践的"三位一体",是理性、信仰、道德的"三位一体"。

中世纪神学家奥古斯丁、托马斯·阿奎那等人,分别以不同的方式对上帝作了充分的论证和说明,并通过对人的认知和实践活动即思想和道德活动的阐释,昭示了上帝存在的意义。奥古斯丁吸收了柏拉图的"太阳"比喻说,以其著名的"光照说"阐述了上帝是理性之源的基本观点。在他看来,一切真理都存在于上帝之中,上帝是真理的来源,真理是上帝之光。正如只有在光照之下眼睛才能有所见一样,心灵只有在上帝之光的照耀下才能有所认识;正如离开了光线的视觉只是一种潜在的能力一样,不受光照的理性不能进行认识活动。实际上,不存在不受光照的理性,正如视觉自然地趋向光线一样,理性以其本性自然地趋向光明。因此,一切有理性的人都或多或少拥有真理,但只有那些信仰上帝、热爱上帝的人才能自觉地、充分地接受真理,把这些真理集中起来,以便认识作为真理之源的上帝。基于这一论证过程,奥古斯丁得出这样的结论:"谁认识真理,就能认识这光;谁认识这光,就能认识永恒者,唯有爱才能认识他。"[2]这样,在奥古斯丁看来,认识的过程无非就是对上帝之光的反观过程,上帝之光确保了认识的确定性和真实性。

在西方人的观念中,上帝不仅是知识确定性的根源,同时也是伦理道德价值的根据。在整个基督教哲学中,善与恶、上帝之城与世俗之国、上帝与人之

---

[1] E.策勒尔:《古希腊哲学史纲》,山东人民出版社1992年版,第337页。

[2] 奥古斯丁:《忏悔录》,22卷10章10节,转引自赵敦华:《西方哲学简史》,北京大学出版社2001年版,第111页。

间存在着严格的界限。基督教哲学正是以其创世说、原罪说、天国报应说以及教权至上说，确立了上帝的至高地位。创世说表明，人连同自然万物一起，都出自造物主上帝之手；人作为上帝的一种特殊创造物，是一种掌管自然万物的类神的存在。这种既规定了人之特殊存在，又规定了人是一种被创造者，而作为创造者的上帝，无疑在道德、价值上具有最为崇高的地位。原罪说就表明了这一点。当人类的"始祖"亚当、夏娃被从伊甸园赶出以后，人类便带着一种原罪的情结生存于世。人类祖先亚当的一次自由意志的堕落构成了人类永难逃脱的"原罪"的宿命。由于"原罪"对于亚当的后代来说是一种与自由意志无关的必然性或决定论，因此源于个人自由意志的善功和德行并不能使人人从"原罪"中得救。要想摆脱万劫不灭的"原罪"，只有依靠上帝的恩典。如此一来，人类将成为上帝永久裁判和拯救的对象。

　　基督教哲学当中的超越性观念，上承柏拉图的绝对理念，下接笛卡尔、康德的先验自我，虽然以一种人性异化的形式出现，却成为西方人性追寻普遍性、确定性的深层根基。古希腊哲学大胆地开辟了由神话通向理性的道路，由于深信人类心灵的伟大力量，古希腊哲学力图在科学的基础上建构起哲学体系。尽管在柏拉图和亚里士多德的思想中已经暗含了基督教哲学的萌芽，但是，宗教的神秘主义因素始终在古希腊哲学中不占据主导性地位，希腊哲学传统也由此而与希伯来传统保持着较为明显的区别。实际上，不仅古希腊哲学开辟了人类的理性之光，世界其他主要的古代文明，在这一时期也都开始了第一次觉醒，亦即形成了雅斯贝尔斯所言的人类"轴心时期"。"这个时期的新特点是，世界上所有三个地区（中国、印度、西方——引者注）的人类全都开始意识到整体的存在、自身和自身的限度。人类体验到世界的恐怖和自身的软弱。他探询根本性的问题。面对空无，他力求解放和拯救。通过在意识上认识自己的限度，他为自己树立了最高目标。他在自我的深奥和超自然存在的光辉中感受到绝对。"[1]在这个重要的时期，人类已经明确意识到自己与自然之间的区分，开始意识到自己在宇宙中所占据的特殊地位，意识到自己所独具的高于其他动物的理性和意识，并将外在的自然世界作为自己理性考察和认识的对象。古希腊哲学的发展无疑具有"轴心时期"的这一特点。尽管人

第二章　非确定性凸显的理论脉络

---

[1]　卡尔·雅斯贝尔斯：《历史的起源与目标》，华夏出版社1989年版，第8—9页。

类已经开始意识到自己的独特性并运用自己的理性能力,但是,人类自身的理想并未强大到足以使世界"祛魅化"的程度,自然之中仍然保留着神性的成分,人们的思维当中仍然保留着神化思维的痕迹,人的主观理性仍然是宇宙中的客观理性所赋予的,是最高的理性或最高的神所赐予的。也正因如此,面对自然的广袤和世事的变化无常,人类仍然时时感受到自己的孤独和有限。这样,人类在自身意识觉醒的同时,也意识到自己是一种孤独和有限的存在。

三、前现代确定性追求的生存论意蕴及其局限

通过分析我们可以看到,面对现实生活、感性世界、经验王国中一切皆变、无物常在的不确定性,人们时常感到恐惧,力图逃避和排斥这种不确定性,力图超越现象世界,在现象的背后寻求和设定绝对的确定性。由此,神、始基、上帝等相继出场,承担起支撑人类信念基石的使命。古代哲学力图从外在的世界和神秘创造物当中寻求确定性根基的努力,既包含着丰富的生存论意蕴,同时也暴露出其自身明显的局限性。

古希腊哲学世界以探求世界的本原而开辟出本体论思维方式,基督教哲学以上帝为基础力图为人类建构一个意义和价值的世界,这些理论和实践的努力包含着丰富的生存论意蕴。早在童年时期,人类就朦胧地直觉到人之生存应当得到一种绝对永恒的东西的支撑与保护,并在自己所创造的神话中获得了这种形而上的慰藉。正如尼采所言,神话也是一种形而上学,只不过是"民族早期生活的无意识形而上学",是人们"对生命的真正意义即形而上意义的无意识的内在信念"[1],神话正是以人神同形的方式将绝对永恒的东西对象化,使人们直观感受到众神的存在及其对人之生存的意义,"众神就这样为人的生活辩护,其方式是它们自己来过同一种生活……在这些神灵的明丽阳光下,人们感受到生存是值得努力追求的。"[2]但是神话作为一种无意识的形而上学毕竟是人类思维尚处于童年时期的产物,随着人的理性能力的不断觉醒,众神在人们心目中的地位逐渐退却,已无力承担作为人的生存保护者

---

[1] 尼采:《悲剧的诞生——尼采美学文选》,生活·读书·新知三联书店1986年版,第102页。

[2] 尼采:《悲剧的诞生——尼采美学文选》,生活·读书·新知三联书店1986年版,第12页。

的重任。丧失了众神支撑和保护的人类,必然在意义的无根基状态之中陷入彷徨和徘徊,需要以一种新的方式来探求生存意义的基础。

抛弃神话思维的古希腊哲学新辟途径,在不断探求世界本原或始基的过程中寻找生存的确定性基础。正如前面的分析所表明的,在追求世界的多中之"一",变化之永恒的过程里,早期的自然哲学家们在一次次的相互否定和超越过程中,进行着重建生存根基的努力。从米利都学派关于作为始基的"水"、"气"和"无限",到毕达哥拉斯"有定之一"的"数"、巴门尼德的"真实"存在的存在者,始基逐步摆脱了其感性的一面,逐渐走向抽象化。这种不断超越感性的具体,走向超感性的始基的过程,展示了传统本体论哲学所包含的基本目标:不仅要为万物寻找能使其获得统一的始基,更为重要的是要为人生寻找到终极的目标,这一目标将赋予生命存在以意义的统一性。本体论就是以这种探求对象之外和之上的"超验"的永恒秩序的方式,来表达人的形而上学的本性。

人的这种形而上学的本性,正是整个哲学史一直致力"终极存在"这一主题的内在原因。从根本上说,找寻"终极存在"、"始基"和"永恒秩序"等等目标,一方面是为了获得世界的统一性,另一方面更为重要的是要为人类的精神寻找到一个确定之点。也就是说,哲学家们探索世界本原的目标不仅仅是为了解释和说明世界,更重要的是试图以此来实现自己的目的,认识自己的本性,为人生寻找意义,为人自身的发展设定终极的目标。从这一意义上来说,包括古希腊哲学以及此后我们将要阐述的基督教哲学在内的古代哲学,其价值和意义是不容否定的。

也正是在这一意义上,我们不仅应当肯定早期古希腊自然哲学探询"始基"的价值与意义,同样我们也应当从生存论的角度肯定柏拉图客观理性主义的理念论的价值和意义。从一般意义上来看,柏拉图理念论当中的许多内容确实掺杂着许多如亚里士多德所言的诗意般的比喻,其中的许多内容在今天看来甚至是幼稚的和荒谬的,但是从生存论的角度来理解,理念世界建构的根本原因并不是仅仅在于为万事万物寻找到存在的本原,更重要的在于建构起人类自身的生存根基。柏拉图理念论所面对的直接思想背景是智者学派感觉主义和相对主义的泛滥。普罗泰戈拉明确提出"知识就是感觉","人是万物的尺度,也是存在者得以存在的尺度,也是不存在者不存在的尺度"的观点。高尔吉亚则进一步提出三大虚无主义的命题："第　，无物存在;第二,如果有某物存在,人也无法认识它;第三,即使可以认识它,也无法把它告诉别人。"[1] 这样一来,自泰勒斯至巴门尼德以来追求确定性根基的努力宣告终结。早期古希腊哲人对生存根基的执著追求在这种感觉主义的潮流中宣告破产。始基的失落使人们陷入了比众神逝去更为尴尬的生存境遇:人类的生活世界不再是一个具有稳定价值支撑的意义整体,而是一个变动不居,变幻莫测的世界,"重建生存根基的一次又一次失败,似乎表明了这个世界本来就是善恶混淆、美丑不分和是非难辨,人类只能作为无助的生命个体在生命巨轮的重压下日趋堕落"[2]。

从生存论的角度来看,柏拉图的理念论正是为解决人的生存根基的失落所进行的一种理论努力。他的下列独白就表明了这一点:"究竟事物有没有永恒的本质,或者还是赫拉克利特及其追随者们说的才是真理? 这是个很难决定的问题;但是任何正常的人都不会将他自己和他的灵魂置于名字的控制下,相信那些名字和名字的制造者,将他们自己和事物当做不健康不实在的东西,他们不会相信事物像有漏孔的壶,也不会设想世界是像一个患感冒的人所觉得那样总是流动变化的。"[3] 很显然,柏拉图已经意识到自泰勒斯以来的素朴的形而上学都隐含着一个理论前提,即追求世界的本质,并且他也意识到在事实层面上这一理论前提也是不可能的,但是从自身生存需要出发,人总不会将自己和万物视为不真实的东西,不会总是设想自己所处的世界处于永久的流动变化之中,人只有坚信世界具有永恒不变的本质,其生存才具有坚实可靠的根基,生活中的真、善、美等基本的价值才能得到最后的保障。也正是基于这一信念,柏拉图才充分继承和发展了苏格拉底关于道德观念实体化的思想,把人们关于感性具体的事物的"一般"或"共性"的观念实体化为本体,由此构成相对于流动不居的感性世界的理念世界。由于感性世界是分有或模仿了理念世界而存在的,因而理念世界从价值层面上确立了自身的地位。先前

---

[1] 柏拉图:《普罗泰戈拉篇》。转引自赵敦华:《西方哲学简史》,北京大学出版社 2001 年版,第 32 页。

[2] 韩艳:《理念世界与生存根基——从生存论角度看柏拉图的"理念论"》,《江汉论坛》2002 年第 3 期。

[3] 引自汪子嵩:《希腊哲学史》第 2 卷,人民出版社 1993 年版,第 418—419 页。

哲学中的"始基"和"本原"也演变成了一种价值维系者和意义源泉,从而使世界不仅在事实层面上划分出了本体世界与现象世界,也在价值层面上划分为合乎目的的价值世界与合乎客观的事实世界。

当人类以更为精致化的方式确立了自己的形而上追求时,也意味着人类以新的方式实现了对自己生存根基的重建。从此以后,形而上学的发展便以渗透于其中的"理念"精神为核心,吸引着一代又一代哲人不懈的探求。正如海德格尔所言:"纵观整个哲学史,柏拉图的思想以有所变化的形态始终起着决定性作用。形而上学就是柏拉图主义。"[1]古希腊哲学特别是柏拉图理念论所确立的这种形而上学为什么会对人们产生永恒的吸引力?俄国哲学家舍斯托夫对此作出了深刻的生存论阐释:"苏格拉底、柏拉图、善、人性、理念——所有这一切从前都是天使和圣人,它们集合在一起,保护人的内在灵魂不受怀疑主义和悲观主义恶魔的侵害和攻击。"[2]

如果说古希腊哲学对世界本原或始基的追求,从生存论角度看具有弥补因诸神的消退所带来的生存无根基状态的话,那么基督教上帝观念的形成,也同样起到了这样的效果。人类外在化的追求和内在化的反思必定会使人们不愿意接受自己孤独和有限的状态,而有意无意地掩盖或超越这一情境。当理性的力量不足以冲破孤独、不安的存在状态时,人类必然将自己的命运交付给某种人们可以安心立命的神,这种自觉或不自觉的意向无非是以一种异化的方式将人变为神,进而在终极意义上超越自身的有限性,最终达到完满自足的境地。也正是在这一意义上,我们可以清楚地看到,基督教神学为此所作出的种种努力:尽管人是有缺陷的,但是上帝却是完满的;尽管人的本性是恶的,但是仁慈的上帝却能对人进行救赎;人类的理解能力与上帝的崇高无法相提并论,人只有通过信仰来寻求理性……正是人的卑微印证了上帝的崇高,这种看似荒谬的观念中隐含着深厚的生存论基础。

事实也恰好表明,在西方人的社会生活当中,上帝承担着人类意义的终极价值与源头的重要作用。上帝是从无意义、混沌中创造了世界,上帝是宇宙秩序的立法者,是宇宙意义神圣化的象征,由此,神圣化的宇宙秩序与意义、人的

---

[1] 海德格尔:《面向思的事情》,商务印书馆1996年版,第59页。
[2] 引自刘小枫:《走向十字架的真》,上海三联书店1995年版,第21页。

生命便始终被置于具有终极意义的秩序之中。正如彼得·贝格尔所言,"在人类创造世界的活动中,宗教起着一种战略作用。宗教意味着最大限度地达到人的自我外在化,最大限度地达到人向实在输入他自己的意义之目的。宗教意味着把人类秩序投射进了存在之整体。"[1]上帝这一超越者使人类活动内在的不稳定性以及社会有序化意义结构的脆弱性被赋予了最终的可靠性和永久性外表。

无疑,对确定性基础的设定在很大程度上满足了人们形而上追求的欲望,使人们在流动不居的世界中获得稳定感和安全感。同时,这种对确定性追求的过程,也是人类思维的抽象化和逻辑化的过程,是人类精神史上的一次伟大进步。但另一方面,这一做法也使人类历史上源远流长的关于运动、生命的感性冲动的"努斯"精神受到了窒息,逻各斯的理性规范性被发挥到极致,自我主体被异化成为一个冰冷的外部世界。无论是古希腊本体论哲学,还是中世纪基督教哲学,它们或者从具体的现象世界当中抽象出一个虚幻的本体世界,或者将世界的发展归结为一个超自然的东西,所有这些都是一种虚幻的、人为的产物,是人为构造出来的一种确定性的幻象,其哲学思维方式具有不容忽视的缺陷。

追求外在确定性本原的本体论哲学,最终以本原的确定性和先在性抹杀了人的主体能动性。本体论哲学所运用的是一种"还原"思维方式,这种思维方式的特点在于总是从某种先定的本性去演绎和推论现在与未来。它的最高目标是追求绝对的确定性与统一性,借助于绝对确定的"本体",把其他的一切都还原于此,从而获得一种无矛盾的同一性。根据本体论哲学的思维方式,人的本质并不在于人自身,而是被规定于先在的本体里,人是按照本体的确定的尺度与目的活动的,甚至人所追求向往的未来,在本体里也早已安排就绪。诚如我们前面所述,以柏拉图为代表的古希腊哲学所追求的是一种客观理性,人的认识活动不过是认识事物内在的本质结构而已,人的活动委身于某种先在的本质当中。很明显,在这样的哲学中,本原、理念具有最高的支配地位,人不过是实现本体规定的一个活动工具而已。由于本体规定了人的现在与未

---

[1] 彼得·贝格尔:《神圣的帷幕:宗教社会学理论之要素》,上海人民出版社1991年版,第36页。

来,因而忽略甚至是否定了人的能动作用与发展的流动性。

本体论思维方式试图用抽象的东西去说明和把握丰富多彩的世界,其最终结果是把世界概念化、简单化了。对此,后现代主义者尼采就作出了批判。他指出,真正实在的东西、世界的真相不是静止的实体,而是不确定的活动、过程、冲动,即一种永恒的无确定性的流变。他尖锐地指出,自苏格拉底以来西方哲学家们仇恨"生成变化",扼杀了一切活生生的东西,他们用确定的、僵死的概念去描述流动多变的世界,必然会把世界看成是一个无生命的"概念的木乃伊"。柏格森也根据其生成论的观点对这种思维方式提出了批判,他认为,传统哲学家犯了一种根本性的错误,认定任何一种认识都必须从一些有固定界限的概念出发,只有用这些概念才能把握流动的实在。他认为,事物的发展具有流动性、无限性,用给定的、有限的方法是无法把握实在、把握事物全貌的。总之,他们一致认为对事物的复杂性进行还原,势必导致对事物本身的扭曲,最终将丰富多彩的世界"还原"成一个僵化空寂的概念。无疑,追求绝对确定性根基的哲学,具有强大的同一性特征。哲学扬弃了神话思维的具体性,但却从神话那里承袭了对世界统一性的追求。哲学借助概念将万物归为"一",把超时空维度的所谓开端、始基抽象化为第一性的东西,由此而建立起"一"与"多"之间的抽象关系。这种关系既是一种逻辑关系,也是一种存在关系。"一既是原理和本质,也是原则和本源。从论证和发生意义上讲,多源于一;由于这个本源,多表现出一种整饬有序的多样性。"[1]

四、屈从于宇宙秩序的自我

无论是以世界背后的始基为根据,还是以传统当中的神秘创造物为根据来寻求生存的确定性根基,都体现了古代人生存的非我化倾向,人的主体性、能动性和创造性没有得到鲜明的体现和提升。无论是在封建礼教浓厚的传统中国社会,还是在所谓崇尚自由民主的古希腊,莫不如此。也正是在这一意义上,我们可以说,尽管现代人与古代人面对着同样的自然,但是,由于其生存方式存在着显见的差异,非确定性和流动感不为古代人强烈地感受到。个体始终处于共同体和传统的压制之下,大自然在古代人的眼中始终充满着无尽的

---

[1] 哈贝马斯:《后形而上学思想》,译林出版社 2001 年版,第 29 页。

神秘性。

人类对确定性追求的方式,始终与社会生产力发展水平密切相关。前现代哲学用外在的客观性和普遍性来确保确定性的努力,无不是当时生产力发展水平的反映。在古代社会,大自然对人们来说,始终具有一种神秘感。在古代人看来,自然当中存在某种超越于人类之上的力量,因此人们应当对自然怀有一份深深的敬畏之情。中国传统哲学当中的天命论和天人感应学说就是很好的例证。远古时代的人们由于自身能力尚不发达,面对星陨日食、闪电风雨以及自然界当中的奇异现象,他们难以作出科学的理解和解释,从而产生一种恐惧心理,遂有天命观念的产生。天命论认为,天是主宰一切的至上之神,它具有无比的威力,它委派天子作为最高统治者来管理自己的子民,因而百姓应当对天子的命令加以服从,否则就是违背天意。这样,天成为了一种神秘的存在,人们应当以虔敬之心来对待它。作为天人感应说集大成者的董仲舒则认为,自然现象与社会现象之间彼此关联,相互感应。天是世界万物的缘起,是"群物之祖"、"百神之君",灾异变化是对天子的忠告,因而对于天子起到一种威慑作用。通过这种"屈民而伸君"、"屈君而伸天"的方式,天命论和天人感应学说将人们对天的神秘感确立了起来。如此一来,自然被赋予了神秘的色彩而成为人们敬畏的对象。

古希腊哲学以崇尚理性著称,然而,正如我们前面指出的,这种理性不是现代意义上的理智,不是人的自我意识的一种规定。在古希腊哲学当中,理性、理论尽管频繁可见,然而它们表现出来的是"人的存在这种宇宙间脆弱的和从属的现象的明晰性"[1]。在整个古希腊哲学当中,万物具有神秘性的观念比比皆是。无论是毕达格拉斯的数,还是柏拉图的理念,都具有浓厚的泛灵论色彩。古希腊人认为,"自然界渗透或充满着心灵(mind)","自然界不仅是活的而且是有理智的(intelligent);不仅是一个自身有灵魂或生命的巨大动物,而且是一个自身有心灵的理性动物"[2]。西方中世纪人将自然秩序不可违抗的信念转化为上帝的意志不可抗拒的信念,从而将对自然的敬畏转化为对上帝的敬畏。这时神学世界观居于正统地位。尽管神学世界观已包含着人

---

[1] 伽达默尔:《科学时代的理性》,国际文化出版公司 1988 年版,第 15 页。
[2] 柯林伍德:《自然的观念》,华夏出版社 1999 年版,第 4 页。

类中心主义的萌芽,即在上帝所安排的自然秩序中,人处于至高地位,人可按照自己的意志来对待一切非人的存在物,但在人之上还有一位全知全能的上帝,人只能虔信上帝的存在,而决不可能以自己的理性去认识上帝。因而在中世纪人的信念中,世界仍然是神秘的,人不敢在世界中胆大妄为。例如,中世纪农民总认为自己是在神圣的创造委托中行动,认为土地、植物和动物都是由神创造的,它们的生长过程是神秘的、不可知的,而自己的一切收获物都是仁慈的上帝的礼品。

无论是中国传统哲学的天人观念,古希腊哲学中的泛灵论,还是中世纪的上帝宗教观,它们所代表的都是一种非工业文明的文化模式。在它们当中,自我的存在需要一种外在的有效参照,自我需要从外在的包括自然的框架当中寻找确定性的生存坐标。传统农业文明条件下的人们,不假思索地应对着周而复始的日常生计,在自在自发的生活当中,人们不自觉地融入到大自然之中。"对土地的依赖,对家庭的眷恋,使得农业文明条件下的大多数日常生活主体终生没有超越日常生活的阈限,没有进入非日常活动领域,更不必说进入非日常的、创造性的、自觉的境界或生存状态之中了。"[1]

正是由于自我处于共同体的控制之下,正是由于自我对大自然保持着一种敬畏之情,前现代对于确定性的追求表现出了强烈的非我性特征。人们对于"自我真实性"的追求与对外在秩序的确定性追求密切相关。因此,古代哲人相信,对于事物确定性的理智探询,可以合乎逻辑地推出人的存在的真实性和确定性。因而,在前现代社会,人们更多的是在一种宇宙论或自然秩序的意义上,在事物的向度上来理解和追求确定性。即使是提出"无物常在"这一具有辩证观念的赫拉克利特,也仍然逃脱不了这种局限。在赫拉克利特看来,世界尽管是一团永恒的火,然而,这种火焰的背后却存在一个固定的尺度,即"逻各斯":"火凭借了统治一切的逻各斯,通过空气而化为水……""火产生了一切,一切都服从命运。""一切都遵从命运而来,命运就是必然性……命运的本质就是那贯穿宇宙实体的逻各斯。"[2]可见,在前现代人的视野当中,宇宙

第二章 非确定性凸显的理论脉络

---

[1]　衣俊卿:《文化哲学:理论理性和实践理性交汇处的文化批判》,云南人民出版社 2001 年版,第 120 页。

[2]　引自吕祥:《希腊哲学中的知识问题及其困境》,湖南教育出版社 1992 年版,第 20—21 页。

的秩序、理念的世界、上帝、至大的天是包含自我在内的一切事物及其确定性的源泉。匍匐于共同体、传统或自然之下的前现代人，他们所追求的确定性或者是一种"自然的确定性"，或者是一种社会的确定性（例如古希腊的城邦社会、中国的传统宗法社会），或者是一种超验的、神性的确定性（例如西方中世界的上帝之国，中国的天命论、天人感应观）。自我、社会与超验世界处于一种稳固的同构状态，外在的稳固秩序使得自我获得一种确定感。自我的偏好、具有个性化的价值追求，统统都被外在的观念框架和制度框架剥夺开来。人的生存如同一年四季一样自然而不可更改。"人的生长像树的生长一样自然，人的生长阶段和最终结果都是预先'给定'的。封建社会使个体牢牢附着于家庭和阶层，严格划定了个体'自我确定'的框架：职业、世界观以至妻子都不由他自己选择，这一切都由他人即长者包办。"[1]个体与社会或神界的同构关系和同一状态，使得前现代确定性的追求始终在一种外向性的意义上，而非在自我这种内向性的意义上来获得。从自我当中寻求确定性，依靠主观性来确保客观性和普遍性的努力，是现代的事情。要实现这一点，需要社会的进步和人的自我的真正觉醒。

第三节　自我的建构：确定性追求的现代形态

自我的发现和觉醒，是现代性一个最为突出的标志。围绕自我而展开的确定性与非确定性的矛盾运动，构成了现代人生存的基本境遇。在本节当中，我们主要考察一下以自我建构为基础的现代确定性追求方式。

一、"上帝之死"与自我的发现

人与动物的最为明显的区别之一在于人具有理性能力，人能够通过理性能力的运用，对外在的世界进行建构和解构，能够创造出异己的东西来反观自身的存在。理性能力的开掘必然会使人们摆脱人兽同体的神话世界，摆脱外在的异己力量对自身的统治。"人会在特定的历史契机由于忍受不起孤独和

---

[1]　伊·谢·科恩：《自我论——个人与个人自我意识》，生活·读书·新知三联书店 1986 年版，第 158 页。

无助而自觉不自觉地制造出否定自身力量的神或超人的实体,他同样也会在特定的历史时机由于不堪忍受外在的束缚和由于内在的涌动与渴望而与自己所创造的神抗争,再一次走向觉醒,再一次肯定自己的存在,并继续展开人的生成历程。"[1]历史后来的发展也恰恰证明了这一点。当基督教上帝千年统治的阴霾渐渐逝去,西方哲学再次恢复对古希腊哲学的兴趣之时,文艺复兴运动便将恢复人的尊严、人的才能、人的自由响亮地提了出来。人的重新发现成为了文艺复兴的一个鲜明主题。对人的重新审视,使理性的目光从天国回到了人世,从彼岸转回到此岸,从上帝回到了人本身,使人类自由个性精神的追求以及物质欲望的冲动得到了合理化论证。文艺复兴在经过了新旧观念的碰撞和交锋之后,开始渐渐地提升人的形象和地位。

哲学观念的变化无非是时代发展的一种反映。现代社会与传统社会明显的差异在于,它不再将禁欲作为接近崇高上帝的一种手段,相反,人本主义的发展所倡导的是人不能仅仅满足自身的需要,更应当满足自己的欲求。欲望不仅仅是生理的满足问题,更重要的它还要进入心理层次,因此它也就成了无限的要求。运动感和变化感确立了人们赖以判断自我感觉和经验的生动而崭新的形式。伴随着自我取代上帝作为评判一切的标准,上帝从各个领域当中逐步退却,这一过程表现为经济领域的世俗化、政治领域的个体本位化和道德领域的自然化。这"三化"的最终结果,便是作为信仰、理性、道德之"三位一体"的上帝的完结。

首先,经济领域的世俗化。物质世界为罪恶之源,身体为累赘之躯,这在基督教神学之中是一条极其重要的戒律,而只有摆脱物质欲望和肉体欲望的束缚,才能够达到永生,才能接近无限圆满的上帝。但是文艺复兴以后的经济世俗化运动,却对"天国"信仰主义和禁欲主义进行了坚决否定,它认为人生的目的不是死后的"永生",而是现世的享受;人的自然欲望不是罪恶,无须压抑,而是应当予以满足的正当要求;男女之间的爱情不是丑事,也无须隐讳,而是应当加以热烈歌颂的高尚感情。由此,世俗化运动响亮地打出了"我自己是凡人,我只要求凡人的幸福"的口号。而宗教改革运动所创造的新教伦理

[1]　衣俊卿:《历史与乌托邦——历史哲学:走出传统的历史设计之误区》,黑龙江教育出版社1995年版,第99页。

更是将人们对世俗生活追求与对上帝的信仰有机地结合起来。新教伦理一方面提倡用自己财富的不断增长去增添上帝的荣耀,并将之视为为神圣的天职,另一方面又崇尚勤劳、节俭,反对奢侈、浪费。这样,建立在天职观基础上的新教伦理既鼓励人们去创造财富、积累财富,又保持了超验伦理对享乐欲望即世俗化趋势的内在约束,从而使笃信宗教的生活方式和非同寻常的经商手腕有机地结合了起来。经济领域的世俗化,宣告了人类自身在经济领域当中的自主,同时也表明了上帝在经济领域的衰退。

与世俗化相伴随的是自然的祛魅化,上帝由"创世主"蜕变成了钟表匠式的"设计师",上帝设计好钟表以后,自然便独立地运转了开来,洞察自然奥秘的也不再是天启的神学家,而是秉承理性精神和理性态度的科学家。科学知识,无论是经验实证科学还是先验的演绎性知识,都以人自身的理性精神和理性能力作为其确定性的最终担保者,是人而非上帝确保着知识的必然性。经济领域的运作恰恰是由追求世俗生活的人本身来进行的。如此一来,科学技术的迅速发展及其所引发的经济的世俗化运行,最终使上帝在经济领域和自然领域面前退却。

其次,政治领域的个体本位化。政治领域的世俗化意味着排除上帝超自然力量对政治事务的干预,从上帝的重压下解放人性,从神权那里获得人权。作为现代自由主义宪政理论一个重要来源的近代自然法学说,一改中世纪从超自然的神的角度来看待事物的基本观点,转而从自然的角度,从人性的自然法则当中推导出社会生活的法则。近代自然法理论的创始人之一格劳秀斯就明确提出了"人性是自然之母"的著名论断。自然法学派对人性本身进行了各种各样设定,或者将人性规定为"趋利避害",或者将人性规定为"自我保存",或者将人性规定为"纯洁善良"。对人性的强调肯定了人性的自然必然性和合理性,并将这种普遍的人性作为自然法的基本宗旨和内容,否定了自然法则来自神秘的上帝理性或宇宙理性,从而反对将自然法与人的自然本性对立起来。

以人性为基础的自然法观念,意味着政治已经从人性当中而不是在外在的力量之中,寻求自我需要与他人需要之间的协调。无疑,这种政治的着眼点和立足点从彼岸的天国回到了此岸的世俗世界,人的感性欲望的满足和自由权利的实现成为其最为重要的关注内容。

最后，道德领域的自然化。经济、政治、道德文化构成了人类生活的基本领域。如前所述，上帝的影响力从经济领域和政治领域当中逐步退却，那么，其可能发挥作用的空间也只能在道德文化领域。实际情况也恰好如此。尽管自文艺复兴以来，上帝随着基督教的解体而在经济、政治领域逐渐衰落，但是形而上学的上帝却始终被视为永恒的象征，它似乎凝结着最高的价值，向人们许诺着至高、至善和至美，从而构成人们永恒完满追求的确定性根基。康德在将上帝从科学领域驱逐出去以后，又将其放置到了理性的领域，以此来确保人类实践道德的绝对性。黑格尔则通过概念自身的辩证运动论证了理性与宗教、知识与信仰的同一性，把上帝等同于理性本身，把真理看做人对上帝的认识或上帝在人身上的自我认识，从而实现了哲学与神学的统一。这种理论的最终结果是对神秘的宗教教义进行了理性化的论证，同时，理性也实现了自身的神秘化历程，成为具有神秘色彩的思辨理性。但是，在尼采看来，这种对上帝理性化处理的做法非但不能使上帝获得新生，恰恰相反，正是理性对超感性世界的极度追求和夸张并将其作为感性世界的现实性的本质和根据，最终导致了此岸世界与彼岸世界的分裂，理性的虚假、抽象导致了上帝之死。尼采认为，所谓神圣的价值原则和超验性原则无不是人的非理性冲动的结果。生命的非理性冲动应当是狂放的，而非静止死寂的，而基督教的上帝恰恰在平息生命的狂潮，让生命的咆哮变得平静。为了激发生命，恢复感性，促进生成和变易，埋葬这样一个超验的上帝便是势在必行。

经济领域的世俗化、自然领域的祛魅化、道德领域的自然化，使得上帝在社会秩序中的合理化论证完全变成了一种修辞上的装饰而不具有实质性的意义。宗教变成了纯粹的个人兴趣和爱好。上帝、佛等神灵就如同超市中不同品牌的商品一样，任由现代宗教消费者自由选择。信仰自由与宗教的多元化思想正是扎根于"超市"的土壤之中。

当现代人不再像中世纪的人们那样从宗教信条中、从对上帝的信仰中获得确定性的保证时，他们实际上就选择了从自身寻找确定性的根据的道路。从此以后，人们必须自己证明自己的能力，自己确定自己的认识是否正确，自己决定以什么样的方式来设定认识对象，并通过这种活动来体现自己的本质。如此一来，自我便成为了确定性的根基，曾经作为人的本质异化之对象的上帝被抛弃了，人们所面对着的是自己本身。

二、自我的建构

从自我当中寻找确定性的根源,是现代哲学努力的基本方向。"现代性的一个主要哲学特征是把人放在世界的中心,人成为万物的尺度……"[1]这种确定性的新方式与古代哲学的确定性追求形成了鲜明的对照。古代哲学是一种本体论哲学,它关注外在对象而疏于反思自我,它执著于探索万事万物的"始基"和本原,而尚未自觉地把自我看做是对象世界的凝视者,更没有意识到我们所言谈的客观世界只是相对于自我的主观呈现。"古希腊的世界观不是取向于历史,而是取向于宇宙,同人道主义毫无共同之处,古希腊语中甚至没有表示个人、意志或良心这些现象的词……从发源来说,古希腊文化确实像其他古朴文化一样,是无人称性和无心理性的。"[2]中世纪的上帝观念将人自身的能力加以异化,人们所面对的是一个作为信仰对象的上帝。与古希腊哲学本体论特征以及中世纪哲学的神学形成强烈对照,现代哲学具有鲜明的主体性特征。现代哲学对自我的探求取代了对本原的追寻,并将自我作为寻求确定性的内在依据,它使哲学从外向探求转向真正内在化的考察,从不确定的东西转向确定的东西,从可疑的东西转向无可置疑的东西。

主张向内心寻求普遍必然性,在主体性中建构客观性和确定性,正是笛卡尔以来的现代主体性哲学努力的基本方向,但是,这种从主体出发寻求普遍必然性和确定性的努力,在主体主义哲学当中呈现出不同的特征。下面我们将以笛卡尔、康德、费希特的自我观作为考察重点,具体考察主体主义哲学中作为确定性根基的自我。

(一)自我的实体化

众所周知,笛卡尔力图以普遍怀疑的方法清除掉各种谬误和偏见,以便为科学知识寻找到坚实可靠的基石。在笛卡尔本人看来,"如果我要想在科学上建立一些牢固的、经久的东西,就必须在我的一生中有一次严肃地把我从前

[1] 乔治·拉伦:《文化身份、全球化与历史》,包亚明主编:《后大都市与文化研究》,上海教育出版社2005年版,第300页。
[2] 科恩:《自我论——个人与个人自我意识》,生活·读书·新知三联书店1986年版,第94—95页。

接受到心中的一切意见一齐去掉,重新开始从根本做起"[1]。通过这种普遍的怀疑去寻求不可怀疑的东西。因此,普遍怀疑的方法实际上是一种排错法,是一种从非确定性中筛选出确定性的方法,在最终意义上是一种探求无可置疑的确定性的手段。最终,怀疑法发挥了三种基本功能:(1)清除各种偏见;(2)使我们的心灵习惯于过一种摆脱感官的精神生活;(3)保证我们的知识具有无可置疑的确定性。

无疑,笛卡尔的普遍怀疑主义具有重要的意义。笛卡尔力图要抨击独断论,抨击传统哲学以及神学的虚假性,他所依据的是自我主体的明证性原则。普遍怀疑原则表明,哲学不能从独断论所设定的任何存在和实体出发,哲学的出发点必须是无须任何前提假设的、绝对自身明证的东西。而唯有自我意识才具有绝对内在被给予性,纯粹自身的同一性是唯一可以作为哲学起点的真实存在。也正是在这一意义上,黑格尔指出,"从笛卡尔起,哲学一下转入了一个完全不同的范围,一个完全不同的观点,也就是转入了主观性的领域,转入确定的东西"[2]。

笛卡尔的这种普遍怀疑方法最终导致了自我的发现。因为思想可以怀疑外在对象,也可以怀疑思想之内的对象,但却不能怀疑自身。思想自身是思想的活动,当思想在怀疑时,思想可以怀疑思想的一切对象和内容,但却不能怀疑"我在怀疑",否则怀疑就无法进行。而且,怀疑活动必定要有一个怀疑的主体存在,"我"便是怀疑的主体。由此,笛卡尔便得出"我思故我在"的结论。"我"是普遍怀疑的最终结果,是排除一切不确定的东西以后剩下的唯一确定的东西。"我"正是笛卡尔苦心寻求的阿基米德支点,只有找到了这个阿基米德支点,知识的确定性才有可能,飘荡不定的心灵才能找到自己的落脚点。笛卡尔正是从自我概念为出发点,推导出上帝的存在,继而根据上帝的存在推出物质的存在,然后又试图以自我、上帝、物质三大概念为支柱建立起整个人类知识的大厦。在此,笛卡尔的自我是一种理性的自我,而非心理意义的自我。正是以这个理性主义的自我作为哲学起点,笛卡尔所开创的现代理性主义与

第二章 非确定性凸显的理论脉络

---

[1] 引自北京大学哲学系外国哲学史教研室编:《十六——十八世纪西欧各国哲学》,商务印书馆 1975 年版,第 157 页。

[2] 黑格尔:《哲学史讲演录》第四卷,商务印书馆 1978 年版,第 69 页。

后来的唯意志论、生命哲学和存在主义等相分野,因为后者将当下直接呈现的前反思的体验与生命冲动作为哲学的终极基础。

但是,笛卡尔的这种自我仍然具有实体主义的特征。所谓"实体",是指其存在只依赖自身而不需要他物的东西,也就是说,实体是自满自足、自我说明、自我完善的系统。在笛卡尔看来,思维作为活动或者状态只是属性,而属性本身是不能够独立自存的,它必然具有一个载体,这一载体即是自我或心灵。这一作为思维载体的自我就是一个独立的实体,它既独立于人的肉体,也独立于外部世界的其他有形物体。

笛卡尔将自我理解为一种精神实体,实际上重蹈了亚里士多德实体主义传统的覆辙。因为按照亚里士多德的实体观点,世界拥有无数实体,这些实体之间相互独立并且是一切属性的载体。一旦将实体作为属性的载体,实体就成了一个"容器",而撇开了那些属性,实体则成为一个空无内容的东西,它作为知识确定性根基的意义也会随之消失。同时,将自我作为实体无异于将自我作为万物中的一种,既无助于说明世界的统一性,也无助于说明精神与物质之间的沟通。面对这种理论的困境,笛卡尔只能以上帝作为精神和物质相统一的基础,只能以无限上帝这一实体来确保物质实体和精神实体的实在性。

从主体性观点来看,笛卡尔哲学所出现的这一理论困境,源自他未能坚持从主体自我这一唯一确定的原则出发来说明一切,未能将主体主义的自明性原则贯彻到底,从而与一种传统和素朴的经验意识达成妥协。笛卡尔普遍怀疑的初衷是要彻底超越自然主义的本体论,避免从外在经验世界当中寻求确定性的根源,"但他最终却放弃了认识论的立场,从本体论的角度认可了能思维的心灵实体和有广延的物质实体的二元存在。"[1] 从认识论上讲,笛卡尔自觉地将自我的主体性原则加以贯彻,通过普遍怀疑的原则确证了自我的存在,自我又通过反思的方式确立上帝实体观念的存在,因此在这一意义上,"我思"先于上帝观念。在此,笛卡尔不是从不确定的外在经验以及武断的结论出发,而是从确定性的自我出发进行哲学探究。但是当他回到素朴的实体思维方式时,他又从本体论的角度认可了无限的上帝实体是有限的自我实体的最终根据。

---

[1] 高秉江:《胡塞尔与西方主体主义哲学》,武汉大学出版社 2000 年版,第 38 页。

　　实体性自我所带来的困难引起了休谟的极大不安。他从极端经验主义的立场出发对实体主义进行了批判,以便克服自我的实体化倾向。休谟力图消除自我之"体",使之成为知觉之流。在他看来,对于心灵实体,我们没有任何知觉。自我并不像笛卡尔所说的那样是知觉活动的载体,其原因在于我们并不存在这样的知觉。休谟认为,实体性的自我是不存在的,所存在的仅仅是可以知觉的自我,我们对自我的知觉"都只是那些以不能想象的速度互相接续着、并处于永远的流动和运动之中的知觉的集合体,或一束知觉"[1]。也就是说,精神实体的存在是不可知的,可知的只是在进行中的知觉的连续。因而在这一意义上,自我只不过是"知觉"这一集体名词的代名词而已。同时,由于自我是一连串的知觉,这些知觉不仅与外在的东西相区别,而且它们内部也存在差异,它们彼此间断,相互分离,各个部分独立存在,而不是相互依赖,因而从中我们找不出内在的联系,因此自我的同一性也是不存在的。也正因为如此,休谟指出,我们所归之于心灵的那种同一性只是虚构的,是与我们所归之于动植物的那种同一性属于同样类型的。自我的同一性只是一种习惯性联想的结果,自我本无"体",自我在自身当中绝对知觉不到任何实在的联系,不会获得同一性的印象。自我被假设为以同一性的方式而存在,纯粹是为了理解上的方便,人们赋予变动不居的知觉系列以同一性,并由此构造出实体概念,其目的在于用知觉的连续性来掩盖知觉的间断性,从而使想象从一个知觉向另一个知觉的推移变得更加便利。

　　休谟关于知觉自我观念的提出,对笛卡尔的实体性自我是一次极大的冲击。既然自我不过是一束知觉之流,那么确定性的知识无论如何是不能以这一非确定的自我作为根据的。将休谟的观点进一步加以推广,我们可以得出,今天的自我无法保证明天的自我是同一个自我,他人也无法确定今天的我是否为昨天的我。果真如此,那么人们之间的交往将难以进行,今天看似存在的东西难以保证明天仍然存在。

　　当休谟用知觉的自我取代实体的自我时,他实际上宣告了通过笛卡尔式的自我来寻求确定性的努力已经破产。但是这种具有破坏性的极端怀疑主义

第二章　非确定性凸显的理论脉络

---

[1]　引自北京大学哲学系外国哲学史教研室编译:《十六——十八世纪西欧各国哲学》,商务印书馆 1975 年版,第 596 页。

并不能解决问题,因为寻求确定性的努力仍然为人类所必需,为科学寻求一个确定的点仍然是人们孜孜以求的目标。休谟尽管从根本上动摇了以实体自我为基础的形而上学的独断,但是他并没有以真正的认识论来取代实体主义的认识论,没有勇敢地承担起寻求确定根基的任务。如何对"自我"概念加以改造,以便确保知识的确定性、客观性和有效性,成了康德哲学的重要任务。

(二)自我的功能化

休谟对实体性自我的批判给康德以极大的启发,使他从独断论的迷梦中惊醒。在休谟的启发下,康德看到了传统实体主义自我观念的矛盾和困难,但他并不像休谟那样将自我看做一个非确定性的知觉之流。相反,康德从人类精神活动的多样性中存在统一性这一基本事实出发,发现了人心的综合功能。康德的"自我"正是具有综合统一性的自我,是给经验材料以普遍必然性的能力。因而这种自我不是一个单纯的实体,而是一种先验的逻辑功能,这一自我本身并不是一种独立的存在物,而是归整对象并给予对象以统一性和意义的原始形式。

康德认为,笛卡尔把"我思"当做实体,完全是基于某种"合理心理学"之上的谬误推理所造成的幻象。因为"思维,就其自身而言,仅为逻辑的机能,因而纯为联结一'可能的直观所有杂多'之纯粹的自发力,并不展示意识之主体如现象所有……"[1]而"所视为思维存在之'我',就我自身言,永恒存在,并无任何生灭之自然状态云云,绝不能自实体概念演绎之"[2]。从意识活动的存在并不能推导出意识的东西的存在,笛卡尔的错误就在于把经验的自我与形成经验的自我的先验条件混淆了起来。

为此,康德在先验自我与经验自我之间进行了区分,揭示了自我的层次性,并将自我进行了功能性的处理。在康德看来,"吾人之一切知识虽以经验始,但并不因之即以为一切知识皆自经验发生"[3]。他认为知识并不全部来自于经验,知识当中有不来源于感性经验的部分,这便是使感性材料条理化并由此而形成知识的可能性条件,即主体自我所具有的认识能力。这样,自我便

---

[1]　康德:《纯粹理性批判》,商务印书馆1960年版,第287页。
[2]　康德:《纯粹理性批判》,商务印书馆1960年版,第289—290页。
[3]　康德:《纯粹理性批判》,商务印书馆1960年版,第29页。

可被分为经验的自我与纯粹的自我。经验的自我是包含了感觉材料在内的自我，这种自我并不是纯粹的自我，因为感觉经验是由外在的"物自体"刺激引起的，并非纯粹自我本身的东西；而纯粹的自我则剔除了感性经验内容，使感性材料直观对象化为可能的纯粹逻辑同一性。在康德看来，这种纯粹的自我才是真正意义上的自我，它是超越了变动不居的经验内容的必然同一性，从而使得知识具有确定性和必然性。

康德将自我进行功能化和逻辑化的处理，可以有效地克服笛卡尔的实体自我和休谟的知觉自我面临的困境。对于笛卡尔而言，自我只是一个容纳上帝所赐予的"天赋观念"的容器，是与外在的物质世界相平行的实体，因而自我的确定性对于物质世界难以发挥有效的作用。对于休谟而言，自我是流动不居的知觉之流，其本身没有确定性和同一性。而对于康德而言，自我是一个活动的原则、秩序和规则的源泉。自我伴随着一切表象，但自我本身并不是表象，而是使这些表象得以存在的一般形式；自我伴随着一切经验，但自我本身并不是个别的经验，而是先于经验并使经验得以可能的先天结构。康德的自我只具有逻辑意义，而不具有经验事实意义，亦即只有功能意义而没有实体意义，这样的自我是"逻辑自我"或"逻辑主体"。这样，康德的自我实现了一种先验转向，使自我超越了经验理解的层面，将经验自我提升为逻辑的空灵的先验自我，把肉身小我提升为宇宙精神之大我，由此而使经验肉身之小我与他"我"一样受到逻辑主体之大我的平等反观，由此而在先验主体之内确保普遍必然性和确定性的实现。

康德的功能性自我表明，将杂乱无章、瞬息万变的经验世界加工成为一个可以言传交流的知识形式，离不开主体的统合作用，即使要形成一个完整的感觉对象概念，也离不开思维主体的统觉功能。自我作为确定性根基地位的确立表明，统一的知识体系、普遍必然性的规则，决不能来源于流动不居的外在客观世界，也不能来源于一个武断设定的上帝或终极实体，其唯一的来源只能是自我主体的逻辑一贯性，离开了先验主体自我的逻辑整合功能，对象世界只能是一堆不知由何而来，也不知向何出去的杂乱的感觉材料。

（三）自我的绝对化

费希特吸取了笛卡尔和康德哲学的精华成分，他改造了笛卡尔的原则，把思维的最高规定归结为自我意识，即绝对主体，而不是思维自身。同时，他也改造了康德的先验统觉原则。康德一方面把先验统觉看做是建构知识的东西,而范畴自身就存在于先验统觉之中;另一方面,康德又没有把先验统觉当做知识的绝对原理,这样,康德再去演绎范畴的做法,就没有什么意义了。费希特指出,必须要从一个最为基本的原则出发,这样一种原则不可能是别的什么,而只能是一种自我意识。这样一种自我意识作为知识学的基础,它本身就包含了各式各样的范畴,而自我意识在设定对象时实际也正是在做着划分范畴的工作。因此,可以这样讲,范畴不是别的什么规定,只是自我意识在思维时自然而然地就被建立起来的东西,而它们所体现的也正是自我意识把自身分化为差别的过程,亦即绝对的自我把自身区别为对象的过程。由于费希特把自我意识当做绝对原则和哲学的全部基础,很自然,哲学的全部内容也就应该从自我中推演出来。他认为,自我意识作为一个主体,乃是一个绝对的设定者,它自身包含着知识的设定能力。自我是先于自我的设定活动而被设定的,即作为设定者的那样一种本性,是先验地被设定了。自我在设定自己的时候,是不带条件的连同宾词一起被设定的。我在对象那里发现的仍是一个自我,因而主词和宾词也就相等同了。这样,自我从自身内设定的第一个命题,便可以表述为我是我,即自我=自我。

自我=自我这个命题确定了我与我之间的同一性关系。但这只是一种形式上的同一关系,缺少内容方面的规定。为了引进内容方面的规定,费希特便设定了自我的差别,并引出了非我的概念。非我是自我的一种对应物。当自我把自身设定为自己的差别时,自我也就从纯粹的自我转化为对象化的自我了。主词把自身分化为差别化的宾词,从而也就获得了内容方面的规定。

费希特自我设定非我的命题,具有重要的意义。按照黑格尔的看法,这就"不复把绝对本质理解为不把区别、实在、现实性包含在自身内的直接的实体",从而使哲学超出了抽象的形而上学。但是,费希特思想中也有致命的缺陷:"首先在于自我一直保有一个别的、现实的自我意识的意义,与共相、绝对或精神(自我本身只是其中的一个环节)相反对,因为个别的自我意识正是这个对他物始终采取旁观态度的东西。"这样一来,非我就难以返回到绝对的自我意识之中了。也正是在这个意义上,非我在费希特的哲学中仅仅当做他者而存在。非我概念并没有使自我摆脱单子的封闭化状态。

三、现代自我:生存空间拓展和内在世界私人化的存在者

现代哲学从自我当中而不是从外在事物当中寻求确定性,无非是现代人生存方式的一种反映。现代哲学所展现出来的是一个外在生存空间不断拓展、内在世界日益自由化和私人化的自我。从整个世界发展史的角度来看,资本主义所开辟的社会化大生产,开启了现代性的进程。资本主义萌芽在很大意义上就意味着"个人感"的诞生。现代化的进程,是人从自在自发的生存状态向自由自觉的生存状态转变的过程。在这一过程中,人的外在生存空间不断拓展,人的内在生活世界日益私人化。

匍匐于共同体和自然之下的前现代自我,外在的宇宙秩序、等级分明的社会体系对其行为作出了严格的规定。外在的社会角色规定了人们的存在样式,人们需要在严格规定的仪式当中获得自己的身份感和确定感。然而这一切在资本主义现代化大生产之下都已灰飞烟灭。现代社会放弃了从宇宙秩序和外在传统当中寻找确定性源泉的努力,转而从自我当中寻求确定性的根基。

现代大生产使人类社会活动的领域摆脱了自发的、自然的局面,逐步向着理性的、自觉建构的方向发展。资本主义商品生产经过了早期简单协作和手工作坊阶段以后,最终发展成为机器大工业的社会化生产。现代社会化大生产从产生之日起就是一种扩张型的经济,它打破了传统农业文明中自然经济的闭关锁国状态,将世界各地的资金、劳动力集中起来,将世界统一为一个大市场。这种生产和市场不断扩张的过程,彻底斩断了人身依附关系和血缘关系。人们的交往也突破了传统的夫妻、兄弟、邻里等狭隘的、日常交往的层面,进入到一个非日常的、非熟人的生存世界当中。人际之间工作上的关系而非单纯血缘的关系,在现代人的生存当中占据着越来越重的分量。现代社会打破了个体对阶层、共同体的附着,打碎了限定个体存在的外在枷锁,每个人的存在表现为摆脱了自然的、血缘的关系的束缚。社会分工和商品生产使人与人之间的关系成为一种真正全面普遍的关系,因之,现代自我成为人际交往空间不断拓展的存在者。

现代哲学从自我当中寻求确定性的根基,就是对人自身上述存在样式的自觉表达。大规模的社会化生产要求人们用精确的方式进行思维。随着科学技术的加速发展,现代社会的生产、经营、交换、分配、消费等诸多环节越来越体现出自身的理性内涵和科技含量。现代科学思维和技术理性日益强调行为

目标的合理性和行为结果的可预测性。作为大工业生产之基础的现代科学技术，它所追求的精确性与现代哲学自我的建构具有密切的关系。在一定意义上，可以说，自我作为现代确定性根基的建立就是为现代科学确定性奠定形而上学的理论根据。众所周知，早期现代科学将数学作为一切科学的本质，数学不仅规定了一切科学的基本目标，同时也成为了科学方法的主导模式。一切科学对象，包括人的精神在内，都应当用几何学的方法加以研究，人的思想、情感、欲望等非理性因素都可以统统当做几何学的点、线、面、体加以处理。然而这种确定性的科学知识体系，特别是作为这一知识体系确定性之根基的数学知识，其确定性又来自何处？对知识确定性追根溯源式的探讨，必然使现代哲学将主体自我明确提出来。也正因如此，无论是笛卡尔还是康德，都将这种确定性的根基奠定在自我基础之上，并且力图排除自我当中流动不居的感性因素，把稳定的自我与外在杂乱的现象世界区分开来，由此而出现了笛卡尔"我思故我在"的实体自我，出现了康德的先验形式和先验范畴。

社会化大生产不仅体现为个体外在生活世界的扩张过程，同时也是自我内在世界日益私人化的过程。封建等级关系的瓦解、新型人际关系的确立扩大了个体的自我意识领域。与传统社会条件下自我的选择都是既定条件下的选择相反，现代人的选择是多种多样的。在现代社会，"存在先于本质"而非"本质先于存在"，有什么样的选择就有什么样的自我。由于"存在先于本质"，因而自我需要在多种多样和不断变化的情况下独立作出决定，而非依靠外在的力量来对自身的选择加以设定。这种独立作出决定的必要性要求人具有发达的自我意识和坚强的"自我"。笛卡尔的自我，既是现代哲学的开端，同时也吹响了现代人争取自由的号角。在自由问题上，尽管笛卡尔的自我由于具有强烈的建构倾向而受到一些后代思想家的质疑，但从等级身份森严的社会向现代社会自由交往转变这一大背景来看，笛卡尔实体自我所蕴涵着的自由本性还是不容否定的。笛卡尔的实体自我是在排除各种迷信和偏见基础上而得出的，这种排除过程本身就具有这样的意味：人的决定是由自己而非外在的他人作出的。依靠自己作出决定，表明了"个人感"的真正确立。自我的实体性和统合性表明，自我无需凭借其他事物而只需凭借自身就能够成为自己。由此，现代哲学的自我观念与个人主义观念具有天然的亲和性。

至此，现代人终于摆脱了凌驾于自己身上的共同体、传统的束缚，摆脱了对自然的神秘感和敬畏感。外在的确定框架被取消了,人们曾经赖以寻求自身意义和价值的宇宙秩序、社会等级结构、传统都被取消了,人们更多地依据自己进行自由选择,从自身当中来寻找确定性的根源。

无疑,在现代哲学看来,确定的生存根基寻找到了,然而,这种自我却又是一种孤独的存在。自由追求的同时,也意味着人们选择了孤独。封建等级制度按照人的阶层、财产资格和祖传的职业安排来规定人的一生的确定不变的状况,一去不复返了。自由的现代人,其生存抉择不再是单向的、唯一的。多种多样的道路呈现在人们面前,人由此也开始了内心的深刻斗争:面对多种多样的选择,我究竟应当作出什么样的抉择? 在自我反思、自我批判的选择和建构过程中,自我不再如同传统社会的人们那样稳固而单一。真与假、对与错、善与恶这些在传统社会条件下清晰明确的事情,在现代人面前却变得日渐模糊。绝望、忧郁、苦闷和寂寞、多重化的价值选择,是现代人从自我当中寻求确定性面临着的突出问题。如此一来,现代性在追求确定性的同时,也将非确定性的种子播种了下来。

第四节　自我的解构:非确定性的凸显

综观上述考察,我们可以看到,在不同的阶段,人类力图从外在的客观秩序、神秘的创造物和自我当中建立起知识和人生信念的确定性根据。这种确定性根基的探询过程,同时也是一种旧的确定性根基退却、新的确定性根基出场的过程。古代哲学以对始基的探求取代了原始神话阶段对神的崇拜;而中世纪哲学则通过对上帝存在的证明和信仰而为人的理性寻求一个根据;现代哲学在笛卡尔"我思故我在"的引导下,用确定性的自我取代了上帝。因此,确定性的确立过程同时也伴随着对它的解构过程。如果说这一过程是肯定性成分居于主要地位、解构的过程只是服从于建构的过程的话,那么,从哲学后来的发展看,解构的成分越来越突出,从而直接危及传统哲学确定性观点的合理性。其中,后现代哲学对确定性的消解直接以现代哲学所确立的自我为靶子。对自我的解构,构成了后现代哲学的重要理论内容。

现代哲学的自我,无论是笛卡尔的实体性自我,康德的功能性自我,它们都力图排除经验的和感性的成分,以便达到意识自我的确定性。因此,在他们那里,自我获得了如下几个方面的含义:从形而上学意义上来说,自我是一个永恒不变的实质。由于这一实质的存在,每一个个人才能获得他的同一性,也就是说,自我是一个区别于外在世界或者与外在世界相对立的独特实体。外在的物理世界是变动不居的,但是这个实体性的自我却永远保持着自身的同一性。这一点也正是现代哲学关于人格同一或人格认同(personal identity)的核心理论基础。关于这一问题,我们将在后一章探讨自我同一性或认同问题时专门进行考察。从认识论意义上来说,自我是思维,并且是思维的内核,这种内核意味着灵魂或心灵与人的物理存在截然不同。笛卡尔对心身的区分就是要力图突出心灵自我。这样的自我也与心理学意义上的自我有着本质的区别。心理学意义上的自我是一个由情感、记忆、意志和知识组成的集合体,是各种各样意识状态的汇集。而笛卡尔的心灵自我是一个同质的、理性的、自主的、稳定的主体。所有的主体自我都拥有共同的基本特征,可以通过理性的力量进行自我管理。

以自我为根基的现代性,其内部蕴涵着深刻的矛盾和冲突。现代性在从自我当中寻求确定性的根源时,也将人本身的感性的、流动的成分宣扬开来。因为无论是经济领域的世俗化、政治领域的个体本位化,还是道德领域的自然化过程,实际上都是以现实生活中活生生的人作为自己进一步探询和考察的对象。不仅如此,作为考察者本身的人自身也是有血有肉的感性个体。因此,从自我本身出发寻找确定性的根基,在一开始就面临着内在的矛盾和冲突,这种内在的矛盾也正是当代哲学在确定性与非确定性论争中的焦点所在。

现代哲学对于确定性的追求,正是建立在对自我当中感性的、欲望的东西进行压制的基础上的。因此,现代哲学对于确定性的追求具有其显而易见的弊端。自我的不断膨胀导致感性的漠视和"大写人"的出现。以自我为依据来为知识和世界寻找确定性根基,其理论发展的必然结果是从笛卡尔式的封闭自足的实体性自我,走向走向康德式的先验自我,但是自我的先验化在将确定性根基的探求推向顶峰的同时,先验自我自身也出现了难以克服的矛盾和缺陷。先验主体与主体主义哲学的出发点——人之间出现了越来越大的理论差距,以至主体自我最终剥夺了人的完整含义。主体主义哲学试图通过反躬自我主体而达到普遍终极理性的理想,从一开始就规定了自我必然是一种超经验的逻辑化的东西,而不可能是普通意义上的我或人的自我。基督教神学谈神而不谈人,而现代哲学则在神的意义上谈论人,将自我的能力扩大到神乎其神的地步。作为当下的我的人,充满肉体感官欲望的人,只有在后主体主义哲学当中才能成为中心话题。一旦世俗的自我成为哲学的主题,经验主体取代先验的世俗精神,差异性取代同一性,境域的合理性取代普遍必然性就成为必然,非确定性、偶然性、差异性,这些曾经被确定性思维视为异端的东西必将会成为哲学关注的重要论题。

当代哲学特别是后现代哲学,正是力图将自我当中被理性压制的感性、情感的成分凸显出来,将静态的、非时间性的自我纳入到时间发展当中,进而力图使自我具有流动不息的含义。一方面,后现代哲学家将自我还原为非理性的情感和意志,解构了理性的自我;另一方面,后现代主义哲学以视角主义的观念催生了相对主义认识论的产生。

从总体上看,后现代哲学围绕自我解构而进行的非确定性扩张过程体现在以下方面:

首先,强调的中心从理性的心灵转向充满欲望的身体,力图以身体为准绳代替以意识为标准。身心之间的紧张,一直是西方哲学中源远流长的传统。柏拉图有着身体为"坟墓"的观点。在柏拉图哲学当中,身体的因素只有视觉被赋予了正面的价值,因为视觉最少依附于身体欲望的牵制,因而是理智可见的伙伴,柏拉图著名的洞穴比喻就是与视觉意象密切相关的。"心灵的眼睛"、"光照"、"理智之光"是贯穿于柏拉图——奥古斯丁——笛卡尔哲学当中的一个中心隐喻,这种视觉中心论构成了西方哲学的一个思维传统和思维定式。感性、具有广延的身体不过是一个充满欲望的流变的东西,它不能给人们提供行为的确定性法则,不足以用来指导人们的行为。也正因如此,无论是笛卡尔还是康德,他们都力图对经验的自我进行限定,而将自我中的先验成分加以提升。

后现代哲学力图以身体为准绳代替以意识为标准。在尼采看来,笛卡尔式的主体所象征的是意识、逻辑、认识和判断,它和外物不存在任何利益的纠葛和牵连,全然超然于外在世界。这样一个主体是全知型和普遍性的主体,信奉逻辑、知识和理性的力量,自信能够通过它们检验、测度而悟透外物。尼采要用身体取代笛卡尔的主体,并对笛卡尔的身心二元论提出了强烈的批判。他力图将身体从理性的他者地位当中摆脱出来。他认为,"哲学不谈身体,这就扭曲了感觉的概念,沾染了现存逻辑学的所有毛病","身体乃是比陈旧的灵魂更令人惊异的思想","对身体的信仰始终胜于对精神的信仰"[1],正因如此,尼采坚定地指出,要以身体为准绳代替以意识为标准的错误做法。在他看来,所谓的意识、精神、灵魂等等,不过是人们的发明而已,唯有身体是实在的,权力意志贯穿于身体当中,它们一起跳跃、欢腾和舞蹈。这样,在尼采那里,身体不再像笛卡尔那里那样,是一个听凭观念所驱使的被动机器,相反,身体自足地运转着,身体而非意识成为了行动的凭证和基础。世界不再与身体无关,世界正是身体和权力意志的产品。

其次,后现代主义还对由身心关系造就的权力压迫进行了追根溯源式的批判。在后现代主义哲学看来,抑身扬心的现象是与现代精神的"单面性"紧密联系在一起的,它是为现代社会的"主宰结构"服务的。在这一主宰结构中,男性与女性、人类与自然、劳心者与劳力者、西方现代文明与"野蛮"文明、人与动物之间的关系,是心与身的关系,前者是理性的、意识的而有价值的、有目的的,后者则是非理性的、无价值的、无目的的,因而前者要主宰和征服后者。因此,现代性的知识观虽然貌似价值中立化和客观化,但其中却伴随着权力的控制。主体自我的形成过程其实就是一种伴随着权力的压制过程。福柯将身体置于权力运作的中心进行考察,他通过对疯癫、性、监狱、医疗制度所做的谱系学考察,建构出了"权力微观物理学"和"政治身体"体系。在这其中,身体直接卷入某种政治领域,"权力关系直接控制它,干预它,给它贴上标记,训练它,折磨它,强制它完成某些任务、表现某些仪式和发展某些符号"[2]。现代性的过程就是一个规制的、全景监控式的过程,也就是感性欲望的身体逐步被压制而走向理性化轨道的过程。福柯并不认同现代性对身体的压制过程,相反,他力图要将身体反抗的一面提升出来,让身体所具有的膨胀的、短暂的、间断的能力在这一过程中得到任意的释放,从而实现其政治身体学所要达到的解放身体的目标。

再次,后现代主义以视角主义的观点取代了本质主义的思路。由于固定

[1] 转引自汪民安:《尼采与身体》,汪民安、陈永国编:《尼采的幽灵:西方后现代语境中的尼采》,社会科学文献出版社2001年版,第6页。
[2] 福柯:《规训与惩罚》,生活·读书·新知三联书店1999年版,第27页。

的、一成不变的自我不复存在,认识的过程也仅仅是从某个视角(perspective)所进行的探求过程。解释不是在一种绝对中立的基础上所进行的活动,不是对本质所进行的直线般的回溯,而是充满了力学效果。尼采认为,只存在一种视角性的观察,只存在一种视角性的认知。观察者的视角涉及观察者所处的特定社会背景。不同的社会背景,自有其不同的视角,这样他所知道和认同的,也就不可能是普遍的、统合的和单一的。多元力的相互冲突造就多元的认知,而多元的认知就会形成多元的认同。

最后,在后现代主义看来,无论是实体性的自我,还是先验的自我,它们无非是一种虚构而已。尼采通过对力和身体的分析阐述了这一观点。在尼采看来,人的生命是一种冲动、冲力和创造力,或者说是一种自我表现、自我创造、自我扩张的倾向,生命的这种倾向是一种愿望和意志。"这个世界是:一个力的怪物,无始无终","这是权力意志的世界——此外一切皆无!你们自身也是权力意志——此外一切皆无!"[1]权力意志是一种力与力的关系,是一种包容性的差异关系,它表征着引力和驱力、统治力和臣服力、施力和受力这些具有相反性的力之间所具有的相互竞争、对抗和冲突的关系。尼采将世界归结为权力意志,并不是在一种本质主义的意义上所言的,因为权力意志不是一元的、单一的,而是多元的、复数的,是诸多力之间的关系和相互游戏。"能动的、原初的、征服的、支配的力和反动的、次要的、适应的和调节的力相互缠绕和争斗。"[2]也正因如此,权力意志是一种生成的、流动的、易变的戏剧。因而当尼采在述说权力意志时,"他使我们的注意力离开物质、主体、事物而将这种注意力转向这些物质间的关系"[3]。权力意志的流动性搅动了世界包括人本身在内的一切等级关系,它对任何规定、模式、公理和法则进行着冲击,力图逃脱任何稳定的关系。权力意志是非目的性、非他者性的,它既不设定一个固定的目标,也不依附和通向一个他者,它自足地发展,自我充实、丰富和提升。尼采通过对权力意志的论述表明主体不是某种给定的东西,而是某种附

---

[1] 尼采:《权力意志》,中央编译出版社 2005 年版,第 416 页。

[2] 汪民安:《尼采与身体》,汪民安、陈永国编:《尼采的幽灵:西方后现代语境中的尼采》,社会科学文献出版社 2001 年版,第 3 页。

[3] 阿兰. D. 希瑞夫特:《激活尼采:以德勒兹为例》,汪民安、陈永国编:《尼采的幽灵:西方后现代语境中的尼采》,社会科学文献出版社 2001 年版,第 179 页。

加的、虚构的和从属的东西，主体是一个情绪的多元体，是行动和激情的总和。

尼采这种多元主体的观念，在其后继者那里得到了进一步的阐发。弗洛伊德的自我学说更是对对理性的主体进行了瓦解。弗洛伊德将人的心理结构分为处于三个不同层次的系统，即意识、潜意识和无意识。与之相对应，人的人格结构则是由本我、自我和超我三者所构成，其中无意识和本我当中充满着被压抑的原始冲动、欲望和本能。非理性的欲望和本能破坏和冲击着理性的意识。弗洛伊德关于心理结构三系统的分析达到了和尼采相同的效果，即破解了那种固定的、统合的认同主体观。

这样，实体的、统合的、先验的自我在后现代非确定观念当中不复存在。透明化的、本质性、稳定化的主体开始浮动，甚至分裂。"如果再说主体或自我是自主的并且是连贯的单一体就不再是一件容易的事情了；相反，我们所看到的和理解到的是，我们是由一大堆矛盾的碎片构成的，而且我们的生活也像一堆矛盾的碎片。"[1]后现代的自我成为了一个情绪的多元体，是本能、冲动、欲望、权力、力量、激情、情感的混合。真正的自我就是由许多情绪冲动所组成的，是各个冲动此消彼长的流动的过程。每个精神冲动都是一个力的中心，是透视的主体。也正因如此，主体不是抽象的，不是纯粹的思辨能力，而是诸多怀疑冲动的综合体。自我成为一种表面化的、浅薄的、自我裂变的、内在性被彻底掏空的东西。"自我本质再也不是一个有力量把(明显主观的)秩序强加给外界环境的相干性实体了。它已经变得无中心了……后现代主义的剧烈的不确定性已进入到个体自我中，并已强烈地影响了它原先的(假设的)的稳定性。本质也像其他一切一样，变得不稳定了。"[2]如此一来，无深度感代替了形而上的追求，碎片化代替了整体性，颠覆代替了建构。通过对自我的彻底解构，后现代主义展现在我们面前的是一个无深度感、零乱性、非原则化的高度不确定的景观。

无疑，后现代主义的批判和解构是十分激进的。从表面上看来，后现代对

---

[1] Stanley Moore, "Getting a Bit of the Other: The Pimps of Postmodernism", from R. Chapman and J. Rutherford (eds), *Male Order*, Lawrence & Wishart, 1988, p.170.

[2] 汉斯·伯顿斯：《后现代世界观及其与现代主义的关系》，载于佛马克、伯顿斯编：《走向后现代主义》，北京大学出版社 1991 年版，第 57—58 页。

确定性的批判,与现代哲学对自我的建构形成了鲜明对照。但是,这种批判和否定无非是将现代性自身蕴涵着的否定性向度凸显出来而已。在自我的建构一部分当中,我们已经指出,从现实的角度来看,现代哲学从自我当中寻求确定性,无非是将现代人追求独立自由的努力通过哲学的方式表达出来而已,因此这种确定性建构的本身就体现着对传统宗教神学、外在等级身份观念的彻底否定。因而,从自我当中追求确定性开始,直至所探求的自我这一根基被解构,现代社会的发展持续地向我们呈现着一种不同于古代社会的非确定性景观。也正因如此,从整个现代哲学开始,我们就看到,"在整个人文和社会科学领域里,……寻求安全基础的大胆尝试和对构成真正知识前提的新方法的阐述都不再时兴了,继之而起的是提问,由此来揭露那些原来曾认为坚实可靠的信条并非真正如此。似乎突然之间各种形式的相对主义又受到了青睐。我们对科学的本质、对异族社会、对不同历史时代、对宗教和文学文本进行考察时,都会听到一个声音在告诉我们,并不存在'硬事实',相反似乎'怎么都行'。……我们被告知:许多哲学家已抱有的梦幻和希望(把握永恒的东西)是导致独断论甚至导致错误的欺人幻相。"[1]

　　非确定性问题受到当代哲学异乎寻常的关注,这反映了当代人类生存的基本现实。而哲学对这一问题的探讨,又在很大程度上催生和强化着我们对当代生存境遇的关注。因此,在很大程度上,非确定性问题在现代的凸显,已不是一个纯粹的学理问题。它实际上事关人类最根本的困惑:我们是什么?我们能够知道什么? 我们的语言能否表达我们的思想? 究竟应当用什么样的规范来约束我们的行为? 我们希望获得什么样的基础? 我们又能够获得怎样的基础? 诸如此类的问题,已经涉及现代人的生存方式、生存法则、生存价值和生存境界。这些将是我们结束以史的考察为主后,必须从现实出发深入思考的问题。

第五节　相关概念的阐释以及理论分析的框架

　　通过对确定性、非确定性概念以及哲学发展史相关内容的考察,我们可以

---

[1]　理查丁·伯恩斯坦:《超越客观主义和相对主义》,光明日报出版社1992年版,第3页。

比较清楚地看到,在确定性和非确定性问题的论争过程中,确定性与同一性、必然性、简单性是密切相关的,而非确定性与差异性、偶然性和自由又是紧密关联的,两者之间在某种程度上甚至可以划一个等号。也正因如此,在后面的章节安排中,我们将从现代社会的基本境况出发,分别从差异性(认同焦虑)、自由、风险(偶然性)等不同角度来将非确定性问题的研究加以具体化。下面我们将对这几组概念进行简要的考察,以期勾勒出本书理论分析的基本框架。

通过历史考察,我们可以看到,对"同一性"的强烈偏好,是人类自古以来就具有的一种心理趋向。古希腊哲学力图通过对世界本原或始基的追求,来为变化多端的现象世界寻求一个可靠的支点;中世纪基督教哲学将上帝作为人类信仰的对象,使人类的理性匍匐其下;主体主义哲学在摧毁上帝之后,又将理性的自我确立为唯一可靠的根基。这个绝对可靠的支点确立起来以后,其他的一切都将围绕这一中心加以组织,从而形成了一个逻辑化的、等级的体系。这种体系要想保持自身的完整性和稳定性,必然将一切偶然的、异质的因素排除出去。在现代自我当中,这体现为理性对非理性的控制,心灵对肉体的压制。通过这种严格的控制,自我的绝对同一性被确立了起来,人际关系之间的绝对同一性也确立了起来。但是,当他者的力量逐步要求和伸张自身的权力时,自我内在的绝对同一性就面临着严重的挑战。各种差异轴之间的内在冲突最终导致先验自我的解体,自我的同一性即自我认同面临着严重的危机。这也正是我们将要在第三章——非确定性与现代人的认同焦虑——中具体阐述的问题。

差异性的排斥过程,实际上也就是一个一以贯之的无矛盾理论体系的建构过程。在这一过程中,早期现代自然科学特别是实证主义科学起到了巨大的推动作用。自然科学的发展使人们形成了一种稳定的信念,那就是:只存在一种或一组真实的方法,不能被这种方法回答的东西,就根本不能回答。基于这种立场的推论结果就是:世界是一个单一的、可以被理性的方法进行描述和解释的系统;如果人的生活是完全能够组织的,而不是被抛入到一个混乱而不可控制的偶然体之中,那么只能根据这些原则加以组织。自然科学方法在政治领域中的实践对自由构成了严重威胁。具体到话语层面上表现为话语霸权的存在,在精神层面上体现为普遍精神的总体性,在政治层面上则体现为普遍主体的解放和进步。也正是在这一意义上,抽象的理性法则与差异性的自由原则出现了矛盾和冲突,理性之于自由的限度也在这一层面上得到了明显的体现。无疑,绝对确定性原则在政治生活领域当中的强行贯彻,导致了思想观念的同质化和自由的陨落。但是,物极必反,当差异性原则被极端化时,所带来的是价值共识困境。公共性的丧失,是确定性原则的极端化解构过程中人们所面临着的一个重大挑战。关于这一问题,我们将在第四章——"非确定性与现代人的价值共识困境"——中详细阐述。

当代自然科学的发展解释了不确定性、偶然性存在的合理性。在自然界中,规则简单的秩序是一种例外的情形。除了一些非常简单的系统以外,世界上几乎所有的事件都被笼罩在一个充满限制和相互关系的关系之网中,其中任何一个因素的变动,都可能引起整个关系网的巨大变化,这就是所谓的"蝴蝶效应"。也正是在这一意义上,当代物理学家、科学哲学家普利高津提醒人们,需要对我们所生活的世界予以重新关注:"我们走到了伽利略和牛顿所开辟的道路的尽头,他们给我们描绘了一个时间可逆的确定性宇宙的图景。我们现在却看到确定性的腐朽和物理学定理新表述的诞生。"[1]相对于复杂的自然界,人的世界更是复杂多变。不仅个人的内在心理结构复杂,人与人之间的关系更是复杂。相对于复杂多变的世界,人们的理性认识是有限的,人类很难再用几条简单的物理学或数学原理来穷尽对复杂多变的世界的认识,人类也很难用单一中心化的观点来审视复杂多变的世界。早期现代启蒙哲学的理性豪情是不容否定的,但是当它用一种确定性、简单性的思维来应对变化的、复杂的世界时,它所带来的却是一种更为不确定性的结果。偶然性因素在越来越复杂的社会系统中起着什么样的作用?对偶然性因素的漠视会导致怎样的后果?绝对确定性和简单性思维方式和行为方式是否给人们带来了真正的确定感?这些问题我们将在第五章——"确定性的解构与现代人的非安全感"——中加以探讨。

从这里的简要分析中我们可以看到,对非确定性问题探讨的深化,我们是在三个基本的层面上进行开来的:从人与自身的关系来看,原来确定性的、统合的自我面临着同一性破裂的困境,即自我面临着认同的困境;从人与人的关

---

[1] 见普利高津:《确定性的终结——时间、混沌与新自然法则》卷首"致谢"部分,上海科技教育出版社 1998 年版。

第二章 非确定性凸显的理论脉络

系来看,个人主义对整体主义进行了颠覆,个体权利的无限伸张导致了公共性的丧失;从人与自然的关系来看,自然祛魅化带来一种人为的不确定感和非安全感。面对现代社会日益复杂化的现实,现代人应该树立一种什么样的生存观念,我们应该基于怎样的思路建构现代人的生存根基?无疑,这一问题是任何严肃思考现代人生存状况的理论探讨都必须要积极应答的。对于这一问题,我们将在最后一章——"现代人生存根基的建构"——中加以探讨。

第三章　非确定性与现代人的认同焦虑

生活在一个不确定的世界中,现代人深受情感的匮乏、边界的模糊、逻辑的无常与权威的脆弱等诸多因素的困扰。在现代社会,认同成为了难题。

——齐格蒙特·鲍曼:《后现代性及其缺憾》

现代社会的发展,是一个充满矛盾的过程。现代社会的发展既是人的主体力量自我确证的过程,也是人之精神世界相对空虚化的过程。新能源、新材料、新技术的开发和应用,自动化大生产水平的提高,不仅大大提高了劳动生产效率,推动了经济的迅猛发展,而且减轻了人们的劳动强度,提高了人们的物质生活水平,方便了人们相互间的交流和沟通,使人们有了更多的闲暇时间来充实自己的个性生活。所有这一切都表明,人类社会的发展已经进入了一个全新的时代。但是,物质生活水平和自由程度的大幅提高并没有真正使人们追求幸福生活的愿望得到实现。相反,却出现了诸如不断增强的主体性与日益严重的虚弱感的矛盾、物质占有的丰裕性与精神失所的矛盾、个体交往的广泛性与孤独感不断增强的矛盾等等问题。孤独、寂寞、焦虑、自我怀疑、自我否定、自我失所等内在焦虑严重影响人们内心的和谐稳定。所有这些集中反映了现代人的精神世界所面临的困惑和无助。之所以如此,这是因为,现代化作为一项不断改革、不断颠覆现有行为方式的进程,将一切不确定的、自由的关系注入人类事务当中,不断重新审视、评估和革新所有事物。

生活在不确定世界中的人,在物质欲望和消费主义盛行的环境当中,在都市化和全球化的流浪、归属感的淡化中,在权威的不断消逝、身份感的不断模糊中,深陷于对"我究竟是谁"的追问。生活于流动、变易社会中的现代人陷入了认同的困惑之中。认同焦虑问题成为现代人所面临着的一个突出问题,它展示了现代社会条件下自我的内在不确定感。

第一节　认同:同一性和确定感的追寻

认同(identity)一词,在不同的场合,人们对其含义的理解有所不同。有的将它理解为"归属"(belongingness),有的将其理解为"身份"。但不论如何,在最基本的意义上,认同所指涉的是"同一"或"同一性"(oneness 或 sameness)。因为不论是归属感,还是身份感,都是一个人或群体在时间或空间维度上对自身或某物前后一致性的确认。在这一意义上,认同的含义可以追溯到古希腊先哲们的探讨之中。

当古希腊哲学家将万物归结为某一元素时,就开始了某种追求同一性和确定性的努力。这种追求同一性的努力反映了人的(类)形而上追求的本性。先哲们在将万物的本原归结为"水"、"气"、"火"等具体的事物时,尽管凸显了万物同一性的一面,但是却又暴露了其中变易性的一面。因为声称一个事物是自身同一的,它就必然需要在经历各种可能的变化之后仍然能够保持自身的独特性和单一性。但事实并非如此,外在现象世界是生生不息的,很难看到任何一个事物在经历了时间和空间上的转化而发生某种程度的改变。赫拉克利特最早关注到了这一点,他关于流变世界的观点就表明了这一点。"人不能两次踏进同一条河流"这一观点,就体现了他对于一件事物如何能保持其同一性的质疑。哲学中,无论是在认识论意义上,还是存在论意义上,关于认同概念的讨论,都是在"同一性"意义上展开的。而"归属"和"身份"则可以看做是对"同一性"的延伸。

下面我们将对认同的含义作多角度的分析,从中展示它与非确定性的关联。

一、认同的含义之一:同一性(身份)

从词源上讲,"认同"一词起源于拉丁文的 idem(即相同,the same)。在哲学和逻辑学中，idem 被译成"同一性"，它既表示两者之间的相同或同一，也表示同一事物在时空跨度中所体现出来的一致性和连贯性。洛克就在这一意义上对认同进行了专门论述。他认为："我们如果把一种事物在某个时间和地点存在的情形，同其在另一种时间和地点时的情形加以比较，则我们便形成同一性（identity）和差异性（diversity）的观念。……同一性之所以成立，就是因为我们所认为有同一性的那些观念，在现在同在以前存在时的情况完全一样，没有变化。……一个事物不能有两个存在起点，两个事物亦不能有一个起点……因此，凡具有一个发端的东西，就是有同一的东西；至于别的东西的发端如果在时地方面都与此一种东西不同，则那种东西，便与此种东西不相同，而是相异的。"[1]

具体到人的同一性，情况就复杂得多。因为人的同一性问题，决不仅仅体现为外在的物理形态在不同空间和不同时间里的一致性，同时还要表现为人之内在的统一性，即心理、意识、情感、价值等的内在同一性。这是因为，一个人身处不同的空间之中，尽管其外在的状况没有发生明显的变化，但是由于其内在状况的变化，我们也很难说他与原来相同。"士别三日，当刮目相看"，或许就可以表达这一层含义。对内在同一性的追求，反映了人有别于动物的理想性和超越性的一面。因为，尽管人的肉体和生命是有限的，但是，人的精神追求却是无限的，有限的个体生命通过精神的提升可以获得升华，人由此获得自身的价值感和意义感。在这一意义上，人的同一性或认同具有形而上的向度。正是借助这种超越的本性，人不断朝理想的、可能性的生活迈进，力图追求物质与精神、主观与客观、理想与现实的统一。人的同一性恰恰体现在对这种总体性自我的理解和把握当中。

二、认同的含义之二：归属

自我同一性不仅作为一种事实性存在，更重要的它还是自我的一种辨别结果，即自我需要辨识自己究竟是否具有同一性，是一种在什么意义上的同一性。无疑，这就落脚到一种归属问题。在最基本的意义上，所谓归属，"是指一个存在物经由辨识自己与其他物之共同特征，从而知道自己的同类何在，肯

---

[1] 洛克：《人类理解论》（上），商务印书馆 1959 年版，第 302 页。

定了自己的群体性"[1]。这种辨识的过程就是一种确认的过程,个体在与其他事物的比较中,既会发现自己的独特之处,同时也会发现自己与群体之物的相似之点,从而达到对"我是谁"的一种确认。因此,"认同"是对于"我是谁"这一看似简单的问题的一个不断自我诘问过程。在这种不断追问的过程中,可以确认自己的特色,确定自己属于哪个类别,不属于哪个类别。并且,在这一过程中,自我对自身的理解必然涉及对其周围环境和他者的理解和把握。也正是在这一意义上,当代政治哲学家杰夫里·韦克斯(Jeffrey Weeks)指出:"认同给你一种个人的所在感,给你的个体性以稳固的核心。认同也是有关你的社会关系,你与他者的复杂牵连。"[2]

在归属感意义上,认同实际上是在两个层面上展开的,即个人的认同和社会的认同。个人的认同是指自我的建构,即对自己成为独立个体的自我感,以及认为别人如何看待自己。个体的认同偏重于对个体性的确认,社会的认同则侧重于对共同感的确认,它涉及作为独立个体的我们如何将自己放在我们生活于其中的社会当中,个体所处的复杂社会关系决定了社会的认同的意义和内涵。在现实生活中,认同的这两个层面是紧密联系在一起的。

归属感是一个人的基本需求。美国心理学家马斯洛将人的需求分成生理需求、安全需求、社交需求、尊重需求和自我实现需求五类,层次由低到高。情感和归属的需要作为人的一项基本需要,在人的成长和发展中起着重要的作用。马斯洛认为,个体具有在自己所属的群体中产生出强烈的"我群体"的需要。关于情感和归属这一层次的需要,马斯洛认为主要包含两个层次:一是友爱的需要,即人人都需要伙伴之间、同事之间的关系融洽或保持友谊和忠诚;人人都希望得到爱情,希望爱别人,也渴望接受别人的爱。二是归属的需要,即人都有一种归属于一个群体的感情,希望成为群体中的一员,并相互关心和照顾。感情上的需要比生理上的需要来的细致,它和一个人的生理特性、经历、教育、宗教信仰都有关系。

---

[1] 江宜桦:《自由主义、民族主义与国家认同》,台北扬智文化事业股份有限公司1998年版,第10页。

[2] Jeffrey Weeks, "The Value of Difference", from Jonathan Rutherford (ed), *Identity:Community, Culture, Difference*, Lawrence & Wishart, 1990, p.88.

三、认同含义三：赞成

无论是基于自我同一性的确认，还是基于对归属感的寻求，认同的最终结果都要归结到认同主体的一种价值判断上，即是否支持、赞同某种观点、立场。

综合上述三种基本观点，我们可以看到，现代认同问题的探讨无非是在上述三个层面上展开的。首先，认同对象本身是否保持同一性和连续性，即在经过时间的变动和在空间的转换后是否发生了变化。如果认同对象在性质上发生了质的变化，难以称其为同一个对象，那么认同的对象就不复存在，从而出现诱发认同危机的可能。其次，认同主体关于自身的归属感是否已经发生了改变，也就是说在认同过程中，认同主体关于自己在某一群体当中所处地位的认识、对自己区别于他者的独特性的确认是否足以达到使其作出其他选择的程度。因此，这一层次上的认同是一种过程意义上的认同。无论是对自我认同的建构，还是对社会认同的确立，它都发生着至关重要的影响。这一辨识活动最终将决定认同主体选择什么样的认同对象。最后，作为认同的结果，认同主体是否背离原有的认同对象而寻求一种新的认同对象。

由此可见，完整意义上的认同是客观因素与主观因素双重建构的结果。外在环境的变化必然催生认同主体主观认识和主观感受发生某种程度的改变；反过来，认同主体发生变化的程度和广度对于认同对象又产生深刻的影响。认同危机的出现和新的认同对象和归属感的确立，无非就是这些因素相互作用的结果。也正因为现代社会是一个高度流动的社会人们的认同不是既定的，而是处于变化过程当中的。也正因为如此，认同是"'成为'（becoming）以及'存在'（being）的事情，它属于未来和过去，它不是那些既存的事物，它跨越地域、时间、历史和文化……它并不是永久地固定在某个本质化的过去，而是处于不断的历史、文化与权力的游戏之中。"[1]概括地说，认同具有以下基本特征：

首先，认同是一个关系性概念而非实体性概念。认同并不像笛卡尔所展示的那样来自个人某种内在品质的展现，而是来源于同他者之间的关系当中。因此，诠释一个人的认同或身份，就必须建立在对他与他者之间的异同性的辨

[1] Stuart Hall, "Cultural Identity and Diaspora", from Jonathan Rutherford (ed), *Identity*: *Community*, *Culture*, *Difference*, Lawrence & Wishart, 1990, p. 225.

识基础上,而个人也正是借此来建构自己的同一感和身份感。正因为如此,现代性所具有的流动性一面,造就了认同问题。在稳固的、一代代承继下来的狭小的地域之内,基于高度同质性基础上的人们,对彼此差异性的感受度较低,由此反观自我的可能性和力度也相对较小,认同问题也很难凸显出来。也正是在这一意义上,"我们总是在与一些重要的他人想在我们身上找出的同一特性的对话中,有时是在与它们的斗争中,来定义我们的同一性。即使我们由于成长离开了后者——例如,我们的父母——而且他们从我们的生活中消失了,与他们的交流仍在我们身上延续,只要我们还活着。"[1]

其次,认同是围绕多种差异轴(如性别、年龄、阶级、种族和国家等)展开的。认同所要解决的是一种归属感和身份感问题,因此每个人、每个群体必然根据某种独特性来确认自身。例如,根据阶级划(区)分,某些人可能属于资产阶级行列,另一些人可能属于无产阶级行列;根据性别区分,一些人属于女性,另一些人属于男性。总之,每个人都会依据某一属性对自己进行归类,从而找到真正属于自己的类别。无论是风起云涌的阶级斗争,还是当代西方社会蔚为壮观的女权主义运动,都可以看做是某一阶级或某一群体对自己所属阶级或群体权益的争取或确认。因此,在这一意义上,认同当中的"每一个差异轴都有一个力量的向度,人们通过彼此之间的力量差异而获得自己的社会差异,从而对自我身份进行识别"[2]。

最后,认同具有叙事的成分在内。固然,认同是主体植根于一定的环境中所产生的归属感和身份感,但是认同的建构还要以叙事的方式存在着。因为当我们在表明自己是谁时,我们其实是在述说自己的故事,对自己的来龙去脉、对自己的经历加以展示。在这一构成中,主观选择的成分具有很重的分量,当我们用叙事的方法选择那些显示自身特征的事件时,我们通常像在谈论他者一样,将自己外显化(externalize ourselves),同时,我们也从他者的角度,从其他角色的认同过程中,学会进行自我叙事。

正是由于认同是一个关系性的概念,是多种差异轴交织的产物,因此认同的焦虑实际上是指,在外在关系的影响下,各种差异轴逐渐将自身凸显出来,

---

[1] 查尔斯·泰勒:《现代性之隐忧》,中央编译出版社 2001 年版,第 38 页。
[2] 王成兵:《当代认同危机的人学解读》,中国社会科学出版社 2004 年版,第 9 页。

进而突破了原来处于核心地位的权力轴，最终引起了原有同一体的破裂和归属感的丧失。

可见，与认同相关的基本概念似乎是持久、连贯和认可。我们谈论认同时，通常暗含了某种持续性、整体的统一以及自我意识。多数时候，这些属性被当做理所当然的，除非感到既定的生活方式受到了威胁。因此，认同问题的发生与非确定化的环境密切相关。在相对孤立、繁荣和稳定的环境里，通常不会产生认同问题。认同要成为问题，需要有个动荡和危机的时期，既有的方式受到威胁。这种动荡和危机的产生源于外在他者对当下的自我构成了挑战。在这一问题上，科伯纳·麦尔塞的观点很有启发性。他指出，"只有面临危机，身份（即认同——引者注）才成为问题。那时一向被认为固定不变、连贯稳定的东西被怀疑和不确定的经历取代。"[1]

第二节　自我同一性（身份）的解构

自我同一性或身份的建构蕴涵着权力向度，是一个差异性存在不断被排斥、否定或强行吸纳的过程。通过将差异性的他者纳入自身的秩序化轨道，自我获得了同一性的外观。现代自我观在将自身的能动性、主动性和创造性不断推向前进的同时，却走向了另一个极端，即理性成为了统帅一切、批判一切的唯一根据，外在的他者，无论是感性的自我，还是自然界，都被作为他者加以拷问。不仅如此，这种自我观还将自我和他者之间的关系推至全社会，导致男人和女人、东方和西方之间的身份对立。

一、权力压制与自我同一性的建构

（一）西方传统的自我观念

自我是一个十分复杂的问题。《牛津英语词典》关于自我的定义是，自我是指"在一个人当中真实地、内在地是'他'的东西（与偶然的相对）；是一个通常与灵魂或心灵相等同而与身体相对立的东西；一个处于连续变化的意识状

———————
[1]　转引自乔治·拉伦：《文化身份、全球化与历史》，包亚明主编：《后大都市与文化研究》，上海教育出版社 2005 年版，第 299 页。

态的永恒主体"[1]。《大不列颠哲学百科全书》也持相似的观点:"'自我'一词有时被用于表示一个人所具有的内在精神状态,有时,从更严格的意义上讲,它指的是精神的实体,而这种实体是哲学研究的根本。"[2]

在现代性条件下,个体不再是社会和自然中微不足道的一个环节,现代个体在征服自然,摆脱外在社会关系束缚的过程中展示了自己的独立存在。由此现代性宣告了至高无上的个体(soverign individual)的诞生。这种至高无上自我是理性的、自主的、稳定的东西,它具有自我意识、能够统合内在的矛盾和冲突,从而保持外在的统一性外观。现代自我是一个同质的、理性的、自主的、稳定的主体,拥有自由意志的能力,可以选择生活的目标以及达到目标的手段。这种统一的自我与人的心灵或理性密切相关,甚至可以说,自我就等同于心灵。具体而言,从存在论意义上看,这一自我是一个不变的实体。这种自我观认为,人的同一性不在于其肉体的同一性,而在于其心灵或意识的同一性。人可以失去自己的一部分肉体,改变自己的职业,清醒或者酗醉,但他仍然是同一个人。之所以如此,是因为在所有这些变化过程中,人的意识保持着连续性和统一性。在心理学的意义上讲,自我是一个由感情、情感、记忆、意志等组合在一起的集合体。心理学意义上的自我虽然既不是主体,也不是客体,但它是各种各样意识状态的总和,是一个稳定的同一体。

(二)差异性的排除

作为思维与存在的同一性问题在主体身上的具体展开,自我同一性问题一直受到现代哲学的重视,这也是人们高扬主体性,努力以人来代替神作为归属对象,满足归属需要所做的一种努力。在早期现代哲学当中,自我同一性的建构过程,同时也是差异性的存在不断被排斥、否定或强行被吸纳的过程。通过将差异性的他者纳入自身的秩序化当中,自我获得了其稳固的同一性。但是,这种表面看来稳固的同一性却蕴涵着自我对他者的权力压制。具体说来,非理性的欲望、情感、女性等被视为身体性的东西逐步被排斥掉,而心灵的或精神性的东西被凸显出来,进而彰显自我的"本真性"。在这种同一性的建构

---

[1] 转引自姚新中:《自我建构与同一性——儒家的自我与一些西方自我观念之比较》,《哲学译丛》1999年第2期。

[2] 转引自姚新中:《自我建构与同一性——儒家的自我与一些西方自我观念之比较》,《哲学译丛》1999年第2期。

过程中,前者被当做了异己的他者。

他者(the other)是西方哲学中的一个重要概念。他者是一种十分独特的存在,一方面,他者是与自我不同的存在,但另一方面,自我除非对他者有所了解,否则自己不会成为自己,不会获得自我意识和同一感。这样,"异己似乎既是与自己漠然无干的他者,又是与自己密不可分的另一个自己。在这一意义上说,异己——异于、外在于自己者——乃是内在于自己者,乃是自我成为自己的可能性的条件。"[1]尽管他者作为反观自我的一面镜子具有重要的作用,但是,对于自我而言,他者的作用也只能在否定性的意义上被加以接受。如果他者的作用被提升到与自我等量齐观的地位,自我也就会发生蜕变,不具有其同一性,进而走向他者。

实际上,从哲学发展史来看,传统哲学一直以来正是力图将他者排除在自我范围之外。柏拉图最早将他者引入了哲学当中,也是他最早在哲学中试图将他者整合为同一。在《蒂迈欧篇》中他描述道:

> 神取来三种元素,同一、他者、存在,把它们混合起来,做成一个模型。在这一过程中,他使用强力将他者(相异者)之抵抗性和不相黏合的本性压缩进同一。在混合了同一和他者,接着是存在而得到一个整体之后,他又将此整体尽其所宜分成许多份,每一份都是同一、他者和存在的混合体。[2]

可见,在柏拉图哲学中,他者最初处于同一之外,并与同一相对立,而后被强行纳入同一当中,被禁闭于同一之中。他者在后来的哲学当中也有着相似的命运。众所周知,早期现代哲学以理性的姿态自居,由于其理性的逻各斯中心主义对非理性的排斥,导致了大写的"我"(我思)对他者的否定。笛卡尔哲学的一个显著特征就是以普遍的理性主体否定他者,以自我否定异己的他性。理性成为用来解释一切现象的神话,在理性的法庭中绝不允许任何反常的、异

---

[1] 伍晓明:《自己与异己——西方面前的二十世纪中国文化自我意识》,陈清侨主编:《身份认同与公共文化》,香港牛津大学出版社1997年版,第326页。

[2] 参见《柏拉图全集》第二卷,人民出版社2003年版,第285页。

己的力量存在。任何东西都面对着二择一的情形：要么服从理性，要么放弃存在的权利。后马克思主义者恩内斯特·拉克劳（Ernesto Laclau）对此认为：

> 如果客观性设法要部分地肯定它自己，它只能靠压制其威胁者来实现。德里达已经揭示，同一性的建构如何总是基于排除某些事物并建构因此而产生的两极（例如男人/女人等）等暴力式层级体制。为此，两极中的后项特别被化约为一种偶然性，被看做是前者之本质的反对。黑人—白人关系也是如此。在这一关系中，白人被等同于"人类"。"女人"和"黑人"因而被冠上标号，以区别于没有标号的"男人"和"白人"。[1]

如此一来，自我和他者之间不仅仅存在着区分问题，更重要的是蕴涵着一种权力的压制现象。在"自我—他者"的二元论逻辑结构中，"与二元化的他者相联系的特征（真实的或假定的）、文化、价值和生活领域被全面而系统地贬低了；而且，等级可以允许有变化，可以是偶然的和变动的。但是，一旦文化和身份在统治的过程中形成，被低劣化的群体（除非它能操纵文化资源进行对抗）必然要把这种低劣性内化于它的身份当中，与这种低等的价值共生，以中心的价值为荣耀，这一点就成为占主导地位的社会价值。"[2]可见，二元论的逻辑格局不仅建构了中心的文化概念和身份，同时也建构起了差异性的他者。这种逻辑结构是一种分离和支配的关系，以极端排斥、分离和对立为主要特征，平等和共生变得不可能。

1. 精神对身体的压制

在传统的自我观当中，自我是被作为一个统一的整体来加以考察的。作为具有同一性的个体，其肉体和精神处于统一之中，并且自我的同一性主要的是由精神决定的，因为自我意识的同一性才能构成一个人同一性的真正基础。按照这种理解，肉体是处于被统治地位的。决定自我成为自我的真正要素不是可变的肉体和感觉，而是稳固不变化的灵魂与精神。由此，这种对自我同一

---

[1] Ernesto Laclau,"Post-Marxism Without Apologies", in Laclau（ed）, *New Reflections on the Revolution of Our Time*,London：Verso,1990,p33.

[2] 薇尔·鲁普姆德：《女性主义与对自然的主宰》，重庆出版社2007年版，第35—36页。

性的理解,就蕴涵着意识—身体之间的对立和不平等关系。贬低身体以及与之相关的欲望、情感,构成了传统自我观的基本主题。

早在柏拉图哲学中,身体和灵魂的对立就被鲜明的提出了。在柏拉图看来,"人之所以具有创造性,是因为人有能力把自然的冲动塑造成、改造成崭新和更具包容力的模式,因此,最为明显的结论是将人的创造能力等同于理性,是把创造性定义为赋予形式和秩序的能力,即把形式和秩序赋予被自然先行给出的生机。从观念上说,灵魂乃是肉体中秩序之自然原则。"[1] 正是因为灵魂与无形的精神和神圣的秩序相伴,身体与低劣的自然的物质秩序为伍,自我同一性的获得无论如何不能寄希望于身体,相反,灵魂是人之同一性最为可靠的保证:

> 灵魂与神圣的、不朽的、理智的、统一的、不可分解的、永远保持自身一致的单一的事物最相似,而身体与凡人的、可朽的、不统一的、无理智的、可分解的、从来都不可能保持自身一致的事物最相似。[2]

在理性—自然关系的模型中,身体和感觉被描述为外在的自我,是灵魂的"监狱"和"陷阱",作为臣民和奴仆,它们要服从灵魂的原则。自然被看做是受必然性支配的存在者,它深处偶然性和无序之中。无序的状态无论如何是需要被克服的状态,必须要接受灵魂或理性的拷问。在《斐德罗篇》中,柏拉图所作的"灵魂马车"的比喻,精神(白马)和理性(御车人)结合在一起,共同反对欲望,通过拷打、强制,生性顽劣的黑马被驯服:

> 就像赛车手跑到终点一样,驭手向后猛拉缰绳,拉得那匹劣马口破血流,栽倒在地,疼痛不已。这种事重复多次,那匹坏马终于学乖了,丢掉了它的野性,俯首帖耳地听从驭手的使唤,一看到那美的对象就吓得要死。[3]

---

[1] 尼布尔:《人的本性与命运》(上),贵州人民出版社 2006 年版,第 28 页。
[2] 《柏拉图全集》第一卷,人民出版社 2002 年版,第 84 页。
[3] 《柏拉图全集》第二卷,人民出版社 2003 年版,第 169 页。

如此一来,身体及其需求、欲望和冲动将受到权力的压制。在柏拉图看来,善是灵魂的和谐,是内心世界的理性状态。身体随时都可能爆发的冲动是对这种和谐的任意破坏,因而它总是处于善的反面,处于伦理道德所不齿的地位。可见,自我内在秩序或和谐状态的获得,需要理性自我对非理性欲望加以规约。处于低等地位的感性欲望因为其天生的欠缺而对逻各斯有着天然的需要,这种需要就如同奴隶需要依赖主人那样天经地义。

"作为柏拉图哲学之注脚"的西方哲学传统,在身心问题上也基本重复柏拉图的论点。无论是基督教的身体观,还是以笛卡尔为代表的现代身体观,莫不如此。基督教认为,人的至真和至高本质并非源自物质世界,而是精神,它产生于上帝之国;而可感知的身体,作为囚禁人类的牢笼,是魔鬼的产物。由于"肉体"倾向于堕落和罪恶,对于肉体的种种需要人们应当持鄙视的态度。基督教力图通过减少、降低肉体的需求,来达到精神与道德上的完善,从而获得"救恩"的证明。

在笛卡尔的二元哲学中,身体和精神之间泾渭分明且具有高低秩序。身体代表着感性、不确定性、虚幻;精神则代表着理性、稳定性、真理。身体由于其非理性和偶然性,被置于一个次要的位置,需要受到理性的控制。

这样,自我同一性是通过权力以及排除的方式建构起来的,它不是一种天然的或自然的结果,而是一种归化的结果,是由多重因素作用的结果。通过将差异性的他者排除在外,理性或精神的绝对地位被确立起来。

2. 男人对女人的压制

如果说在同一个自我当中蕴涵着精神—肉体的对立以及权力的压制和被压制之外,那么在不同的自我之间也同样存在着这种权力压制现象。一个个体自我之同一性的建构,在很大程度上要依赖于作为他者的另一个自我的存在。当自我将他者作为一种差异性的向度,并力图将其纳入自身的轨道之中时,自我就获得了同一性,即获得强烈的认同。黑格尔在《精神现象学》中关于主人—奴隶关系的分析就表明了这一点。在他看来,他者的显现对于"自我意识"的形成是必不可少的。主奴双方之间的行为是一场殊死搏斗,任何一方都试图消灭对方,都以对方为中介确证自己的存在。冲突的结果是强者成为了主人,弱者成为了奴隶。主人将对方放置在自己的权力支配之下,通过奴隶的加工改造间接与物发生关系,享受了物。对于主人而言,奴隶就是他者,由于他者的存在,主体的意识才得以存在,权威得以确立。[1]

"性别化了的理性—自然对比是支配一切的、最普遍和基本的二元论形式,而且是把所有二元论联系起来的形式……"[2]西方传统哲学关于精神—肉体对立的观念,也被推之于男性和女性之间的对立。传统逻各斯中心主义假设人是稳定的、无差异的、普遍性的主体,也是男性的意识、心灵与精神。男性由此获得人类代表的地位,女性不过是"他者",是"第二性"。女性要么不在理论家的视野之内,要么在精神/肉体、男性/女性、理性/感性、政治社会/家庭的类比结构中与肉体等一道处于从属地位。这一理论假定的最终结果就是,男性被认为是理性的认知者,而女性被认为更多地受到感性欲望的控制。与之相对应,在道德理论中,有责任心、冷静和正义的楷模都是男性,而女性的形象则是犹豫不决和温柔娴静。在政治学中,男性的世界是公共的和抽象的,是与"心灵"联系在一起的,而女性的世界则主要在家庭内部,是与"肉体"联系在一起的。由于精神相对于肉体的优越性,作为肉体之象征的女性也就被作为男性的他者而存在。特雷·伊格尔顿就对此论述道:

> 女人是对立项,是男人的"他者"。她是非男人,有缺陷的男人,她对于男性第一原则基本上只有反面价值。但是同样,男人之成为男人只是由于不断排除这个"他者"或对立项,因此他是相对于她来规定自己的。他力图以这样的姿态来肯定他的独特的、自主的存在,然而正是这一姿态抓住了他的整个身份,并且给他造成了危险。女人并不是一个在他视野之外的"他者",而是一个与他关系密切的"他者",是他所不是者的形象,而且是一个从根本上提醒他对自己身份加以注意的事物。[3]

3. 西方对东方的压制

"理性和非理性的鸿沟以及后者的低劣性,用来支持的不仅只是女性的低劣性,而且包括奴隶、其他种族和文化的人们('野蛮人')以及那些从事与

---

[1] 参见黑格尔:《精神现象学》(上卷),商务印书馆1979年版,第127—129页。
[2] 薇尔·鲁普姆德:《女性主义与对自然的主宰》,重庆出版社2007年版,第32页。
[3] 特雷·伊格尔顿:《二十世纪西方文学理论》,陕西师范大学出版社1986年版,第146页。

脑力劳动相对应的体力劳动的人们的低劣性。"[1]在殖民活动中存在殖民者与被殖民者之间的权力压制现象。在殖民者的眼里,被殖民者并不是与其平起平坐的对象,相反,后者被描述成天生愚昧、懒惰的存在者,理应接受殖民者的启蒙与改造。正因为被殖民者生性存在弱点,使得他们只适合作奴隶。这样,本是人为后天制造出来的差异和不平等被自然化了。在这一问题上霍尔明确指出:

> 躲藏在自然化背后的逻辑十分简单。如果说白人和黑人之间的差异是"文化的",那么他们就可以向改进和变革开放。然而,如果他们如奴隶的主人所相信的那样是"自然的",那么他们就可以超越历史,成为永久和固定的事实。"自然化"因此是一种话语策略,用以固定差异,永远使其保存下去。[2]

如此一来,本来具有社会意义的事情被贴上了生物学的、形而上学的标签,与被殖民者的性质联系在了一起,殖民者的优越感和被殖民者的低劣性被构筑成了一种确定的关系。在非常堂皇的名义之下,被殖民者变成了殖民者实现自身欲望和利益的工具,最终被卷入到后者编织的网络之中。作为差异性他者的被殖民者,被强行同化于殖民者所建构的体系里,成为毫无个性的存在,他们充其量只是殖民者活动前台的背景而已。也正是在这一意义上,南茜·哈索克指出,"处于支配地位的、白种人的、男性的、欧洲中心的统治阶级看待世界的方式和划分世界的方式——把万能的统治者置于中心,把具有一系列被否定品质的他者置于边缘"[3]。

二、差异权力的扩张与自我的碎片化

在"自我—他者"的二元结构中,自我通过将他者排斥、背景化、同质化等方式获得了稳固的外表,但是内在的矛盾却并没有因此而化解,他者时刻都在

---

[1] 薇尔·鲁普姆德:《女性主义与对自然的主宰》,重庆出版社 2007 年版,第 35 页。

[2] Stuart Hall,"The Spectacle of the 'Other'", in Stuart Hall (ed), *Representation*:*Cultural Representations and Signifying Practices*,London:Sage,1997,pp.244–245.

[3] 转引自薇尔·鲁普姆德:《女性主义与对自然的主宰》,重庆出版社 2007 年版,第 32 页。

进行着权力的争斗,力图冲破权力压制格局而伸张自身的权利。

(一)自我的同一性是虚构的产物

对于自我通过排斥他者来确立自身的现象,一些现代哲学家就以不同的方式进行了批判。"事实上从一开始,现代主体和身份观就受到更加激烈的质疑,不仅质疑它们作为个体的本质这一点,而且质疑身份本身。"[1]

1. 自我不是同一性的主体

在早期现代哲学中,休谟通过否定主体自我的存在表明了"自我—他者"对立的不可能性。在他看来,自我决不像笛卡尔所说的那样是先验主体,自我实际上难以与外在的东西相协调,更不用说对外在的东西加以控制以保持自身的连续性和同一性:

> 每一个实在观念的产生,必然归功于某一个印象。但是自我或人格并不是任何一个印象,而是我们假设和若干印象和观念有所联系的一种东西。如果有任何印象产生了自我观念,那么那个印象在我们一生的全部过程中必然是继续不变的、同一的;因为自我是被假设为是以那种方式而存在的。但是一种恒常而不变的印象是根本不存在的,痛苦与快乐、悲伤与喜悦、情感和感觉,互相接续而来,从来不全部同时存在……当我直接地体会到我所谓我自己时,我总是碰到这个或那个特殊的知觉,如冷或热、明或暗、爱或恨、痛苦或快乐等等的知觉。任何时候我总不能抓住一个没有知觉的我自己,而且我任何事物也不能观察到,只能观察到一个知觉。[2]

这样,在休谟看来,本体论中的知觉不同于真正的自我,是想象赋予这些知觉某种连续性。而在现实当中这些知觉不可能恒定不变,它们的连续性只不过是想象制造的谎言,自我的同一性或身份不过是习惯性联想的产物而已。

---

[1] 乔治·拉伦:《文化身份、全球化与历史》,包亚明主编:《后大都市与文化研究》,上海教育出版社 2005 年版,第 305—306 页。

[2] 引自北京大学哲学系外国哲学史教研室编译:《十六——十八世纪西欧各国哲学》,商务印书馆 1975 年版,第 595—596 页。

2. 自我是权力塑造的产物

如果说休谟所揭示的自我的虚构性主要停留在纯粹哲学的层面,那么后现代主义则将触角深入到社会层面。在后现代主义看来,无论是男性主义推崇的男性自我,抑或种族主义推崇的白人自我,还是殖民主义推崇的西方自我,它们都不是自然而然形成的,而都是特定历史和权力压制的结果。福柯就采用知识考古学的方法,通过对微观史的考察揭示了这一点。

在福柯看来,理性的标准不是依靠自身的权威确立起来的,而是依靠社会事件和政治力量建立起来的。外部突发的、偶然性的事件而非自身内部发展的逻辑力量确立了理性的权威。福柯从现代医学和精神病学的起源出发对此进行了研究。在他看来,在17世纪之前,人们并不把疯癫等看做疾病。例如在柏拉图的著作当中,迷狂是理性发展的最高阶段。在中世纪,迷狂一方面同人的堕落相联系,另一方面又同人的神圣性的拯救相关联。即使在文艺复兴时期,癫狂还不是理性的对立面,还和理性并存为人的正常生存状态。但在17世纪,这种关于疯癫的观念发生了根本性变化,这种转变在福柯看来来自于一个偶然性的事件,即肆虐已久的麻风病在17世纪中叶的突然消失,导致了大量麻风病房的闲置。于是这些隔离设施便成为囚禁罪犯、流浪汉和疯子的场所。理性和非理性原来所具有的平行关系被打破了,癫狂成为应受理性管辖和匡正的疾病。在福柯看来,社会对癫狂的态度只有在癫狂与非理性的关系之中,才能得到理解,非理性是癫狂的支撑,或者说,非理性限制了癫狂的可能性范围。社会对癫狂的态度实际就体现了对非理性的态度。理性与非理性严重对立起来,理性获得了凌驾于非理性的权威,成为了衡量和判断人类和全部社会利益的标准,具有决定性的力量。现代社会依靠监狱、医院、军队等特有的方式塑造着人本身,按照同一性原则来使一切秩序化。整个社会就是一个巨大的权力网络,所有的事物要么在这一网络中找到自己的位置,要么放弃自己存在的权力。

(二)颠覆身份中的权力秩序

揭示权力向度的存在仅仅是一个前提性的工作,突破自我与他者之间严格的等级关系,从而彻底放弃同一性的追求,这才是高度现代性的最终目的。尼采的自我观,就突出了自我构成中原先被压抑的权力轴。我们在第二章中已经指出,尼采的权力意志观表明,自我是多种力之间此消彼长的关系。尼采将身体的意志、情感、本能、欲望和激情的一面凸显出来,认为自我其实就是这些被传统哲学视为外在他者的东西与理性之间所具有的相互张力。在他看来,正是这些力相互间的竞争,才使人得以成为人。

对于颠覆自我与他者之间存在的等级关系这一任务,德里达有着明确的论述:

> 在古典哲学的二元对立当中,我们所处理的仅仅是一种鲜明的等级关系,而不是两个项之间的和平共处。其中一个单项(在价值论、逻辑等方面)统治着另一个单项,居于高高在上发号施令的地位。解构这个二元对立,首先就是要在某个特定时刻颠覆这种等级差别。[1]

颠覆自我与他者之间的界限,最根本的就是要凸显他者的存在。"自我—他者"的权力秩序重塑的过程,也就是"他者"获得解放,从幕后走向前台的过程。女性主义运动、同性恋运动、种族解放运动、后殖民运动等当代蔚为壮观的差异权力运动,其目的就在于改变自身被压制的地位,将自身处于差异他者的身份转化为真正自我。这些解放运动的过程,也就是对原来信奉的自我观念的解构过程。

1. 解构自我身份中的逻各斯中心主义

通过前面的分析,我们可以看到,现代自我之所以能够获得稳固化的外衣,是因为它拥有特定的权力压制结构。无论是"意识对身体"、"男性对女性"、"白人对黑人",都隐含着前者为中心这一基本假设。这种中心化的假设实际上也就是西方长久以来的逻各斯中心主义。

逻各斯中心主义是西方形而上学的一个别称。在德里达看来,从柏拉图和亚里士多德一直到黑格尔和列维—斯特劳斯的整个西方形而上学传统都是"逻各斯中心主义"。"逻各斯中心主义"的基本特征是为世界设立一个本源,这个本源可以是理念、始基、实体、意识、上帝、人等等。由这个本源出发,设定了一系列二元对立范畴,如在场/不在场,精神/物质,主体/客体、能指/所指、理智/情感、本质/现象、语音/文字、中心/边缘等等,而所有这些对立都不是平

第三章 非确定性与现代人的认同焦虑

[1] Jacques Derrida, *Positions*, Translated by Alan Bass, University of Chicago Press, 1981, p. 41.

等的,其中一方总是占有优先的地位,另一方则被看做是对于前者的衍生、否定和排斥,如在场高于不在场、中心优于边缘等等。消解自我中的权力结构,关键在于彻底消除这种二元对立格局,彻底放弃中心化的思维方式和实践方式。在这一方面,当代女性主义的实践颇具代表性。

女性主义将自我当中性别差异的一面凸显了出来,力图改变原有的男性主体一统天下的现象。在女性主义看来,主体一直以来似乎是男士所享有的特权,对于女性来说,它似乎根本并不存在。传统哲学的精神对物质、理性对肉体的优先性是男性主义的理论根源。女性与身体的关联以及对身体的鄙视代表了男性的霸权地位。与之相反,女性主义者突出了其男女有别的差异理论,并特意凸显女性的优越地位。在他们看来,男性与女性在人格或技能上所存在的差异,使他们具有不同的认同标准和不同的身份感:"性别的区分使女性比男性更具爱心和'关系性的自我感',男性更具有敌对性和自主性,因而也更富有竞争以及自立性的自我感。"[1]男性与女性之间的区分,使得自我认同的探求不能采取一种男子普遍主义的立场。

与之相对应,对身体的大胆展现,赞扬身体,摧毁压制身体的外在束缚,成为表现真实自我的基本方式。风俗习惯、宗教禁令在世俗生活中的式微,对个性的崇尚,对多样化价值的追求,各类媒体的大力吹捧,不仅使现代自我展现身体成为可能,而且进一步激发了其表现身体的欲望。年轻、美貌、奢华、风韵的形象与各式各样的商品若即若离,激发了人们被压抑的情感。感性的而非全然理性的、差异化的而非同质性的、流动的而非稳定的自我成为发达商品社会条件下的人们竞相追逐的形象。

具有性别错位之嫌的同性恋行为,也成为了瓦解传统自我观念的另一项重要内容。在传统社会乃至现代社会,每个个体不仅对自己的社会地位、角色有着清楚的认知,对自己是男是女这样的性别差异更是有着明确的认识。例如,在中国传统文化之中,与性最紧密的正向联系是生育繁衍后代,最紧密的反向联系则是堕落、淫乱等等。依据这样的观念,男女之区分就应像宇宙万物由阴阳两极衍生一样天经地义。相反,如果阴阳混淆、男女不辨、性别身份模糊,则是源头上的错乱,被人所不齿。在欧洲的历史上,同性恋也曾遭到极其

---

[1] 孟樊:《后现代的认同政治》,台北扬智文化事业股份有限公司2001年版,第103页。

严厉的谴责和对待。轻则被认为是精神疾病,需要加以治疗;重则被认为是堕落与罪孽,不仅深受社会歧视,甚至还要受到法律制裁。福柯所论述的"禁律"对于性所形成的压制作用,也非常适合描述传统社会关于同性恋者的敌视现象:

> 你不应该接近,你不应该接触,你不应该享用,你不应该体验快感,你不应该开口,你不应该表现自己。归根到底,除了在黑暗和隐秘之中,你不应该存在。权力对于性只会用禁律。它的目的是让性否定自己。它的手段就是惩罚的威胁,这个威胁无非是要对性予以压制。要么否定你自己,要么遭受被压制的惩罚。如果你不想消失就不要出现。你只要不露踪迹才能得以存在。[1]

而现如今,对于诸多同性恋者而言,所谓的性别错位根本不是什么丑陋的事情,相反,同性恋也应该像异性恋一样有其存在的充分理由和正当价值。

2. 争取他者的话语权

正如前面分析所指出的,无论是身体、女性、黑人、东方,它们不仅仅与人的自然性或地域联系在一起,更是被社会、历史、文化所"构建"。例如从人类文明早期设立的乱伦禁忌起,性与性活动就开始笼罩在权力之下。性及性活动就此被规训,有关性的"犯规"、"越轨"的种种界定及惩处,成为社会控制的一个部分,使性实质上成为一种权力关系,并在充满权力的环境条件下显现与延续。而"东方主义"这一概念属于西方建构的产物,旨在为东西方建立一个明显的分野,从而突出西方文化的优越性。

在他者的建构当中,话语充当着十分重要的角色。话语是由符号组成的,但它们不可能归结为语言和言语,话语的作用超过了言语和语言。话语是与权力紧密结合在一起的,甚至可以说,话语本身也是一种权力。在福柯看来,在任何社会里,话语一旦产生,就受到若干程序的控制、筛选、组织和再分配。没有纯粹的、不计功利的话语,存在的只是权力制约下的话语。在一定条件

第三章 非确定性与现代人的认同焦虑

---

[1] Michel Focault, *The History of Sexuality：An Introduction*, vol 1. New York：Vintage Books,1978, p. 84.

下,话语本身就可以转化为权力。话语通过排除程序将某些东西列入"禁律"的范围。通过这种过滤机制,对话语加以净化,从而使那些不符合通行规则的话语得不到表达的机会。不仅如此,话语还从内部受到"评论"、学科规范等权力表征的约束。对于一个话语主体而言,他必须具有某种身份,受过某种专业训练,具有某种素质,能够在对话和评论中使用某种形式的陈述。作为一个更大的话语群体的学科规范,则规定了真理的方法,命题的论述形式以及研究对象等。它规定了什么可以被说,什么样的说法被视为真实的。如此一来,只有符合这一话语群体规范的东西才被认为是合法的。任何一个话语主体如果想在特定的话语群体当中存在,就必须接受这种话语的言说方式,假如不能做到这一点,则被排除于话语系统之外。

这样,话语作为每一种制度的规范性媒介,它规定了什么是可以说的,什么样的言语者才拥有权威,权威性的话语在什么样的情境下才可以言说等等。从整个社会层面上来看,并不是所有的成员都能完全平等地获取话语资源,某些人或某些团体比另外一些人或另外一些团体享有更多的话语资源,因此也享有更大的话语权。从这一意义上来说,任何一个社会都存在着话语主宰者和话语"沉默"者。对于作为被主宰的他者而言,他们的身份或同一性不是由自身确立起来的,而是由处于主宰地位的他者建立起来的。赛义德认为东方主义就是一种话语结构。这个"东方"并不是地理意义上的东方,而有着深刻的政治和文化内涵。这就是说,东方主义本质上是西方试图制约东方而制造的一种政治教义:

> 东方学的一切都置于东方之外:东方学的意义更多地依赖于西方而不是东方,这一意义直接来源于西方的许多表达技巧,正是这些技巧使东方可见、可感,使东方在关于东方的话语中"存在"。而这些表述依赖的是公共机构、传统、习俗、为了达到某种理解效果而普遍认同的理解代码,而不是一个遥远的、面目不清的东方。[1]

东方主义话语正是在西方强权的作用下逐渐普泛化与合理化的,并使东

---

[1] 爱德华·W.萨义德:《东方学》,生活·读书·新知三联书店 2007 年版,第 29 页。

方居于一种"他者"的不平等地位。"差异本身常常是支配与反支配的权力关系的一种呈现,从支配者的角度言,差异政治常透过所谓的排除作用来巩固和强化他的统治地位……反之,从被支配者或反支配者的角度来看,在差异关系中他强调的是处在边缘或弱势地位(被排除)的他者的重要,他者不仅不愿意被漠视,而且还要主动发声……"[1]那些被压制的他者要通过各种方式展示自己的存在,争夺话语主导权。其中,以反面话语的形式产生新的知识,制造出新的真理,并走向新的权力,这是颠覆已有的话语秩序最为直截了当的方式。由此,差异性的他者用各种各样的方式发出自己的声音:身体写作、发明和运用属于自己的话语系统、运用各种方式表达权利。

这样,女权主义、同性恋运动,这些过去被视为边缘化的东西,在伸张自身权力的过程中大胆地从后台走向前台。如此一来,自我所面临着的问题更为复杂,自我内部不仅存在着理性与非理性冲突,还存在男性与女性的差别。自我的确定性和明证性被打破了,单一的力主导自我的局面不复存在了,呈现在我们面前的是一个由多元力交织而成的矛盾体。在神与人、男与女、黑人与白人、西方与东方二元对立模式之下建构起来的自我认同观被打破了。

差异权力的伸张对传统的自我观念造成了巨大的冲击。各种权力轴之间的博弈,使得原先处于统摄地位的权力让位于处于"他者"地位的权力,由此而使原先看似同质的、统合的、理性的、自主的、稳定的自我成为多元的、流动、差异和矛盾的自我。在对本质主义的反叛中,后现代主义呈现给我们的是一个异质的、分裂的自我,一个肉体的、充满欲望的自我,一个不确定的、分散的、去中心的自我。这种自我观将自我的浪漫、虚无、非理性和精神分裂的一面明显地突出出来。在这种魔术式的变化过程中,自我呈现出了多元分裂的特征。

思想不外是移入人的头脑并被改造过的物质的东西而已,后现代哲学对于前现代自我和现代自我的消解,反映了当代社会的基本现实。当代社会条件下个体所具有多元分裂式的角色和身份,使得自我的同一性失去了存在的稳固基础。自我不再是与稳固的传统社会结构相一致的稳定的东西。在前现代时期,个人的认同是固定的,他们不必为自己扮演何种角色感到担忧;但是在早期的现代社会中,固定的角色框架已被打破,人们具有较多可供选择的机

---

[1] 孟樊:《后现代的认同政治》,台北扬智文化事业股份有限公司2001年版,第166—167页。

会,因而也开始产生"我是谁"的焦虑。不过此时所要解决的认同问题并不棘手,社会因为阶级而划分为资产阶级与无产阶级两个阶级;女性依然区别于男性;异性感的角色由男女扮演。尽管工业化大生产突出了产品的流动性一面,但在工业化阶段,所强调的仍然是生产和产品的一致性和相似性,所以"我是谁"不太难找到答案。但是,在后工业社会或后现代社会当中,情况发生了明显的变化。人们存在多种认同(身份)的可能性选择,并且这些不同的认同领域和认同范畴彼此又相互交叉,相互冲突和矛盾,使得人们不得不面对着多样性的认同万花筒。"后现代认同主张已经变得具有很强的流动性,它已经从过去被认为是在限制它的社会结构的基础中脱离出来;我们现在更有能力去选择各种不同的我们想变成'我'的那些'被提供出来的你们'('yours on offer')。"[1]当阶级的划分不再那么绝对,当个人在私人领域所扮演的角色甚于在公共领域的利益,当个人的活动范围越来越超出国家的界限而成为全球化的切身参与者和体验者,当人们被无穷无尽的选择以及瞄向特定市场的各种不同的消费物品所决定时,人们的认同感就开始失去焦点。

第三节 自我归属感的匮乏

不管将认同理解为"同一性"还是理解为"归属感",它必定要指涉一组业已存在的属性。正是建立在对这些属性所具有的连续性的辨识基础上,才有认同的同一性意义。但是,当代社会的流动性,已经很难使人具有一种稳定和连续的感觉,人们更多感受到的则是其断裂性的一面。当稳定的社会关系被打破,人们相互之间的共同感逐渐削弱时,认同对象随之陷入碎片化和虚无化当中,认同主体也随之陷于怀疑之中:我究竟是谁? 我究竟在世界中处于什么位置? 我究竟将走向何处? 我存在的意义和价值究竟何在? 由此,导致自我身份感丧失的飘零生存状态,成为考察现代人认同焦虑的一个重要视角。

一、现代自我观:自我认同困境的理论根源

众所周知,古代政治哲学对于自我的理解始终是在一种本体论的宇宙观

---

[1] Harriet Bradley, *Fractured Identities:Changing Patterns of Inequality*, Polity Press, 1966, p. 23.

基础上进行的。古希腊政治哲学认为,人的灵魂中的秩序与我们对现存秩序的洞察密不可分;对这个外在于自我的秩序加以理解和反思是人的最高活动。如此一来,对自我的理解需要借助外在的框架,没有外在的宇宙秩序作为参照,我们对自己是无法把握的。宇宙中每个具体的存在都有自己的目的,这个目的就是去表现或实现造物主创造它时赋予它的那个本质的功能。只有当自我表现或实现上帝或自然赋予给我们的本质时,我们的生活才会变得有意义。对于这一点,查尔斯·泰勒论述道:"按照意义的范畴去理解世界,认为它的存在就是要体现或表现理念的秩序,就是要显示神的生命的韵律,或者显示诸神的根本法令或上帝的意志,把整个世界看做一个文本,或把宇宙看做一部巨著。"[1]

进入现代社会,依靠外在的框架来理解自我的方式,受到了巨大的挑战。现代性理想是一种觉醒的时代意识,它以科学理性精神为基础,以主体的自由为标志。在这种理想之光的照耀下,科学和文化日益摆脱传统宗教和形而上学的羁绊,把目光从超验的上帝转移到经验的自然和社会现实,通过对传统文化的批判和反思,使人们获得了自我意识(self-consciousness)的自由;道德和价值日益摆脱地域、种族、语言和宗教团体的束缚,获得理性论证和反思的能力;同时,由理性论证的普遍道德和法律日益成为规范人的行为的准则,从而使人们获得自我决定(self-determination)的自由;随着封建人身依附关系的解体和宗教来世意识的衰微,个人日益把个性化作为人生理想,并以此筹划自己的生活,自我实现(self-realization)成了人生存的标尺和追求。相比古代政治哲学,现代政治哲学所做的理论努力,使"自我"真正成为了自我规定、自我存在和自我发展的存在者。但是与此同时它也使自我失去了外在的框架,使自我的行动失去了外在确定性秩序的依托,最终使自我面临着归属感匮乏和身份感模糊的困境,陷于对"我究竟是谁?"的追问当中。对于当代社会中所出现的认同问题,现代"自我"观负有不可推卸的责任。深入分析现代自我观,有助于从深层次上理解现代人的自我认同困境。从总体上看,现代自我观具有以下缺陷:

1. 原子化自我

[1]　Charles Taylor, *Hegel and Modern Society*, Cambridge: Cambridge University Press, 1979, p. 7.

现代性认为自我的存在先于社会,个人的自我发展并不需要任何共同的背景,因而现代自我是自足的(self-sufficient)、自我实现(self-fulfilment)的个体。这是一种典型的"原子化"自我观。它将个体看做一个封闭的、自足的存在。笛卡尔"我思故我在"的自我就是原子化自我的典型代表。在笛卡尔看来,自我不是由外在的东西所决定的,相反,是自我的存在确立了世界意义和价值的阿基米德基点。正是依靠自我概念为出发点,笛卡尔推导出上帝的存在,继而根据上帝的存在推出物质的存在,然后又试图以自我、上帝、物质三大概念为支柱建立起整个人类知识的大厦。在这种实体性的自我中,自我被界定为其存在只依赖自身而不需要他物的存在者。实体是自满自足、自我说明、自我完善的系统,它既独立于人的肉体,也独立于外部世界其他有形的物体。这样,自我就是一个保持自身同一性的思想实体,它自由地存在,保持着自身的同一性。

原子化的自我排除了社会性因素和他人因素在自我构成中的重要性。实际上,人是一个社会性存在,它本身不是自足的,特别是不能在社会之外而自足。个体的权利和能力只有在一个社会和政治的语境中才能得到实现,而不是置身于社会和政治之外。如果脱离开语言的社会的共同体,人就不可能成为道德的主体。原子化的自我观使自我的决议和判断成为纯粹主观的和任意的奇思怪想:

> 个人认同和人生在世的方向感的自我实现,甚至它们的形成都依赖于社群的事业。这种共享的过程就是公民生活,而它的根基是与他人缠绕在一起的:其他世代、其他人,他们的差异是有意义的,因为他们为我们特定的自我感依赖于其上的整体作出了贡献。因此,相互依赖是公民身份的基础性概念……离开共享的实践的语言社群,就只存在作为逻辑抽象的生物学意义上的人类,而不存在人类了。这就是政治社群本体论上**优先于**个人这一希腊和中古的箴言的意义所在。确实,是城邦使人成其为人。[1]

---

[1] William Sullivan, *Reconstruction Public Philosophy*, University of California Press, 1982, p.158. 转引自金里卡:《自由主义、社群与文化》,上海世纪出版集团2005年版,第261页。

　　根据原子化的自我观,既然一切在我,在于我的意识,那么作为主体的自我也就永远封闭于自我的意识之内。由此可见,如果仅仅局限在单一个体的意识中构造客体,那么我们所达到的就永远只是一个抽象物,而不是一个生活中的客体,作为我之外在的他者也只能作为一个被建构的存在者。这种唯我论阻塞了自我与他者之间交流的可能,在社会领域也就体现为极端的个人主义原则,破坏了人与人之间交流沟通,从而使其成为一种自我感知(self-perception)的自我,排斥了社会成员之间享受"共同财富"的可能。根据个体权利优先性的原则,社会利益的分配不应当与个体自由权利相违背,正因如此,自由平等原则是现代社会推崇的最重要价值理念之一。根据这一原则,基于二次分配基础上的带有温情色彩的差异性原则,其理论的可能性面临着两种选择:首先,如果将自由平等的权利优先性原则贯彻到底,那么差异原则的实现无疑就严重侵犯了个体的自由权利;如果要推行差异原则,那么就必须放弃权利优先论基础的原子主义个人观,因为由社会其他成员所分享的"共同财富"必须以"共同体主体"的存在作为一种理论前提。这样,原子主义的自我观排除了人们之间建立一种分享式关系的可能,削弱了社会成员之间的相互承诺(mutual commitment)。然而,这种相互间的承诺和共享关系本身就具有内在的价值,它表明社会成员之间因分享某种共同的历史,基于一种共同的命运感而结合在一起。

　　2. 无负担性的自我

　　原子化的自我同时也是一种"无负担性的自我"(an unencumbered self),它消除了种族的、宗教的、历史的以及其他各种类型的结社在构成人的自我身份(self-identity)当中的重要性。因此,这种自我是一种不具有构成性目的的自我(constitutive ends)。这样一种自我观表明,"我必须是一个主体,我的身份的确立独立于我所拥有的东西,亦即独立于我的利益、目的以及和其他人的联系"[1]。

　　康德的自我就是一种与社会的、感性的东西无涉的自我,它力图摆脱其中感性的、经验的成分。在康德看来,这种纯粹的自我才是真正意义上的自我,它是超越了变动不居的经验内容的必然同一性。康德是从个体理性和自由意

第三章　非确定性与现代人的认同焦虑

[1]　Michael Sandel,*Liberalism and the Limits of Justice*,Cambridge University Press,1982,p. 55.

志的角度,而不是从社会联系或社会价值的角度来理解人的。康德坚定地捍卫下列观点:自我优先于它的社会角色和社会关系,并且只有当自我能够与它的社会处境保持一定的距离并能够按照理性的命令对其进行裁决时,才是自由的。[1] 按照这样一种无负担性的自我观,个人的自由权利具有绝对的优先性,个体权利是社会成员利益冲突的最终裁决标准;个人的选择决定着社会的内涵;社会是达成个人合作的场所和实现个体权利的基本手段。如此一来,在现代性的逻辑格局当中,自我与目的是相互分离的。对于任何一个自我而言,一个组织良好的社会不能为其成员预先假定任何特定的善。一旦存在预设的公共的善的观念,那么社会成员就会沦为公共的善的手段,这与自我的自主性和自律性相违背。自我与目的相分离,其结果是自我成为了不必依赖于外在世界就能独立存在的实体,由此这种自我获得了超社会的性格。"这一主体概念是抽象的、个人主义的,与历史和社会联系脱节。换句话说,缺乏变化感和社会深度,主体被认为是固有的实体。正因此,现代哲学的身份观建立在这样一个信念之上,即认为存在着一个自我或内核,像灵魂或本质一样一出生就存在,虽然最终会有不同的可能发展,但在人的一生中基本保持不变,由此生发出连续感和自我认知。"[2]

马克思对这种现代自我观作出了强烈批判。在他看来,这种自我是来自"18 世纪预言"中的"鲁滨孙神话"这一幻象:

> 被斯密和李嘉图当做出发点的单个的孤立的猎人和渔夫,属于 18 世纪的缺乏想象力的虚构。……而在 18 世纪的预言家看来(斯密和李嘉图还完全以这些预言家为依据),这种个人是曾在过去存在过的理想;在他们看来,这种个人不是历史的结果,而是历史的起点。因为按照他们关于人性的观点,这种合乎自然的个人并不是从历史中产生的,而是由自然造成的。[3]

---

[1] See Charles Taylor, *Hegel and Modern Society*, Cambridge University Press, 1979, pp. 75–78.

[2] 乔治·拉伦:《文化身份、全球化与历史》,包亚明主编:《后大都市与文化研究》,上海教育出版社 2005 年版,第 300 页。

[3] 《马克思恩格斯全集》第 30 卷,人民出版社 1995 年版,第 24—25 页。

　　马克思认为,假如人有本质,这个本质实际上是社会关系的总和,而不是每个单独个体所固有的抽象性。马克思看到,所谓"产生这种独立个人的观点的时代,正是具有迄今为止最发达的社会关系(从这种观点看来是一般关系)的时代。人是最名副其实的政治动物,不仅是一种合群的动物,而且是只有在社会中才能独立的动物。"[1]与马克思观点相一致,当代社群主义理论代表人物麦金太尔认为:"这种不具备任何必然社会内容和必然社会身份的民主化的自我能够是任何东西,能够扮演任何角色,采纳任何观点,因为他本身什么也不是,什么目的也没有。"[2]

　　的确,人的本质并不是单个人所固有的抽象物,在其现实性上,它是一切社会关系的总和。由于认同问题的提出源自于作为社会主体的个人对于自身生存状况及生命意义的深层次追问,因而,这种追问需要立足于一定的框架和背景之中,否则就会产生一种虚无和缥缈感。也正因如此,只有放弃先验论色彩的自我观,在立足于传统、立足于社会关系的基础上,才能建立一种有效的认同。对此,查尔斯·泰勒认为:"我的认同是由提供框架或视界的承诺和身份规定的,在这种框架和视界内我能够尝试在不同的情况下决定什么是好的或有价值的,或者什么应当做,或者我应赞同或反对什么。"[3]

　　3. 无约束的自我

　　原子化的和无负担性的自我表明,自我不是由个体所选择的善构成,相反,个体具有选择善的能力;自我主要不是由与他人的关系,与自然、历史、抑或是神圣的造物主之间的关系所构成,相反,自我是一个独立的存在,它不应受到外在的限制。这一自我观念意味着社会或共同体不再被看做首要的东西,相反,它们被理解为为达到某种目的而自愿地结合到一起的独立的个人的聚合体。自我由此丧失了共同体和历史的禁忌,成为无约束的、高度自由的存在者。"资本主义经济冲动与现代文化发展从一开始就有着共同根源,即有关自由和解放的思想。它在经济活动中体现为'粗犷朴实型个人主义'(rugged individualism),在文化上体现为'不受约束的自我'(unre-

---

[1]　《马克思恩格斯全集》第 30 卷,人民出版社 1995 年版,第 25 页。

[2]　A. 麦金太尔:《德性之后》,中国社会科学出版社 1995 年版,第 42 页。

[3]　查尔斯·泰勒:《自我的根源:现代认同的形成》,译林出版社 2001 年版,第 37 页。

第三章　非确定性与现代人的认同焦虑

strained self)。"[1]自然、社会、历史传统不再成为人们尊重和崇拜的对象,相反,现代自我开始了"对地理和社会新边疆的开拓,对欲望和能力的加倍要求,以及对自然和自我进行掌握或重塑的努力。过去变得无关紧要了,未来才是一切。"[2]与之相适应,经济和文化领域出现了全新的景观。"经济领域出现了资产阶级企业家。他一旦从传统世界的归属纽带中解脱出来,便拥有自己固定的地位和攫取财富的能力。他通过改造世界来发财。货物与金钱的自由交换,个人的经济与社会流动性是他的理想。自由贸易在其极端意义上就成为'猖獗的个人主义'。而在文化领域,我们看到了独立艺术家的成长。艺术家摆脱了教会和王室的赞助庇护,就开始按自己的意愿创作,而不再为赞助者工作。市场将会使他获得自由。"[3]

不能否认,自我从一切外在的东西当中摆脱出来,成为自我存在、自我发展的存在者,这种自由程度的扩张为现代经济社会的发展和文化的进步创造了广阔的空间。但是,剔除历史、传统因素的自我,同时也失去了外在的框架,成为丧失归属感的存在。实际上,个体的认同(身份)在某种程度上是由其所属的社会或共同体定义的,是共同体决定了我们自身是谁,而不是自我自由选择了我是谁。也正是在这一意义上,共同体所描述的不止是我们作为公民所拥有什么,而且还有我们是什么。也就是说,我们的认同是由我们的社会文化所赋予的,是经由我们所发现(discover)的一种归属(attachment)。[4] 对于这种消除自我历史因素和社会因素的自我,查尔斯·泰勒提出了严厉批判:

> 既然自由个体只能在一定社会或文化内才能保持他的认同,因而这一个体必须被视为与这一整体的社会相关联。……不能仅仅关注个体的选择以及从这种选择中所建立起来的联合体,而忽视该选择赖以存在的母体。在这一母体中,该选择既可能是开放的,也可能是封闭的;既可能

---

[1] 丹尼尔·贝尔:《资本主义文化矛盾》,生活·读书·新知三联书店 1989 年版,第 33—34 页。

[2] 丹尼尔·贝尔:《资本主义文化矛盾》,生活·读书·新知三联书店 1989 年版,第 61 页。

[3] 丹尼尔·贝尔:《资本主义文化矛盾》,生活·读书·新知三联书店 1989 年版,第 62 页。

[4] See Michael Sandel, *Liberalism and the Limits of Justice*, Cambridge University Press, 1982, p. 150.

是丰富的,也可能是稀缺的。……我们生活于其中的实践或习俗对于实现我们作为自由个体的认同,是一个至关重要的因素。[1]

二、社群范围内亲密关系的丧失

现代性作为一种解放的力量,将人类从家庭、村落、宗教或弱小的共同体的严格控制下解放出来,为个体提供了前所未有的选择机遇,开辟了灵活多变的生活道路。它产生的巨大能量既征服了自然,又有效地管理了人类事务。但是人类也为这些解放付出了高昂的代价。现代流动性的出席和传统规范的缺位,撕裂了传统家庭、亲缘和地缘关系,代之以一种无常感、迷失感和个人或多或少只能依靠自己的感觉。

(一)共同体的庇护

从整个人类社会发展的角度来看,现代社会的断裂在很大程度上体现为传统的乡村民俗生活被现代都市生活所取代。传统社会那种以血缘、地缘、职缘等建构起来的"共同体"总是给人一种亲切、温馨和宁静的感觉。所谓共同体,是指拥有共同的历史传统、文化背景或共同信仰、价值目标、规范体系,关系稳定而持久的社会群体。德国社会学家滕尼斯通过与"社会"的对比阐述了"共同体"的特征。在滕尼斯看来,人们之间的相互关系可以区分为两种,或者被理解为有机的结合体,或者被理解机械的聚合物。前者就是共同体,后者就是社会。共同体是持久的真正的共同生活,社会是暂时的和表面的共同生活;共同体是一种古老的人际组织关系,而社会则是随着商品经济的发展而出现的一种形式。对此,滕尼斯指出:

> 一切亲密的、秘密的、单纯的共同生活,(我们这样认为)被理解为在共同体里生活。社会是公众性的,是世界。人们在共同体里与同伙一起,从出生之时起,就休戚与共,同甘共苦。人们走进社会就如同走进他乡异国。青年人被告诫别上坏的社会的当;但是,说坏的共同体却是违背语言的含义的。……家庭的**共同体**及其对人的灵魂的无休止的影响,却是任

---

[1] Charles Taylor, "Atomism", from *Communitarianism and Individualism*, edited by Shlomo Avineri and Avener de-Shalit, Oxford University Press, 1999, p. 47.

何一个参与共同体的人都感受到的。[1]

从总体上来看,共同体主要有血缘共同体、地缘共同体和职缘共同体等几种基本类型。

1. 血缘共同体

血缘共同体是一种在原始的、完全自然状态下形成的共同体,它凭借血缘关系这一特殊的纽带将人们紧密联系在一起。在类似的家庭、家族和氏族生活中,这种血缘关系提供了天然的、简单易行的社会整合方式和整合力量。正如滕尼斯所指出的:"事实上,唯有血缘的亲近和混血,才能以最直接的方式表现出统一,因而才能以最直接的方式表现出人的共同意志的可能性……"[2]源于同　血缘的自然亲密性使这个共同体的存在和发展具有了先天的同一性,而由于血缘的亲疏或高低而形成的自然差异,又可为共同体提供天然的等级差异。

血缘共同体作为前现代社会一种最具有持久影响性的共同体,对人们的生产、生活,乃至思维方式产生着持久的影响。血缘把人们的"过去"、"当下"和"未来"有机联结起来,使家庭或家族成为一个关系紧密的伦理共同体:逝去的列祖列宗、当下生活的人们以及尚未降临世间的子孙后代,成了家族共同体缺一不可的构成要素,人们在共同的血缘感受和信仰体悟中维系着共同体的点点滴滴。对于血缘共同体成员之间的紧密联系,滕尼斯生动地论述道:

> 在这里,死者被视为看不见的圣灵加以崇拜,仿佛他们还大权在握,还在他们的人的头上庇护着,统治着,因此共同的畏惧和崇敬就更加可靠地维系着和平的共同生活和劳作。亲属的意志和精神并不受房子的限制和空间上近距离的约束……尽管遥隔天涯,相距万里,都能感到或臆想到近在咫尺,在一起活动。[3]

---

[1]　滕尼斯:《共同体与社会》,商务印书馆1999年版,第52—53页。
[2]　滕尼斯:《共同体与社会》,商务印书馆1999年版,第65页。
[3]　滕尼斯:《共同体与社会》,商务印书馆1999年版,第66页。

总之,"家庭作为共同体现实的最普遍的表现"[1],它是一个温馨的地方,是一个温暖而又舒适的场所。生活在家庭或家族共同体中的个体,为家人所环绕,尽享天伦之乐,人们彼此默会一致,心领神会。

2. 地缘共同体

由于人口的流动,使得血缘共同体的存在在某种程度上受到分离,同时,由于农业社会的农耕生产倾向于定居,血缘共同体作为行为统一体发展和分离为地缘共同体。在农业社会,人们在固定的土地上年复一年地进行着早出晚归的劳作,彼邻而居,保持着密切的联系。对此,滕尼斯指出:

> 邻里是在村庄里共同生活的普遍的特性。在那里,居所相近,村庄里共同的田野或者仅仅有农田划分你我之边界,引起人们无数的接触,相互习惯,互相十分熟悉;也使得必须有共同的劳动、秩序和行政管理;土地和水的各种神和圣灵带来福祉,消灾驱邪,祈求恩惠。基本上受到居住在一起所制约,这种方式的共同体即使人不在,也可仍然保持着……[2]

在西方,中世纪的村社是一种典型的地缘共同体。村社挣断了氏族公社、家庭公社的血缘纽带,由不同氏族的人们按一定地域组成。村社范围内的天然资源如森林、荒地、牧场、草场、水源等,在首领组织下由社员共同利用。耕地分配给社员耕种,实行自然调剂或定期重新分配,收获物归耕者所有。牲畜、生产工具、住宅、宅旁园地属社员私有。各地段何时休耕,何时春播或秋播,都依习惯统一进行。村社实行民主管理,成员彼此平等。人们定期集会,选举公职人员,制定大家共同遵守的法规,裁决公社成员间的纠纷,社员大会讨论决定公社重大问题。

对于这种以地点(place)的方式组织起来的地域化关系在传统文化中的重要性,吉登斯指出:

> 在绝大多数前现代制度下,包括在大多数城市中,地域色彩浓烈的具

---

[1]　滕尼斯:《共同体与社会》,商务印书馆1999年版,第76页。
[2]　滕尼斯:《共同体与社会》,商务印书馆1999年版,第66页。

体环境是大量社会关系相互交织的场所,它在空间上的低度延伸支撑着时间上的高度凝固。在前现代时期,迁移、游牧以及商人、冒险家长距离的奔波是较为平常的事。但是同现代交通工具所提供的恒常而密集的流动形式(以及普遍意识到的其他生活方式)比较起来,前现代的绝大多数人口则处于相对凝固和隔绝状态。前现代情境中的地域性既是本体性安全的焦点,也有助于本体性安全的构成……[1]

3. 职缘共同体

如果说血缘共同体和地缘共同体主要集中在传统农村当中,那么职缘共同体则主要集中在城市当中。在手工业和商业集中的城市,人们因为职业的相似和相近性而结合在一起,构成了职缘共同体。在自然经济占主导地位的条件下,封建行会是其中最为明显的职缘共同体。

封建行会在中世纪的欧洲最为盛行。在古代村落公社衰落的同时,从公元9世纪起,在自由城市与海滨等地,逐渐产生了行会这种新的联合组织。其名称有"兄弟会"、"友谊会"、"协会"、"联盟"等。它在11世纪后期发达起来,12世纪波及整个欧洲大陆,席卷了城市与乡镇。不仅商人、船员、工匠、教师、演员、猎人,而且僧人、乞丐等都成立了行会。在行会当中,尽管建立在血缘和地缘基础上的亲情和邻居之谊消失,但是它以另一种方式弥补了人际关系的这一空白。在行会内部,成员之间保持着密切的关系。会友平等而民主,以"兄弟姐妹相称",行会成员之间互助友爱,相待如手足。会友间负有互相帮助、善待他人的道德义务:凡有需要,都给予兄弟般的帮助。如船员行会规定,"所有船上的人,穷人和富人,船主和船员,以及船长和水手,在他们的相互关系上都承认彼此是平等的,简单地说,都是普通人,都必须互相帮助,把他们可能发生的争执交由他们大家推举的裁判处理。"[2]早期丹麦行会的一个规定就突出地表明了这一点:

如果一个会友的房子被烧掉了,或者他的船遭了难,以及他在朝香的

---

[1] 吉登斯:《现代性的后果》,译林出版社2000年版,第90页。
[2] 克鲁泡特金:《互助论》,商务印书馆1984年版,第158页。

旅途中遭遇了不幸,那么所有的会友都必须帮助他。如果一个会友患了重病,就必须有两个会友在床边看护他,直到他脱离危险;如果他死了,会友们必须把他送到教堂的墓地去埋葬——这在那些瘟疫流行的时代是一件大事。在他死后,如果需要的话,他们还必须抚养他的子女,他的寡妻则时常成为行会的一个姊妹。[1]

可见,在行会这种职缘共同体之中,人们之间的关系非常融洽,相互之间充满着恩情和关怀。

尽管血缘共同体、地缘共同体和职缘共同体之间有所区别,但是在它们之间还是有诸多共同点。

共同体成员之间具有共同分享的基础,并对其有着共同的感知。共同体特别注重某种共性的东西,没有共同结合基础的聚合,不能称为共同体。按照希腊文,共同体(Koinonia, community)一词的词根就是"共同"(Koinos, common),是由某种共同分享的东西而将人们结合在一起,最终形成共同体。这些东西可以是土地、血缘、宗教信仰或风俗习惯,也可以是利益、情感。因此,共同体尽管是由一群人所组成的,但是共同体并不能和一群人相等同。例如,一群在巴士上的乘客,或者一群在跳蚤市场上的人员,尽管他们由于特定的情境构成一个群体,但他们之间无论如何也不能被视为一个共同体。对此,当代社群主义思想家爱兹安尼认为,共同体(社群)是"一个社会关系的网络,它包含了共同理解的意义;而最重要的是,它包含了共同的价值"[2]。

也正因如此,共同体不是一个利益角逐的场所,并不是各个利益团体争夺自身利益的舞台。共同体主义的鼻祖亚里士多德就认为,作为至高至善的共同体,城邦的存在不仅仅是为了生活,而是为了善的实现。因此,在城邦这种共同体中蕴涵着公民德性的培养。他认为,如果城邦仅仅是为了生活,那么奴隶、野兽都可以组成城邦。在亚里士多德看来,城邦必须拥有崇高的目的,按

第三章 非确定性与现代人的认同焦虑

---

[1] 克鲁泡特金:《互助论》,商务印书馆1984年版,第158—159页。

[2] Amitai Etzioni, "Introduction: A Matter of Balance, Rights and Responsibilities" and "A Moral Reawakening Without Puritanism", *The Essential Communitarian Reader*, Rowman and Littlefield, 1998, xvi.

照现代所设想的财务交易、抵御外敌、保障权利的实现等,都不是城邦的目的。城邦的存在,就是为了给广大公民提供一个相互交流的场所,通过政治实践活动,使每个公民的品德得以提高,共同促进善的实现。友谊和正义作为基本的伦理要求贯穿于城邦的始终。友谊是朋友之间凡事为对方着想的善意;正义是给予他人应有的地位或待遇,这两者构成共同体的支柱,缺一不可。对此,亚里士多德指出,"在每一种共同体中,都有某种公正,也有某种友爱。至少是,同船的旅伴、同伍的士兵,以及其他属于某种共同体的成员,都以朋友相称。"[1]友谊、正义使得共同体成员对善有着共同的认可和追求,成员之间形成一种团结、友爱、互助的关系。与亚里士多德的观点相一致,当代社群主义的代表麦金太尔也指出,一个真正的社群是一个注重人生目的、追求德性的社群,真正的社群必须具备以下几个特征:社群要有全体成员都追求的共同分享的目的;社群成员要有情谊,即朋友之间对于什么是"善"有一种共同的感知,然后彼此相互激励,并以此来促进公共善的实现;社群必须有一个贯穿过去和未来的整体道德计划,并以这个计划来唤起成员的归属感和爱国心。

人与人之间的亲密交往、"兄弟手足情谊"、稳固的世俗礼仪,使得个体从共同体当中能够获得一种稳定的归属感和安全感。齐格蒙特·鲍曼用近乎诗化的语言描绘了共同体的温馨:

> 它就像是一个家,在它的下面,可以遮风避雨;它又像一个壁炉,在严寒的日子里,靠近它,可以暖和我们的手。……在这个共同体中,我们可以放松起来——因为我们是安全的,在那里,即使是在黑暗的角落里,也不会有任何危险(诚然,这里几乎没有任何"角落"是"黑暗"的)。在共同体中,我们相互都很了解,我们可以相信我们所听到的事情,在大多数的时间里我们是安全的,并且几乎从来不会感到困惑、迷茫或是震惊。对对方而言,我们相互之间从来都不是陌生人。[2]

也正是在这个意义上,滕尼斯认为,"共同体是持久的和真正的共同生

---

[1]　亚里士多德:《尼各马科伦理学》,商务印书馆2003年版,第245页。
[2]　齐格蒙特·鲍曼:《共同体》,江苏人民出版社2003年版,第2—3页。

活,社会只不过是一种暂时的和表面的共同生活。因此共同体本身应该理解为一种生机勃勃的有机体,而社会应该被理解为一种机械的人工制品。"[1]

共同体成员之间以及成员与整体之间的命运休戚相关。家庭、氏族、村落、行会等构成了前现代人几乎全部的生存空间。农业生产和小手工业作坊的相对固定性把人们紧密的固定在自己生活的空间之中。在这些相对狭小的共同体当中,由于人数少,人们能够通过语言、动作、手势、表情直接交往,人和人之间进行的是亲密的、面对面的交流,而不需要什么中间环节。每个成员在这种长期的、全面的互动中充分展示自身,将自己的思想、感情、性格、品德、兴趣、爱好等人格因素全部投入到互动中,成员之间由此增加了彼此了解,建立了浓厚的感情。

"生于斯,死于斯。"个体赖以生活的共同体的相对稳定性,使得共同体的成员与外在之人被明确地区分开来。自我和他者之间存在着相对明晰的界限,每个个体对自己的身份有着明确的认知。"信任朋友(这方面的反义词是'敌人')总是十分重要的。在传统文化中,除了农业大国的某些大城市的街区有部分例外之外,自己人和外来者或陌生人之间存在着清晰的界限。不存在非敌意的与自己并不认识的人相互交往的广泛领域……"[2]这种"敌—我"边界的明晰化,强化了个体对共同体的依赖感。因为离开了共同体,意味着声誉、财产,甚至是生命都将受到外人的威胁。也正因如此,生活于城邦共同体中的苏格拉底尽管对城邦的诸多现象进行了无情的讽刺,但面对朋友克里托越狱逃跑的劝告,他所作的回答清楚表达了自己对城邦共同体的依恋和尊敬:

> 你那么聪明,竟然会忘记你的国家比你的父母和其他先祖更加珍贵,更加可敬,更加神圣,在诸神和全体理性人中间拥有更大的荣耀吗? 你难道不明白应当比敬重父亲更加重视国家,应当比消除对父亲的怨恨更加快捷地消除对国家的怨恨吗? 如果你不能说服你的国家,那么你就必须服从它的命令,耐心地接受它加诸你的任何惩罚,无论是是鞭笞还是监

---

[1] 滕尼斯:《共同体与社会》,商务印书馆1999年版,第54页。
[2] 吉登斯:《现代性的后果》,译林出版社2000年版,第103页。

禁,对吗? 如果国家要你去参战,你会负伤或战死,但你也一定要服从命令,这样做才是正确的。[1]

这样,个体被牢固的固定在共同体之上。尽管这种未经分化的、直接性的社会关系使个体获得归属感和精神的依托,但是,个体的独立意识得不到提升,个体的独立人格得不到展现。正如马克思所指出的,"我们越向前追溯历史,个人,从而也是进行生产的个人,就越表现为不独立,从属于一个较大的整体:最初还是十分自然地在家庭和扩大为氏族的家庭中;后来是在由氏族间的冲突和融合而产生的各种形式的公社中"[2]。总之,在个人力量不足以抵御来自外界力量的侵害,也无力主宰自己命运的情况下,对各种形式的共同体的依赖是个体获得本体安全最为有效的途径。个体通过委身于特定的共同体,获得稳固的归属感和安全感。

共同体的稳固生活为个人的行为确定了稳定的坐标。在传统社会,每个个体一生下来就被特定的共同体包围着。个体首先被家族关系所束缚,而家族不仅包括现代小家庭中的夫妇和子女,还包括为数众多的长辈。"在大家庭里,每个孩子一生下来就陷在一个等级森严的亲属关系之中,他有哥哥、姐姐、舅母以及姑母、姨母、婶母、叔、伯、舅、姨夫,各种姑、表、堂兄弟和姐妹,各种公公、婆婆、爷爷、奶奶,乃至各种姨亲堂亲……"[3]其次,个体被邻里关系、村落、公社、行会所包围。个人的劳动、闲暇、事业的成功几乎都在这些相对狭小而稳定的共同体中完成。

对于古代人而言,个人的生存空间是稳定的、个体的身份是确定的。当代"认同的万花筒"对于古代人而言是不曾存在的状况。每个个体对自己应有的行为方式和价值观念有着确定的认知。礼俗外化了家族共同体的秩序,调节着共同体中各个成员的关系,人们也根据礼俗认识自己的权利和义务,正如法制外化了现代社会的主导价值一样。在共同体中,人们自小就接受并学习这些礼俗,随着这些风俗习惯从他律向自律的转变,随着外在的约束逐渐变为

---

[1] 《柏拉图全集》第一卷,人民出版社 2002 年版,第46—47 页。
[2] 《马克思恩格斯全集》第 30 卷,人民出版社 1995 年版,第 25 页。
[3] 费正清:《美国与中国》,世界知识出版社 1999 版,第24 页。

内在的心理积淀和行为模式,礼俗也就在血缘或地缘、职缘共同体的世代继替中成为一种代代相袭的传统。而且,由于农业社会变化极其缓慢,老人或师傅的过去就是青年人或徒弟的将来,因此这些传统足以使共同体的成员能够从容应付各种生活问题。

(二)共同体的衰落

现代社会的发展既表现为生产集中化的过程,同时也表现为对小型亲密社区的破坏过程。社会化大生产将生产要素从各个层面聚集起来,劳动力作为生产力的重要因素,从农村集中到城市,从共同体汇集到广大社会之中。在这种集中化的过程中,那种使人们具有亲密的面对面的关系且能解决大部分生活问题的结构,大部分已被摧毁或削弱了,"个人之间的'社会关系'越来越受制于大型工厂、国民经济、大城市和民族国家等仅涉及人们生活的极抽象部分的大型非人格化群体"[1]。工业主义,作为推动现代社会变革的最重要力量,加速了传统共同体的衰落,促进了现代社会的形成。

1. 工业主义的逻辑

现代社会的生成过程离不开工业化的推动,现代社会实质上就是一种工业社会,要把一个社会现代化,首先要将其工业化。城市密集的人口、大规模的厂房、轰鸣的机器、高耸入云的烟囱、急速奔驰的火车,所有这些都展现出了工业社会独特的景观。工业主义作为一种生活方式,导致了经济、政治、文化和社会等领域发生了广泛而持久的变化。作为现代性的决定性力量,工业主义让原本宁静的乡村生活变得骚动起来,将一个变幻莫测、神奇万象的世界带到了现代人的生活之中。

作为一种生产方式的工业主义,内在的要求一种开放和流动的社会。工业主义要以生产的系统化为先决条件,以便将人的活动、机器以及原材料结合起来。在这其中,劳动力的商品化是首要前提,只有当大量的劳动力从特定的共同体中解放出来,才能实现与机器的结合,进而创造出现实的生产力。也正因如此,"农民从农业生产的固定地块上解放出来并向工资劳动者转变的过程,同时就是他们同散布于孤立、地方化的社区中解脱出来的过程,作为新兴

[1] 大卫·格里芬:《后现代精神》,中央编译出版社1998年版,第13页。

的流动者,他们可以聚集在更为集中化的场所,靠机械化的制造业来进行生产"[1]。个体对自己的身体拥有支配权,使得个体不再隶属或被束缚于他人或共同体,大规模的人口流动成为工业主义发展的必需条件。同时,对利润的追求,是工业主义扩大再生产的必要条件。对利润的无休止的追求,驱使着资产者不断进行技术的革新,不断对自然进行着改造,不断奔走于世界各地的市场。作为一种现代性现象,与工业主义紧密结合在一起的资本主义,征服了距离和空间,使得社会关系从彼此互动的地域性关联中、从通过对不确定的时间的无限穿越而被重构的关联中"脱离"出来。对此,桑德斯的描述很有代表意义:

> 资本主义是一部增长的机器。对新市场的寻找驱使它不断向外扩张,从城镇到乡村,从英格兰到欧洲和美国,从 19 世纪帝国的中心到 20世纪"第三世界"的前殖民地边陲,从西方国家到东方的前共产主义国家。……19 世纪的蒸汽动力缩短了海洋,并铺设了横越洛基山脉,翻越安第斯山脉、穿越印度次大陆的铁路。资本主义征服了距离和空间,将世界联结成为一个统一的(然而却有些不稳定的且往往是危险的)全球体系。[2]

工业主义打破了传统社会狭小共同体的封闭结构,从根本上改变了传统社会的家庭生产方式,从而对人们的生活方式和内在心理产生了重大的冲击。在前现代社会,家庭是集生产、消费、社会化和决策于一身的单位。男耕女织的劳动模式,家庭成员之间的团结协作,维持着年复一年、日复一日的小农生活,家庭因之也被营造成一个温馨的港湾。这种家庭集各种功能于一体的局面,与工业化要求的劳动力的商品化以及由此而产生的人口流动相违背。工业主义在排除这种人口流动障碍的过程中,彻底颠覆了具有自治性质的家庭经济。它废除了家庭的经济功能,将其简约为消费和社会化的一个单位。生产从家庭转移到工厂。大多数的家庭成员要么成为没有土地的农业劳动者,

---

[1] 吉登斯:《民族—国家与暴力》,生活·读书·新知三联书店 1998 年版,第 179—180 页。
[2] 彼得·桑德斯:《资本主义——一项社会审视》,吉林人民出版社 2005 年版,第 14 页。

要么越来越多地来到新的工业城市,成为产业工人。无论在哪种情况下,家庭生计都要依赖于外在的结果和过程。它依赖于家庭成员的工作和工资,而工作和工资则深受家庭几乎无法拥有、无法控制的力量的影响。家庭几乎成为了一个私下生活的领域。它照顾孩子,满足夫妻之间的情感和性需要。工作而非家庭日益成为个人身份的源泉。"在前工业社会里,'你是谁'的问题完全可以根据出生地和家庭关系来回答:我是温切斯特的约翰,或约翰,也就是罗伯特的儿子。在工业社会里,这个问题要根据一个人的正式职业来回答。职业的角色,无论是矿工或机械工,文书还是清洁工,都起到了决定性的限定作用,是一个人的身份、地位和收入的标志。"[1]也正因如此,个体的身份认同,是在职业的选择中,在工业机器控制的节奏中,被塑造成型的。工业主义的流动性,使个体那种相对不变的身份认同成为永久的过去。

遵循线性进步观的工业主义要求现代社会的人们通过不断的学习和进步适应变化和流动的生活。劳动力素质的提升是工业社会发展的基本条件,资本只有与高素质的劳动力结合起来,才能创造出高的生产效率,创造出丰富的物质产品。也正因如此,专门的高水平的劳动力的缺乏跟资本的缺乏一样,会对工业的增长形成严重障碍。工业社会的科学和技术不像传统社会那样相对静止、一成不变,相反,它以超乎前社会想象的速度进行着快速的理论更新和技术变革。理论和技术的迅速发展直接促成了生产方式和产品持续、快速、广泛的变化,而生产方式和产品的这些变化反过来又导致了劳动力的技能、责任和职业的经常性变动。变动的工业社会使流动性成为必然,人们不可能终生在一个岗位上工作,也不可能终身被束缚在一个僵化固定的社会秩序中。一些工作很快就过时了,各种新的工作又被创造出来。工业社会的人们只有不断地进行知识的更新才能适应瞬息万变的生活。持续的培训、终身的教育、不断的学习是工业主义条件下的人们生存和发展的唯一道路。也正是在这种持续不断的自我提升过程中,个体不断超越过去的自我,以一种流动的方式获得自己的身份认同。

总之,工业主义将现代生活流动起来,宁静的农业社会彻底被打破了,传

第三章 非确定性与现代人的认同焦虑

---

[1] 克瑞珊·库玛:《现代化与工业化》,汪民安等主编:《现代性基本读本》(下),河南大学出版社 2005 年版,第 501 页。

统的习俗和惯例被消除了,人们不再拥有一成不变的感觉,没有一劳永逸的职业和技能,人们必须不断的奔波,必须以变化的方式应对不安定感。

2. 都市化生存

如果说工业主义的逻辑所揭示的是现代社会流动性的内在本源,那么都市化的生存则向我们展示了流动社会中的人们的现实景观。工业主义的最终成果,在空间上体现为一种新的生活聚集方式——都市的生成。"都市,既是现代性的载体,也是其表征、内容和果实。"[1]都市是由不同的异质个体组成的一个相对密集、相对长久的居住地。在都市空间里,大量的物质财富被人为地聚积在一起,过剩的物质以各种方式涌现、并存于都市的各个角落,并不断地生成与消失。而作为不同的异质个体的都市人,不管他来自何地,去往何方,不断地出入都市各个部位构成了都市景象的一部分。现代都市生活是一种碎片化、感官刺激、物质性、丰富性、瞬间性、易逝性的汇合。与生活于狭小封闭共同体中的人们大不相同,大都市当中的人们在时空观、经验方式与价值观方面获得了全新的体验形态。

(1)货币支配下的都市:冷冰的人际关系

货币作为一切价值的表现形式,使得被转化为货币价格的其他事物本身所具有的意义和价值,隐退到了人们意识的最底层,货币成为了人们的终极价值追求。"从来没有一个这样的东西能够像货币一样如此畅通无阻地、毫无保留地发展成为一种绝对的心理价值,一种控制我们实践意识、牵动我们全部注意力的终极目的。"[2]货币已经渗透到现代人的内心世界,进而改变着人们对于外部世界的体验和认知方式。作为金融中心的都市,经济交换的多样性和频繁性是传统的乡村社会所无法企及的。货币作为无风格、无色彩、无特点的存在强烈支配着现代社会特别是都市的生活,成为现代都市人关注的中心。

现代社会是建立在理性计算基础之上的,现代精神变得越来越精于计算。货币经济条件下的精确计算可以与自然科学领域中的精密计算相媲美。货币

---

[1] 汪民安:《步入现代性》,汪民安等主编:《现代性基本读本》(上),河南大学出版社2005年版,第10页。

[2] 西美尔:《货币哲学》译者序,华夏出版社2002年版,第8页。

经济将整个世界变成一个算术问题,以数学公式来安置世界的每一个部分。"货币经济把衡量轻重、计算和数字上的决定,把质量的价值转变为量的价值充斥在许许多多人的每一天中。借金钱的算计性质,一种新的精确性、一种界定同一与差异的确切性、一种在契约与谈判中的毫不含糊性已经渗透到生活里的各种关系中……"[1]

在都市生活中,货币经济和理性操控被内在地结合在一起。人和人之间的关系是高度务实的,这种务实的态度把形式上的公正和实质上的残酷无情有机地结合在一起。金钱成为衡量人和人之间关系的重要准则。金钱抹去了人和人之间的个性,将附着于每个个体身上的特殊因素统统剔除掉。在理性的交换关系中,人被视为一个个数字、符号,被当做一种与其本人无关的因素来对待。无论是原有共同体之中的血缘关系,还是地缘关系,在货币符号面前都失去了它的意义和价值。人和人之间的亲密与温情让位于冰冷的抽象的货币符号。马克思主义经典作家在对资本主义这一现代性现象的阐述中,就对货币支配下的现代社会中冰冷的人际关系作出了深刻剖析:

> 资产阶级在它已经取得了统治地位的地方把一切封建的、宗法的和田园诗般的关系都破坏了。它无情地斩断了把人们束缚于天然尊长的形形色色的封建羁绊,它使人和人之间除了赤裸裸的利害关系,除了冷酷无情的"现金交易",就再也没有任何别的联系了。它把宗教虔诚、骑士热忱、小市民伤感这些情感的神圣发作,淹没在利己主义打算的冰水之中。它把人的尊严变成了交换价值,用**一种没有良心的贸易自由**代替了无数特许的和自力挣得的自由。总而言之,它用公开的、无耻的、直接的、露骨的剥削代替了由宗教幻想和政治幻想掩盖着的剥削。
>
> 资产阶级抹去了一切向来受人尊崇和令人敬畏的职业的神圣光环。它把医生、律师、教士、诗人和学者变成了它出钱招雇的雇佣劳动者。
>
> 资产阶级撕下了罩在家庭关系上的温情脉脉的面纱,把这种关系变

---

[1] 西美尔:《大都会与精神生活》,汪民安等主编:《现代性基本读本》(下),河南大学出版社2005年版,第641页。

成了纯粹的金钱关系。[1]

以阐述货币哲学而闻名的西美尔在对大都市进行考察时也作出了类似的阐述：

> 这样，都市人会和商人、顾客、家庭的仆人，甚至会和经常交往的朋友斤斤计较。这些理性的特征与小圈子的特性很不一样。在小圈子里，人们相互了解彼此的个性，因而形成一种温情脉脉的气氛，人与人之间的行为不只是服务和回报之间的权衡。[2]

在都市这个非"熟人"的社会中，人们相互不知底细，为了打消他人的猜疑，获得他人的信任相互订立契约，创设交易规则。在契约主导下，城市人之间的接触尽管是面对面的直接的接触，但这种接触归根到底是非个人的、表面的、短暂的，因而也是部分性的接触。人们在隔着一层面纱的情况下进行交往，大多数人不会将自己真实的内心世界展示给对方。因为按照现代性的基本原则，价值偏好、道德信仰等统统属于私人领域的事情，而私人领域的事情是不能够随意展现给公众或他人的，他人无权对其强加探究。现代都市生活中的个体是孤独的个体，人们之间的关系是一种原子化的关系，而非共享式的关系。

（2）陌生人的聚集地："类精神分裂症"的产生

与传统村落等共同体相比，城市是一个不断扩张的地域。城市面积越大，意味着个人差异的范围也就越广，人们的社会分化程度也就越高。要使高度分化、具有充分个性的人群组织起来，就必须有一套规范化的管理机制加以维系。由此，血缘纽带、邻里关系、世代生活受同一习俗传统等形成的情感荡然无存，或变得非常淡薄。在这种情况下，竞争和正式的控制机制代替了民俗社会赖以存在的坚实纽带。同时，城市是一个高度异质化的环境，在大都市中，人口的迁移带来了人口数量的激增，不同肤色、不同种族、不同品味、不同嗜好

---

[1] 《马克思恩格斯选集》第 1 卷，人民出版社 1995 年版，第 274—275 页。
[2] 西美尔：《时尚的哲学》，文化艺术出版社 2001 年版，第 188 页。

的人们汇集到了一起。居民人数的增长,意味着个体之间的了解度也随之下降。

当个体作为孤独之人呈现时,周围的人们也必然被当做陌生者而存在。现代都市作为一群陌生人聚集场的效果,被英国文学家威廉·华兹华斯以诗歌的方式生动的展现出来:

> 啊,朋友! 有一种感受,它凭借
> 独有的权利,属于这个大城市;
> 在熙熙攘攘的街头,多么常见,
> 我在人群中前行,对着我自己
> 说道:"经过我的每个人的
> 面孔,都是一个谜!"

> 于是,我看着,不停地看着,受到
> 什么与何处、何时与如何的念头压抑,
> 直到我眼前的各种形状变成
> 超出视力的队列,犹如滑翔
> 经过静默的群山,或如出现在梦中。
> 全是熟悉的生活的重压,
> 现在,和过去;希望,恐惧;全都停滞,
> 行动、思维、说话的人的一切律法
> 从我面前经过,既不认识我,我也无所知。[1]

城市人这种独特的结合形式,造就了城市人格的"类精神分裂症":个体交往表面化、人际关系短暂,人们缺乏公共参与意识。对于城市的这种状况,沃斯描述道:

---

[1] 威廉·华兹华斯:《序曲》,第七部,汪民安等主编:《现代性基本读本》(下),河南大学出版社 2005 年版,第 889 页。

人们不是通过选择同类相吸,而是由于种族、语言、收入和社会地位等方面的差异彼此隔离。……个体很少有机会完全了解城市或确定自己在整个城市中的定位。结果他很难判定什么是自己的"根本利益",被大众舆论左右,无法分清事物的主次。因此,个体与将社会凝聚在一起的组织团体分离,大批居无定所的个体使城市共同体的集体行为变得无可预见、问题重重。[1]

大都市里的人们面对的是陌生人大量的聚集。在这一意义上,我们可以说,城市就是一个陌生人相遇的聚居地。从交往深度上讲,大都市中的人们尽管进行着面对面的接触,但归根到底,这种接触属于非个人的、表面的、短暂的,因此也只是部分性的接触。从交往的持久性上讲,"陌生人的相遇是一件没有过去(a past)的事情,而且多半也是没有将来(a future)的事情……"[2]陌生的人群戴着面罩、以一种客套的方式进行着交往。这种交往方式一般不浸润私人的浓郁情感,相反,它掏去了个性化的因素。处于人口高密度情境下的都市人,面临着归属感极度匮乏的境况。因此,都市文明带给了人们物质上的震惊、陌生感、自然的退却和消失、速度的加快、空间的压缩。

(3)纷乱的都市生活:连续感的丧失

西美尔在分析大都会人的心理特征时指出,都市生活所创造的心理状态以瞬间印象为主,"都会性格的心理基础包含在强烈刺激的紧张之中,这种紧张产生于内部和外部刺激快速而持续的变化……瞬间印象和持续印象之间的差异性会刺激他的心理。永久的印象、彼此间只有细微差异的印象,来自于规则与习惯并显现有规则的与习惯性的对照的印象——所有这些与快速转换的影像、瞬间一瞥的中断或突如其来的意外感相比,可以说较难使人意识到。这些都是大都市所创造的心理状态。"[3]正是这种瞬间印象对人的持续作用,使现代都市人置身于一种与乡村社会迥然不同的环境之中。在农村或传统的

---

[1] 路易·沃斯:《作为一种生活方式的都市主义》,汪民安等主编:《城市文化读本》,北京大学出版社 2008 年版,第 150 页。

[2] 齐格蒙特·鲍曼:《流动的现代性》,上海三联书店 2002 年版,第 148 页。

[3] 西美尔:《时尚的哲学》,文化艺术出版社 2001 年版,第 186—187 页。

世界中,生活是连续的。经验组织在传统规范之中,一切都是规律性的,有章可循的。在相对狭小的范围之内,依靠风俗习惯、血缘姻缘维系起来的群体,人们彼此之间十分熟悉,每个人之间有着确定的关系。在狭小的共同体当中,人们会感受到一种连续化的生活的存在,每个人能够从中找到确定的位置。但是,大都市是一个社会成分复杂的区域,面积较大,人口稠密,人种复杂。城市特有的地域广阔、高人口密度、强异质性等特点,把乡村生活所特有的悠长、完整的时间方式切割得支离破碎、七零八落,代之以匆忙和紧张。

西美尔所描述的那种大都会中个体的生存感,实际上反映了现代人感受的绝对现在性,亦即同步性和即刻性。都市人的这种特定感受,无疑是现代社会结构的集中反映。工业革命的推进、人口的快速流动、交通的日益便捷化、人类改造自然能力的迅速提升、市场力量的集中显现,使得现代人突然发现只有运动和变化才是唯一的事实。交通工具的改进使空间不再成为制约人们的主要障碍,它使人们"获得了景物变幻摇移的感觉,以及从未经验过的连续不断的形象,万物倏忽而过的迷离"[1]。电灯照明技术的改进使昼夜之分失去了实质的意义,夜间的城市不再宁静,相反它比白天工作的城市更加绚丽和喧嚣。

对于运动、空间和变化的反应,也直接冲击着都市人的生活态度。感性、轻浮、世俗、短暂代替了精神、执著、超验和永恒。恣意欢娱、极端冒险使都市人的生活处于撕裂的状态。在都市当中,人们缺乏共同体条件下的风俗、习惯的约束,同时,都市的花花世界为人们的感官享受提供了便利条件。都市人可以无限地追逐自己身体的愉悦,让各种感官尽情地追求刺激。都市人正是凭借身体的放纵来弥补生活的苍白和平淡,在最狂放最令人眩晕的娱乐和性生活中获得宣泄与释放,以此摆脱内心的压抑和恐慌。由此,对感性肉身的关注日益取代对理性价值的关注,放纵的生命弥补了理性化本质消散后留下的意义空白。如此一来,身体成为享受性和存在性的证明,现代都市人通过肉欲狂欢来证明自己的存在。对此西美尔描述道:

> 异质印象的压力逐渐增长,刺激的变化越来越快速多样,在此之中的

---

[1] 丹尼尔·贝尔:《资本主义文化矛盾》,生活·读书·新知三联书店 1989 年版,第 94 页。

消费与享乐看上去似乎能够弥补现代人在劳动分工中片面与单调的角色。生活中主动面的差异性显然已为其被动面的多样性所补足。人的灵魂在矛盾冲突的压力、众多的刺激物与纷繁多样的消费享乐中寻求清醒——否则灵魂就是骚动不安的力量流,现代杰作内部的差异性阻断了其完整的发展进程。[1]

丧失外在传统框架约束的都市人拒绝接受平庸的生活方式,力图实现对平淡生活的超越。突破传统,标新立异,追求冒险,成为都市人的鲜明特征。都市人力图追求一种与别人不一样的生活,以一种近乎矫揉造作的方式吸引别人的眼球。这种极端的冲动,使都市人的生活带有一种足以撕裂生活、超越现实物质,使其自成一体的张力。都市人不是在时间的缓慢流逝中慢慢体味生命的意义,而是通过瞬间化、碎片化的方式来感受生命的存在。卢梭的浪漫主义小说《新爱洛漪丝》的主人公圣普罗伊克斯迈,从偏僻的农村来到繁华的大都市后就明显体验到了城市生活带给自己的焦虑和不安:

> 我开始感到这种焦虑和骚乱的生活让人陷入的混乱状态。由于眼前走马灯似地出现了如此大量的事物,我感到眩晕。在我感受到的所有事物中,没有一样能够抓住我的心,但它们却扰乱了我的情感,使我忘记了自己的身份和应当归属的对象。[2]

都市人这种无根基生存状态,生动地展现了现代社会的流动性。也正因如此,"现代性的本质是心理主义的,即根据我们内在生活(实际上是作为一个内在世界)的反应来体验和解释这个世界,在躁动的灵魂中凝固的内容均已消解,一切实质性的东西均已滤尽,而灵魂的形式则纯然是运动的形式"[3]。

---

[1] 西美尔:《时尚的哲学》,文化艺术出版社 2001 年版,第 139 页。
[2] 转引自马歇尔·伯曼:《一切坚固的东西都烟消云散了》,商务印书馆 2003 年版,第 19 页。
[3] D. Frisby, ed., *Georg Simmel: Critical Assessments*, Routledge, 1994, Vol. 1, p. 331. 转引自包亚明主编:《现代性与都市文化理论》,上海社会科学院出版社 2008 年版,第 9—10 页。

这样,没有确定感的现代都市让现代人脱离了传统的共同体境遇,都市人在流浪中被一次又一次的抛到了无家可归的境地。都市生活在飞速的变幻,都市人仿佛置身于一个劈风破浪的船上剧烈晃荡,他不知道自己什么时候能到达平静的港湾。确定感消失了,都市人必须学会适应瞬息万变的生活。

共同体对个体所具有的温情脉脉的庇护功能成为永久的过去。由于个体认同的条件是内在于社会当中的,因此现代自我观所假定的个体权利的绝对优先性对现代个体的认同构成了严重的挑战。面对共同善的消失,面对个体权利的无限伸张,共同体温情脉脉的人际关系丧失了。作为一种工具手段,社会不再像共同体那样是个体的精神家园。正如当代英国政治哲学家迈克尔·奥克肖特(Michael Oakeshott)所言,现代国家的兴起摧毁了"人在共同体的紧密结合中彼此承认的伙伴身份,以及透过集体目标来认同自己的深刻满足。在这一过程中,人逐渐被推向一个既冷酷又充满敌意的世界。在其中,彼此相互陌生的人(即占有式个人主义的人)从事着各种交易活动。从此,这样的一个世界凌驾了社群的亲昵与温情。"[1]

个体权利的不断膨胀,私人领域的不断扩张,公共领域的不断萎缩,人际交往的异化,使得原有的认同对象和认同背景发生着急剧变化。所有这些表明,"我们深陷于一个多样性的环境里,借助同时限制也促进我们经验的方式来界定我们是谁,影响我们的感觉、信仰、理解和做法"[2]。面对这一困境,很多学者要求回到传统当中,回到古典共和主义当中。古典共和主义的认同观就强调政治共同体的共同目的,公民所重视的基本价值是共同体成员的团结、承诺和归属,因此公民拥有积极参与政治的责任,私人利益需要有系统地为公共利益服务。社群主义代表人物麦金太尔就认为,应当回到亚里士多德的城邦当中去,回归到一个注重人生目的、讲究德性的环境当中去。在他看来,社群要具有所有成员共同分享的目的,成员之间要有真情厚意,并且这种情谊并不仅仅局限于私人间的交往情感,而是应当扩大到公共事务当中,成为公共事务当中的重要德性。成员之间不仅对于共同的善有一种共同的理解,

[1]　Michael Oakeshott, *On Human Conduct*, Charendon Press, 1975, p. 320.
[2]　Leslie Paul Thiele, *Thinking Politics: Perspectives in Ancient, Modern, and Postmodern Political Theory*, Chatham, NJ: Chatham House, 1997, p. 84.

第三章　非确定性与现代人的认同焦虑

而且他们之间还要在共同善的引导下,互相激励最终求得共同善的实现。[1]
也正因如此,在社群当中,应当有一种贯穿其始终的德性践行,以唤起成员的
爱国心和归属感。

表面看来,借助古典共和主义的认同观念,似乎是解决现代社会认同焦虑
的一个良好途径,但是,这种古希腊城邦意义上的社群在现代性的冲击之下,
已经很难有其生存的立足点。现代性"将人类从家庭、宗教、部落或弱小的共
同体的严格控制下解放出来"[2],共同体式的德性践行的社会结构在今天已
经不复存在。在古希腊时代,个人与城邦密切相关,个人的福祉与城邦的命运
紧密相联,个人存在的价值和意义需要通过与城邦的联系得以辨识,个人的存
在湮没于共同体的巨大阴影之中。但如今,个人高度自主以及个性化的状况
与启蒙之前的状况大为相同。当人类从以人的依赖关系转向以物的依赖性为
基础的人的独立性时,那种希冀将个体的德性与整个共同体的命运紧密捆绑
在一起的努力,其现实基础无论如何是不够坚固的。

在现代化的洪流冲击之下,古希腊德性社群的遗风仅仅在有限的领域之
内存在。我们似乎在教堂、家庭以及农村邻里当中还可以看到它的一点影子。
但是,无论如何,古希腊城邦式的共同体已经成为遥远的历史。尽管麦金太尔
本人对德性社群抱有浓厚的怀念之情,尽管他力图在"一个新的黑暗时代"建
立地方性的社群,使其中的文明与德性生活能够延续下去,但是面对现代性对
传统的强大变革力量,他也不无遗憾地坦言:"任何大规模的政治活动不再有
什么作用,……目前还能发挥作用的政治活动都是小规模的,地方性社群的建
立和巩固,似乎只能停留在家庭的层次上,存在于社区之中、工作场所、教区、
学校、医疗中心当中。因为只有在这些地方,无助的需求才会有人倾听。"[3]

三、全球化进程中的飘零体验

马克思指出:"人的依赖关系(起初完全是自然发生的),是最初的社会形

---

[1]　参见 A. 麦金太尔:《德性之后》,中国社会科学出版社 1995 年版,第 243 页。

[2]　彼得·L. 伯杰、布丽吉特·伯杰、汉斯弗莱德·凯尔纳:《现代性及其不满》,汪民安等主
　　　编:《现代性基本读本》(下),河南大学出版社 2005 年版,第 734 页。

[3]　Alasdiar MacIntyre, " Nietzsche or Aristotle？" , from Giovanna Borradori, *The American
　　　Philosopher*, University of Chicago Press, 1994, p. 51.

式,在这种形式下,人的生产能力只是在狭小的范围内和孤立的地点上发展着。以物的依赖性为基础的人的独立性,是第二大形式,在这种形式下,才形成普遍的社会物质变换、全面的关系、多方面的需要以及全面的能力的体系。建立在个人全面发展和他们共同的、社会的生产能力成为从属于他们的社会财富这一基础上的自由个性,是第三个阶段。"[1]马克思在此揭示了人的发展的三个阶段,同时也展现了人的三种存在样式,即人的群体性存在、个体性存在和类存在。以身份为基础的社会关系向以契约为基础的自由关系的转化,体现了人的存在样式由群体性存在向个体性存在的转化。社群范围内亲密关系的丧失,所展现的正是这一条件下的基本现实。人的个体性存在摆脱了人与人之间封闭的、血缘、等级的关系,而"类本位克服物的依赖而归于人的依赖,但这种依赖不是原始血缘、地域式的依赖,而是保留了个体本位时期全部积极成果而形成的依赖,是全面的、直接的、开放的、平等的依赖"[2]。

人的存在的这三种基本样式之间的变化,是基于生产力的发展基础之上的。生产和交往的不断发展,使人们突破了种族、血缘和地域的界限,形成全面的物质依赖关系。资本主义生产方式和市场经济是全球化进程的动力机制和现实基础。资本主义生产方式是以市场经济为核心内容的生产方式,它以追求利润最大化为自身的目的。追求利润最大化的这一主观目的,在客观上促使了"民族历史"向"世界历史"的转变。在此,马克思恩格斯指出:"不断扩大产品销路的需要,驱使资产阶级奔走全球各地,它必须到处落户,到处开发,到处建立联系。资产阶级,由于开拓了世界市场,使一切国家的生产和消费都成为世界性的了……过去那种地方的和民族的自给自足和闭关自守状态,被各民族的各方面的互相往来和各方面的互相联系所代替了。物质的生产是如此,精神的生产也是如此。"[3]经济发展的全球化意味着人们在物的依赖基础上形成了全球性的全面依赖关系,经济运行的各个环节,不管是生产、分配,还是交换和消费都具有全球性的特征。

全球化的发展不仅导致世界经济一体化的逐步形成,同时也导致人们价值

[1]　《马克思恩格斯全集》第30卷,人民出版社1995年版,第107—108页。
[2]　沈湘平:《理性与秩序——在人学的视野中》,北京师范大学出版社2003年版,第25页。
[3]　《马克思恩格斯选集》第1卷,人民出版社1995年版,第276页。

观的相互碰撞。不仅如此,全球化条件下的价值主体不仅仅是以民族国家为主导的群体或集团,随着全球化的不断推进,个体已经直接或间接步入到全球化进程当中,个体的全球性体验正成为全球化推进人的自由全面关系形成的一个重要因素,个体参与全球事务的程度也成为全球化是否深入的一个重要标准。

在群体性存在样式下,由于生产力发展水平的限制,个体受到各种狭小共同体的庇护,每个个体的交往范围大都局限在狭小的领域之内,群体与群体之间的交往是有限的,人们遵循着日出而作、日落而息的生活方式,年复一年地在自己狭小的地域当中生活,个体的类存在感基本无从谈起。随着资本主义市场经济的推进,随着新航路的开辟所开启的全球市场的出现,个体的行动范围不仅突破了群体的限制,也将物的依赖关系从民族国家或某政治、经济区域范围推向整个类的层面,个体与类出现了现实性关联。个体是国家公民的同时,也获得了世界公民身份。

个体与类的现实性关联得益于时空的压缩。时空分离、脱域机制和知识的反思性运用构成了现代性的内在推动力。特别是时间和空间的分离、脱域机制的发展使地域化对人们的影响相对削弱,相反,处于遥远地方的事件却使得人们产生一种亲近感和即时性效应。现代社会存在着以时—空虚化为特征的时空分离特征。时间虚化的核心在于脱离具体的空间参照而形成全球统一时间标准。空间虚化的核心在于空间从地点、场所中抽离出来,使空间不再被简单地理解为一种物理环境中的位置,而成为一种抽离地点、场所的抽象存在。在前现代社会,时间总是与空间地点紧密联系在一起的,如果不参照某种特定的社会空间标志,即如果不将“何时”与“何地”相联系,人们难以准确分清具体的时间;与之相类似,空间总是与地点、场所相等同,它所标识的是人们活动空间维度的“在场”性,即人的活动受地域性限制之特质。也正是在这一意义上,吉登斯认为,“全球化关注的是存在(presence)和缺席(absence)的汇聚点,关注于远方的社会事件和社会关系与地方情境化的交织。我们应当根据地方情形和地方参与的距离性和长期的易变性之间这样一个持续不断的关系来把握现代性在全球的传播。”[1]因此,“现代性正在内在地经历着全球化

---

[1] Anthony Giddens, *Modernity and Self-Identity: Self and Society in the Late Modern Age*, Polity Press, 1991, pp. 21–22.

的过程"[1]。时空虚化与时空分离,对于现代社会而言,一方面,开启了广泛社会交往的现实可能,极大地拓展了时—空的延伸之范围,并为现代社会生活的再组织提供了现实的基础;另一方面,又为现代社会的时空重组、开拓新的社会交往形式,奠定了现实基础。

无疑,个体的全球性交往和类存在样式,表明其活动空间进一步扩大,可资利用的资源不断得到扩充。但是全球化条件下游牧化的生存方式,也使个体陷入身份认同焦虑当中。

同社群范围内亲密关系的消失所带来的影响一样,当人们从原居国移民到另一个国家,从一种生活方式转向另一种生活方式时,所面对的不仅仅是居住环境、工作、用品和食物的变化,而且是关于"我是什么、不是什么","我曾经是谁、现在是谁"、"我为什么如此生活"等一系列问题的诘问。为此,人们需要有一种令其满意的、完整一致的意义解释,以便接受和平衡转变所带来的焦虑,使自我和变化着的环境的有效联系得以重建,以免于主体存在感的失落。

在全球化条件下,异己性他者的存在,既凸显又弱化着自我原有的身份感。如前所述,从自我的角度来看,他者构成了一个差异性的权力轴。他者作为自我的一种外在参照,使得它与自我具有特殊的关联。任何自我都具有他者无法抹杀的烙印,自我或对于自我的意识始终或隐或显地依赖一个异己性的存在者。但是这一可能性条件也是不可能性的条件:他者对于自我构成的必要性使任何绝对自足的、绝对同一的、实体性的自我成为不可能。

置身于全球化当中的个体,面临着不同国家之间的文化身份冲突。原有的文化底蕴和价值观念确立了自己想当然的、不自觉的认同对象。但是,当生存在不同的文化背景当中时,对于当地人而言,这一个体是外在性的,不仅在口音、语言、饮食等这些显见的东西上与当地人具有很大的不同,而且,在风俗习惯、情感和价值观等方面更是存在巨大差异。这种外在和内在因素的不同,将自我与他者明显区分了开来。对于一个飘零者而言,所生活于其中的文化世界构成了一个异己性的他者。反之,对于当地文化而言,飘零者又构成了一个他者,被视为"非我族类"。这种自我与他者存在的现象,使原先被看做是

第三章 非确定性与现代人的认同焦虑

---

[1] 吉登斯:《现代性的后果》,译林出版社 2000 年版,第 56 页。

朦胧的、统一的自我同一观念被打破了。在他者作为外在参照的过程中,自我的特征更加清晰地呈现了出来。从理论上而言,在寻求认同问题上,深处异地他乡的飘零者存在两种可能的选择:形成一种自我的自恋情结而防止被他者同化;由自恋发展到他恋而抛弃自己原有的文化身份。在面临强大他者的情势之下,飘零者只有选择后者才能获得局部性的、暂时性的归属感,亦即由自恋进入他恋。

弗洛伊德关于人的自恋情结与他恋情结的观点就展示了这一认同问题。在弗洛伊德看来,"理想异性可能会与理想自我发生一种有趣的辅助联系,即在自恋性满足遭遇真实障碍之后,理想异性可能会成为自恋性满足的替代者。在这种情况下的人们爱上的是以自恋的方式所选择的对象,人们爱上了他们自己曾经所是但现在不再所是者,或者是那些具有他们从未具有优点的人。……从而这样的优点是自我成为理想自我所必需的。"[1] 飘零个体在进入另一个生存空间之前,依据自己所生活的民族国家实际,并通过外在文化的非切身性感受形成了一种理想的自我形象。但作为一个在文化上处于弱势地位的个体,基于融入新的生活群体的需要,他(她)需要自觉或不自觉地放弃在原有的话语和叙事中所建构起来的理想形象,转而去追寻他者。这种从自恋走向他恋的过程,是一个内在自我的分裂过程,是一个伴随着焦虑和痛苦的过程。面对新的认同对象,原有族群或国家在人们心中留下的烙印是挥之不去的。身份的不确定感显示了恰好体现了全球化条件下现代人游牧生存的基本特征。

第四节　自我意义感的丧失

如果说共同体的式微和全球化所导致的飘零化生存状态对自我认同的冲击是来自外部的话,那么,现代人感性欲望的无限膨胀所引发的意义感的丧失,则是个体内在变化对自我同一性或认同的冲击。尼采、弗洛伊德和福柯的自我观,解除了先验自我的幻象,将人非理性的一面展现了出来,这对于恢复

---

[1]　转引自伍晓明:《自己与异己——西方面前的二十世纪中国文化自我意识》,陈清侨主编:《身份认同与公共文化》,香港牛津大学出版社 1997 年版,第 330 页。

人之自我的本来面貌具有重要的意义。但是,这种非理性主义观点的强化,这种差异权力轴的过分张扬,所引发的是理性的超越性向度的丧失。对个体非理性一面的极端渲染所造成的最终结果是,自我沦落为纯粹感官享乐的动物,人成为了既没有过去也没有未来的感性存在物。

一、无节制的自我

从古希腊哲学对始基的探求,基督教以各种方式确立起的崇高上帝,到早期现代哲学对于理性自我所投入的巨大热情,都体现着人类对某种确定性追求的努力。这种确定性的追求,其最终的结果是为人类自身寻找到某种精神寄托和憧憬目标。在那里,人们的认同对象是明确的,人自身同一感是确定的。当人们将自身的精神寄托放置在超验上帝基础之上时,尽管人们的理性反思能力成为宗教信仰的奴仆,但是,外在的上帝作为一种超验的存在,为人们此岸生存提供着规范和引导的价值。尽管理性主义哲学将理性能力的提高、将对非理性的压制和排斥作为人之进步的根本标志,有理性狂妄的一面,但是依靠理性的力量,自我获得了一种明确的目标。

但是,诚如我们所指出的,现代人在从自我当中寻求确定性的根源的过程中,同时也将人本身的感性的、流动的成分宣扬开来。因为无论是经济领域的世俗化、政治领域的个体本位化,还是道德领域的自然化过程,实际上都是以现实生活的活生生的人作为自己进一步探询和考察的对象,不仅如此,作为考察者本身的人自身也是有血有肉的感性个体。因此,从自我本身出发寻找确定性的根基,在一开始就面临着内在的矛盾和冲突。当理性本身所具有的规制力量不足以控制非理性的感性欲望时,自我也就面临着分裂的危险。

当人类将上帝、风俗、习惯等外在的权威驱逐出世俗的领域,确立起自身理性的权威以后,感性欲望的个体依靠理性力量的引导,开始了人类辉煌时代。在理性之光的照耀下,科学文化日益摆脱传统宗教和形而上学的羁绊,人类把目光从超验的上帝转向现实的自然和社会;通过对传统文化和宗教观念的批判,人类获得了自我意识的自由;道德和价值也日益摆脱地理、种族、宗教和语言的束缚,获得了理论论证和反思的能力,经由理论论证的普遍道德和法律日益成为规范人们行为的基本准则,人由此获得自我决定的自由;同时,随着封建人身依附关系的解体和宗教来世意识的衰微,个人日益把个性作为自己的人生理想,并以此来筹划自身的生活,自我实现成为现代人生存的基本追求。具有自我意识、自我决定和自我实现的现代人,在理性主义理想目标的引导下,开始了自我欲望的满足过程。人类由之在经济、政治、文化和社会等各个领域都获得了巨大的进步。但是,在这种显见的、似乎具有确定性的进步和发展的背后,却蕴涵着深刻的矛盾和危机:外在权威的式微和个体自我的出现使世界的神圣性消失了,魅力也不再存在,一切都平面化、世俗化了。个人成为人生意义和价值的立法者和唯一标准。不同的价值选择之间似乎并没有崇高与庸俗之分,享乐主义的方便之门向人类开启。

(一)自我占有

现代自我不仅是自足的自我,还是占有性的自我。"从自给自足的概念到自我占有的概念之间近在咫尺。"[1]根据当代政治哲学家麦克弗森的分析,在"占有性个人主义"观念中,"个人被认为本质上是其自身及能力的所有权人,而他之拥有这些并不对社会有任何欠缺。个人并不被认为是一个道德的整体,也不被认为是一个更大社会的一部分,而是被视为他本身的一个拥有者。"[2]这种占有性自我实际上是"占有性市场社会"条件下的人的特征。这种人只追求合理地扩大自己的利益,他们对物品有着贪婪的占有欲和消费欲,不断地去占有成为他们的生活方式。他们进入社会关系纯粹是为了自私的目的,他们之间为了利益和权力而进行着斗争。霍布斯对自然状态的描述不过是对占有性市场社会的描述。在此社会下,一切所有物,包括人的精神在内,都是商品,市场价值主宰了对一切事物的评价,包括对人的身份、荣誉和尊严的评价。

麦克弗森认为,占有性个人主义关于人与社会的见解包括以下几个相关联的命题:

(1)不受他人意志左右的自由使一个人成为真正的人;

(2)不受他人意志左右的自由意味着,除了个人为了自己的利益而

---

[1] 阿巴拉斯特:《西方自由主义的兴衰》,吉林人民出版社 2004 年版,第 32 页。

[2] Macpherson, *The Political Theory of Possessive Individualism*:*Hobbes to Locke*, Oxford University Press,1962,p. 3.

自愿与他人交往以外,不存在与他人的任何关系;

(3)个人在本质上是他自身以及能力的所有权人,而他拥有这些并不对社会有任何欠缺;

(4)虽然个人不能转让他对他自身的整个财产权,但他却可以转让他的劳动力;

(5)人类社会是由一系列的市场关系组成的;

(6)既然不受他人意志左右的自由使一个人成为真正的人,那么,只有当为了确保人享有同样的自由,个人才可以受制于相应的义务和规则;

(7)政治社会是为了保障个人对其自身以及财产的一种人为设计,因而其目的也是为了维持作为自身之所有权的个人之间的正常的交往关系。[1]

从政治和经济的角度来看,"占有性自我"概念无疑为所有权和财产权奠定了基础,为个体自由确立了理论根基。在"占有性自我"理论框架内,"个人不再是希腊传统中的'诸神的一件工具',或者希伯来传统中的'上帝的一个选民'"[2]。但这样的自我观念也带来严重的后果。失去外在束缚的自我,可以随心所欲地处理自己的所有物或占有物。按照占有性自我观,自由权和财产权是个人与生俱来的东西,而非社会或外在的东西所赋予的,因而个体可以自由地对其加以处置。对财产如何分配,过什么样的生活,完全是个人的事情,可以完全不顾及社会的目的,最终会导致托尼(R. H. Tawney)在其《贪婪的社会》(*The Aquisitive Society*)中所描述的情景:

> 整个趋势、利益和首要任务是促进财富的攫取,……(它)诱使人们去使用自然或社会所赋予的力量,去使用技艺或能耐或冷酷的利己主义或纯粹只是好运所给予的力量,而丝毫不必考虑是否有任何限制其力量

---

[1] Macpherson, *The Political Theory of Possessive Individualism: Hobbes to Locke*, Oxford University Press, 1962, pp. 263–264.

[2] 丹尼尔·沙拉汉:《个人主义的谱系》,吉林出版集团有限责任公司2009年版,第106页。

之运用的原则存在。[1]

(二)欲望至上

现代自我观仅仅假定自身的独立性，即自我占有性还是不够的，它必须指明自我通过何种方式获取资源以便自给自足。在此，现代自我观念通过假定自我是一个受欲望驱动并不断实现欲望的存在者，来达到这一目标。

这一点，在自由主义这种现代性理论中表现得十分明显。在自由主义观念当中，激发个人的欲望或贪欲不仅仅是一种观念，而是一种积极主动的行动。这一点在霍布斯那里就表现得十分明显。霍布斯认为，生命本身就是运动，一刻也不能没有欲望，没有欲望就是死亡，欲望享有一种被置于道德领域之外的至上的独立性。自由主义对欲望采取了一种非批判的态度，很少质询这些欲望来自何方，或者这些欲望是如何形成的。相反，在自由主义看来，欲望是属于个人偏好的事情，是公共权力无法干预的领域。在自由主义特别是极端自由主义看来，欲望不能用真实的和非真实的，道德的和非道德的加以区分。在欲望之间进行价值排序，是对个体权利的干涉。例如，在以赛亚·柏林看来，在个体内部作真实的欲望和非真实的欲望的区分，往往会走向苦行僧的做法；而在众人之中作出这一区分，往往会走向极权和专断。他认为，作为公共权力的国家如果以保障人们真实的欲望实现为名而采取措施，往往会粗暴地干涉到个体的权利。也正因如此，自由主义往往将欲望纳入个体偏好的范畴。只要这种欲望没有危及其他个体欲望的实现，任何外在力量都不可干预。因而这种偏好属于外在力量无法干预的私人领域，每个人都必须被看做自身欲望的最可靠的裁判者。这样，那种注重个人自由之道德价值的积极自由观[2]，在价值序列上要被放置于消极自由之后。

因此，按照自由主义这种现代性理论的观点，欲望本身是真实而合理的，

---

[1] Richard Henry Tawney, *The Aquisitive Society*, Wheatsheaf Books, 1982, p. 32.

[2] 积极自由(Positive Freedom)概念是由托马斯·格林首先提出的。积极自由是一种与能力和道德紧密相关的自由，它意味着人自主地、真实地做某种事情的能力；与之相反，消极自由(Negative Freedom)则是一种被动的状态，指个体享有的不受外在专制力量干预的空间。消极自由是与道德无涉的。按照消极自由观念，即使是一个不道德的人，只要他(她)的行为没有危及其他人的自由权利，就不应该受到批评或限制。当代政治哲学家以赛亚·柏林在《自由论》中对这两种自由观进行了细致的分析。

要调整的不是压制个体的欲望,而是防止每个个体在满足自己欲望的过程中,妨碍他人欲望的实现。制定中立化的公共框架,而不是对实质性的价值进行改造,是现代社会应当做的工作。一些极端性的观点也正是在这一意义上进行阐发的:

> 一切皆为造化使然,造化出如此热切的嗜好,以及如此强烈的情欲;置身于这个尘世只为一个目的,那就是屈从并满足它们,……我忏悔没有尽可能地认识到她的无所不能。我只是遗憾有节制地运用她所给予我而有助于她的各种能力(在你看来这是有罪的,而在我看来这是相当正常的事情);我的确有时抗拒过她,我对此表示忏悔。[1]

如此一来,现代性自我观将善的观念排除掉了,它不允许善超越于自我权利之上。这种任凭感性欲望无限膨胀的自我,无疑会大大削弱个体内在价值的提升。这一点深为泰勒所忧虑。在他看来,我们所生活的这个世界,人们有权利为自己选择各种各样的生活方式,有权利以良知决定各自接受哪些信仰,有权利以他们的先辈不可能驾驭的一整套方式确定他们生活的形态。在这一过程中,自我尽管获得了充分的自由,但是却失去了其行为中的更大社会和宇宙的视野,进而使自己失去了获得意义的外在框架。"人们不再有更高的目标感,不再感觉到有某种值得以死相趋的东西。"[2]在现时代,人们往往寻求一种渺小和粗鄙的快乐。

(三)丧失价值理性的规约

确立欲望的合理性,仅仅是工作的第一步,最重要的是找到实现欲望的工具或手段。在现代自我观念中,理性,准确地说是工具理性是满足自我欲望的最可靠手段。

现代社会成功地实现了事实和价值、工具理性和价值理性的分离。马克

[1] The Marquis de Sade: *Justice*, *Philosophy in the Bedroom and Other Writings*, translated by Richard Seaver and Austryn Wainhouse, Grove Press, 1965, pp. 165–166. 转引自安东尼·阿巴拉斯特:《西方自由主义的兴衰》,吉林人民出版社2004年版,第37页。
[2] 查尔斯·泰勒:《现代性之隐忧》,中央编译出版社2001年版,第4页。

斯·韦伯指出,现代性在发轫之时,价值理性与工具理性之间存在着一种相互推动、相互支持的亲和力。新教的禁欲伦理精神,促使新教徒在世俗生活世界采取一种理性化的生活态度,通过自己在现实中的辛勤劳作来回应上帝的感召力。这种理性化的生活态度,有力地推动了人类社会的现代化进程,现代社会赖以成立的社会经济组织、科学技术、科层制度、法律系统等等,都植根于这种理性化的精神气质。但是现代性的进展在突出"经济冲动力"一面的同时,却将"宗教冲动力"忽视了,社会发展中的两个具有相互制约性的因素失去了内在的平衡。现代社会将一切都纳入理性的计算过程当中,工具理性日益远离价值理性,手段压制了目的,财富的追求剥夺了原有的宗教和伦理含义,只剩下与赤裸裸的世俗情欲。

工具理性与价值理性的分离,在逻辑实证主义哲学当中得到了明确体现。以罗素、早期维特根斯坦、卡尔纳普为代表的实证主义者在纠正早期现代理性主义缺陷的同时,将工具理性和价值理性进行了割裂。他们认为,早期现代理性主义由于侵入了不属于它可以有效发挥作用的领域,从而使其从一种革命的进步力量变成了一种否定性的话语,成为了约束人们的创造力和想象力的东西。只有将理性限制在功能性领域之内,才能避免理性霸权的出现。[1]罗素就明确指出:"'理性'有一种极为清楚和准确的含义。它代表着选择正确的手段以实现你意欲达到的目的。它与目的的择决无关,不管这种目的是什么。……理性并不是行为的根据而仅仅是它的调节者。"[2]这样,在罗素看来,理性只是达到某种目的的手段,超出了这一意义,就会导致理性危机的出现。早期维特根斯坦以其关于命题和世界关系的图像理论,将宗教、道德、伦理等形而上学的东西纳入不可言说的领域之内。虽然他并不否定不可言说的"神秘之域"的价值,但是他认为由于逻辑自身的限度所致,形而上学只能通过"显现"自身的方式来为我们所认识,如果我们力图将这些不可说的东西说出来,实际上就犯了传统形而上学的错误。也正因如此,维特根斯坦认为,凡是可以说的,都应当说清楚,而对于不可说的东西必须要保持沉默。这样,

---

[1] 参见韩震:《重建理性主义信念》,北京出版社 1998 年版,第 34 页。

[2] 伯特兰·罗素:《伦理学和政治学中的人类社会》,中国社会科学出版社 1992 年版,第 25 页。

逻辑实证主义在纠正早期现代理性观念的同时,却将理性的工具性和价值性的统一割裂开来。但这样并没有从根本上解决问题,在退出价值领域以后,理性将那些事关人生价值追求和目标抉择的问题让位于非理性时,理性就成为了没有价值规约的盲目冲动,进而蜕变为非理性盲目冲动,由此带来韦伯所谓的"意义的丧失"。对于"意义的丧失"给人类带来的后果,哈贝马斯作了如下分析:

> 能够创造意义的形而上学—宗教世界观的同一性已经土崩瓦解了,这就使得现代生活世界的同一性成了问题,进而严重危及到了社会化主体的认同及其社会团结。[1]

> 主体性摆脱了道德实践理性的约束,这一点具体表现为"没有精神的专业人士"与"没有灵魂的享乐人士"的两极分化。[2]

当工具理性丧失价值理性的规约时,人们欲望的无限满足而非真正的需要就占据了主导地位。欲求超出了生理本能,进入心理层次,成为了无限的要求。伴随着物质欲望的不断膨胀,自然开始了"祛魅化"的过程。在传统社会,人们始终认为世界是一个充满意义的体系,在人们的意识深处,"包含着'世界'作为一个'宇宙秩序'的重要的宗教构想,要求这个宇宙必须是一个在某种程度上安排得'有意义的'的整体,它的各种现象要用这个要求来衡量和评价"[3]。但是,当自然成为展现在人类面前被任意宰制的对象时,它的神秘性消失了。在工具理性的推动下,个体忘记了一切禁忌,外在的一切成为人们竞相批判和否定的对象。曾经被认为神秘的自然和传统本身,在伸张自我个性的现代人看来,不过是任意宰制和批判的东西。由此,破坏的运动感和变化感确立了人们赖以判断自我感受的崭新形式。对变化的感受在人的精神世界中引起了一场更为深刻的危机,即对空虚的恐惧。宗教的衰败,灵魂不朽信

---

[1] 哈贝马斯:《交往行为理论》第一卷:《行为合理性与社会合理性》,上海人民出版社 2004年版,第 329 页。

[2] 哈贝马斯:《交往行为理论》第一卷:《行为合理性与社会合理性》,上海人民出版社 2004年版,第 333 页。

[3] 马克斯·韦伯:《经济与社会》(上),商务印书馆 1997 年版,第 508 页。

念的丧失，使人们丧失了人神不可互通的千年传统。当批判的对象丧失殆尽，而理想又不复存在时，必然会产生一种强烈的虚无主义倾向。个体由此丧失了自我存在的内在根基，沦落为无根基的精神流浪者。曾经被引以为豪的悲壮崇高感伴随着轻浮的调侃而烟消云散，一切具有超越性向度的形而上追求在世俗生活中成为被竞相嘲讽的对象。

在此，富有讽刺意味的现象出现了：追求自我确定性的现代人却在追求确定性的过程中面临着自我分裂的现象。流动现代社会与非确定性的自我构成了现代性一道独特的景观。主体的分裂，价值和意义的消失，人际交往的异化，显示了现代人的片面化发展。人的自我同一性的破裂，形而上理性追求的丧失，无论如何不能仅仅通过物质欲望的片面化追求、外在交往空间的片面拓展来弥补。由于人是介于自然性和神性之间的特殊存在物，因而处于认同焦虑中的现代人的生存只能作为通向其自由全面发展的一个环节而存在。探求生存的意义和价值成为现代人面临着的一个极为严峻的课题。

二、感性欲望的膨胀

现代无节制自我观中的自我占有性、欲望的至上，对工具理性的推崇和对价值理性的排斥，在消费主义中表现得十分明显。消费主义作为一种生活方式和价值观念，煽动人们的消费激情，刺激人的物质欲望。消费主义不以商品的使用价值为消费目的，而是主张追求消费的炫耀性、奢侈性和新奇性，追求无节制的物质享受与消遣，以此求得个人的满足，并将此作为生活的目的和人生的终极价值。

（一）消费欲望的激发

消费主义是 20 世纪二三十年代在美国开始出现并逐渐盛行起来的一种生活方式、社会文化现象和价值观念体系。消费主义把尽可能多的占有和消费物质产品作为个人自我满足和快乐的第一位要求，以不断制造需求、不断刺激人们的物质欲望为目的，鼓励人们尽量去消费，并把这种消费活动作为人类存在的意义。

消费主义从根本上而言服从和服务于"资本逻辑"。众所周知，资本的本性是不断实现自身的增殖和扩张。按照马克斯·韦伯的分析，在资本主义生产方式确立的初期，新教伦理所倡导的严谨工作习惯和对财富的合法追求，是促进以理性生产和交换为特征的西方文明兴起的基本原则。在这种"禁欲"、"节俭"的社会环境中,人们对消费品的使用更多地关注其"使用价值",购买或评价一件商品是否有价值,以商品是否对自己有用为标准。毫无疑问,这种"禁欲"化的消费观念对实现资本的高速积累以扩大再生产起到了积极作用。但是,我们必须看到,如果将马克斯·韦伯的这种逻辑贯彻到底,资本不可能迅速获得增殖,资本主义也不可能获得长足发展。这是因为,只有剩余价值得到实现,资本才能获得增殖,而剩余价值的实现需要依赖商品交换,也就是说,产品最终要有消费者来购买。鼓励和扩大人们的消费需求,成了资本主义运行的条件之一。为达此目的,消费者的欲望、需要和情感便成为资本作用、控制和操纵的对象,并变成一项欲望工程或营销工程。因此,生产已经不仅仅是产品的生产,而同时是消费欲望的生产和消费激情的生产,是消费者的生产。只有"生产"出一批有消费欲望和激情的消费者,产品才能销售出去,才能最终实现利润的增长和资本的增殖。可见,消费主义将消费看做促进经济增长的最有效的活动和手段,将消费视为自我精神满足和物质满足的根本途径,要求人们把拥有和使用数量和种类不断增长的物品和服务作为主要价值取向和人生成功的根本标志。也正是在这一意义上,当代消费主义似乎更青睐维尔纳·桑巴特的"贪婪攫取性"(acquisitiveness)这一命题。在资本主义的起源问题上,桑巴特的观点与韦伯的观点完全相左。在《奢侈与资本主义》一书中,桑巴特明确指出,无论是贸易的增长、农业的发展还是工业的进步,无不是围绕奢侈品的获得而展开的,奢侈诞生了资本主义,资本主义是奢侈的产物。骚动不安的激情而非严谨刻板的理性、奢华浪费而非节俭禁欲才是消费社会推崇的价值观念。

(二)虚荣心的满足

消费主义力图将消费变成一种系统化的符号操作行为。在传统社会当中,消费指的是对产品自然价值的消费,即对产品自身的消费,而在消费社会当中,人们不再把产品当做满足衣食住行的自然产品来消费,而是把产品当做符号来消费,其目的是为了获得产品作为符号指向的意义。波德里亚的论述就道出了当代消费的这一新特点:

> 消费既不是一种物质实践,也不是一种富裕的现象学,它既不是依据

我们的食物、服饰及驾驶的汽车来界定的,也不是依据形象与信息的视觉与声音实体来界定的,而是通过把所有这些东西组成意义实体(substance)来界定的。消费是在具有某种程度连贯性的话语中所呈现的所有物品和信息的真实总体性。因此,有意义的消费乃是一种系统化的符号操作行为。[1]

如此一来,在消费文化当中,商品不再是单纯的物品,它成为了表征某种意义和价值的符号,具有了"所指"和"能指"双重含义。根据索绪尔的语言符号学理论,任何语言符号都由"能指"和"所指"构成。"能指"指语言的声音形象,"所指"指语言所反映的事物的概念。尽管"能指"和"所指"不可分割,但某个特定的能指和某个特定的所指的联系不是必然的,而是约定俗成的。比如在"树"这个词中,树的概念和"树"的特定发音不是必然结合在一起的,"树"在英文中的读音和在法文、拉丁文中的读音明显不同,但却都表达了"树"的意思。可见,"能指"和"所指"之间的组合具有任意性。这也就是符号的任意性原理。根据这一符号学理论,我们可以看到,商品本身是一个相对固定的所指,具有相对稳定的功用。"而一旦将各种意义放到该商品中,也就扩展到了能指的范围。能指指的是应用工具如媒体、广告等对物品进行操作,使物品能够游离于具体的物品之外成为影像、符号以及一个仿真的存在。这些是对商品实物原形的拒绝,并代之以一个不稳定的、漂浮的能指领域。"[2]在现实生活中,大众传媒尤其是广告,将美丽、浪漫、神奇等文化特性巧妙地与商品融合在一起,使原本属于"能指"的、不确定的和文化的性质,转变为属于商品"所指"的、确定的和自然的性质。这些附加的新的形象和符号改变了商品的原始意义,而正是这些新的形象和符号而非商品本身的使用价值刺激着人们自身的各种欲望。对此,迈克·费瑟斯通一语道破天机:

---

[1] 波德里亚:《物的体系》,马克·波斯特编:《让—波德里亚文选》,斯坦福大学出版社2001年版,第25页,转引自罗钢、王中忱主编:《消费文化读本》前言,中国社会科学出版社2003年版,第27页。

[2] 肖显静:《消费主义文化的符号学解读》,《人文杂志》2004年第1期。

商品自由地承担了广泛的文化联系与幻觉的功能。独具匠心的广告能够利用这一点,把罗曼蒂克、珍奇异宝、欲望、美、成功、共同体、科学进步与舒适生活等等各种意象附着于肥皂、洗衣机、摩托车及酒精饮品等平庸的消费品之上。[1]

由于消费品的象征意义或符号意义超过了其使用价值,消费也就演变成了一种符号化的活动,进而成为人们确认自身身份或地位的重要方式。"一件商品,无论是一辆汽车、一款大衣、一瓶香水,都具有彰显社会等级和进行社会区分的功能,这就是商品的符号价值。一件商品越是能够彰显它的拥有者和使用者的社会地位和社会声望,它的符号价值也就越高。"[2]在消费社会里,一个人越来越依据于他或她所使用的或消费的物的等级来识别,而越来越少依据其出生血统、种族等级和阶级成分来划定。也正因如此,穿着高档服饰、驾驶高档轿车、食用超级美食,其最终的效用不在于满足人们吃穿住行等基本需要,最根本的是要彰显人们的身份和地位,满足其虚荣心。

正是基于虚荣心的满足,消费社会中,炫耀性消费占据了主导地位。人们通过对物品的超出实用和生存所必需的浪费性、奢侈性消费,向他人炫耀和展示自己的金钱财力和社会地位,以及这种地位所带来的荣耀、声望和名誉。在炫耀心理的主导下,每个人都感到幸福生活就是更多地购物和消费,消费本身成为幸福生活的当代兑现,进而成为人们互相攀比、互相吹嘘的话语平台。人由此丧失了与自然、与社会、与他人、与自我的丰满的社会存在关系,成为全面的商品拜物教的信徒。

(三)"我消费故我在"

更多地占有、更多地消费、更多地享受,成为消费社会的人生指南。在消费主义话语中,物的地位、物对身体的作用、物对人的价值被无限制的放大了。消费不再只是满足日常生活需要的一个必要环节,而是成为个体自我表达和取得身份认同的重要方式,甚至是人生的根本意义之所在。这种消费至上的观念会导致现代人的精神危机,使人生存取向的多维性被物化为单一的占有

---

[1] 迈克·费瑟斯通:《消费文化与后现代主义》,译林出版社 2001 年版,第 21 页。
[2] 罗钢、王中忱主编:《消费文化读本》,中国社会科学出版社 2003 年版前言,第 32 页。

第三章 非确定性与现代人的认同焦虑

与消耗,人自身的丰富性以及由形而上的精神追求所带来的崇高感和意义感统统丧失了。

在消费主义当中,消费既是人们据以认识自身及其现实生活的意义体系,也是构造他们自身及其现实生活的力量。"我消费故我在",消费是我们精神满足和自我实现的根本途径。当人们对物质的需要趋于无限时,自然难以领会内在精神超越的价值。但是,人并不纯然为一个消费动物,寻求物质享受是人的一个基本的需求,但并不是真正使人成其为人的本质的需求。人需要吃喝,但人是为了生活而吃喝,不是为了吃喝而活着。从一定意义上说,人进行物质消费只是在履行动物的功能。"人是悬挂在由他们自己编织的意义之网上的动物。"[1]人是一种目的性的存在,类似亚里士多德所提出的"什么样的人生才是善的人生"这样具有终极关怀的问题,是人之为人必须要认真思考的问题。只有当我们认真地思考,并在现实生活中加以认真地践履之时,我们的人生才是圆满的。但是,令人遗憾的是,在消费主义这种追求感官享受和世俗功利的价值引导下,现代人日益把生活的意义投射到物上,追求比他人或过去消费得更多更好,从而倾心于在商品消费中寻求满足。由此,粗俗取代了高雅,平庸扼杀了崇高。

崇高感和目的性消失,使得现代人只有在骚动的物质欲望中寻求暂时的满足。正如丹尼尔·贝尔所说:"资产阶级社会与众不同的特征是,它所要满足的不是需要,而是欲求。欲求超过了生理本能,进入心理层次,它因而是无限的要求。"[2]需要基本上是由人的生理上的以及生活上的原因引起的客观需求,而"欲求"则是由人们的心理上的原因引起的一种主观需求。需要基本上是一个相对不变的常量,而"欲求"则是无限的追求。这种消费欲求是永远无法得到完全满足的。每一件奢侈品很快就变成必需品,并且很快就会发现一个新的奢侈品。当消费品成为人们竞相攀比的对象,彰显自身社会地位的标志时,人们必须在走马灯似的变换中追赶时尚,才能保持自己的身份或地位优势。"东西越新越好"、"消费,别留着"。现代"消费人"在"我所占有的和

---

[1]　克利福德·格尔兹:《文化的解释》,上海人民出版社1999年版,第5页。
[2]　丹尼尔·贝尔:《资本主义文化矛盾》,生活·读书·新知三联书店1989年版,第68页。

所消费的东西即是我的生存"[1]这一理念的指引下,疯狂地追求产品的升级换代。在追求变换无穷的时尚的过程中,现代人自身也成为了无根基的精神漂泊者。在变幻的非确定世界中,消费成为现代人唯一确定的"阿基米德点"。

第三章　非确定性与现代人的认同焦虑

---

[1]　弗罗姆:《占有还是生存》,生活·读书·新知三联书店 1989 年版,第 32 页。

第四章　非确定性与现代人的
价值共识困境

> 我们各种殊异的理想与价值观念不可能被纳入一个一以贯之的
> 理论系统。不仅仅是我们没有这样的体系，那些最强有力地要成为
> 这样的体系的理论也因价值冲突而瓦解。
>
> ——约翰·格雷:《自由主义的两张面孔》

现代人的生存问题,从根本上而言,是现代社会的变化对人的生存产生影响和变革的问题。因此,探讨非确定性与现代人的生存问题,必然要深入到现代社会转型问题的探讨当中,从现代社会所发生的深刻变化来揭示问题的实质。传统社会向现代社会的转型过程,是人与人的关系由相互依赖向相对独立转化的过程,也是一种新的自由秩序的生成过程。个体从原来相对稳定的共同体的庇护下走出来,进入一个重新组合的、以契约关系为基础的新型的交往空间当中。原有的整齐划一的状况逐步被打破,代之以一种多样化的生存现实。

现代人多样化的生存现实,一方面打破了那种力图将人们的思想观念纳入一以贯之的观念系统当中的乌托邦式幻象,为每个人自由个性的充分发展创造了良好的条件;另一方面也将价值多元主义和相对主义的种子撒播开来,从而使现代人面临着价值共识的困境。

第一节　传统社会与价值的确定性

一、诸领域合一的社会

（一）政治的宰制

传统社会是植根于自然经济基础之上的。自然经济以家庭为基本生产单位,生产规模小,分工和协作程度低,大多数情况下,产品的原料采集、生产乃至消费都是为了满足劳动者自身需要,而不是为了进行资本积累并扩大再生产,只有在生产的产品过剩的情况下才会将产品拿到市场上交换,不能成为整个社会经济生活的主流。这对传统社会的劳动产生了深刻影响。对此马克思指出:"这种劳动的目的不是为了创造价值,——虽然他们也可能从事剩余劳动,以便为自己换取他人的产品,即剩余产品,——相反,他们劳动的目的是为了维持各个所有者及其家庭以及整个共同体的生存。"[1]这就使得社会扩大再生产的源泉——剩余价值——得不到有效的积累。也正因如此,也可以说传统社会赖以存在的基础是"从土地耕作得来的物质,以及可囤积的、有限的剩余资源"[2]。这种生产往往使社会陷入一种人口膨胀与物质资源匮乏的恶性循环之中,"在这种处境下,凡涉及资源分配者,必是'零与整合'的斗争——个人的所得意味他人的损失……"[3]这样,传统社会当中少量剩余劳动的分配被纳入政治的轨道之中,并被优先用于等级制度的维护:保证官僚机构的运行;用于生产统治集团各个等级所消费的豪华物品,如宫殿、祠堂、庙宇、特权服饰等——这些物品在供特权贵族享用的同时,也体现了传统社会森严的等级制度。

与之相对应,传统自然经济条件下的精神生产领域也相对不够发达,这个领域是由少数人所独占的领域。在传统社会,由于受到社会资源匮乏的限制,识字、写作属于少数人的特权,普通民众主要是物质产品的生产者,尽管他们在神话、传说、民间故事中创作了丰富多彩的文化,但是终其一生,他们基本与

---

[1]　《马克思恩格斯全集》第30卷,人民出版社1995年版,第466页。

[2]　Ernest Gellner, *State and Society in Soviet thought*, Oxford, UK: Blackwell, 1988, p. 99.

[3]　蔡英文:《主权国家与市民社会》,北京大学出版社2006年版,第144页。

科学、艺术、哲学等自觉的精神成果的生产、享用或消费无缘。贵族和知识分子是精神产品的生产者，也是精神产品的享用者，他们垄断了社会的精神生产权和享用权，比如中国古代传统的六艺，礼、乐、射、御、书、数，都是贵族阶级的专利，与一般的老百姓无涉。这样，在传统社会中"当只有少数人有机会与能力认识文字与写作时，'知识阶层'的文字创作——历史叙事、诗词与种种学说理论等等——容易形成一套文化系统，这套系统有别于民间，或者所谓村落族群、乡里社会的文化形式"[1]。这些由"士大夫"阶层主导的"高级"文化与在普通民众中流行的"民间文化"，二者之间形成了高低分明的等级秩序。这套"高级"文化构筑了一整套通贯宇宙和人间事物的整体性的学说，为政治统治加以辩护，并获得政治的强有力支持。那些维持在日常消遣层次上的民间文化则难登大雅之堂。不仅如此，即使在"高级文化"中，由于其服从和服务的政治效果不同，也会被进行高下的区分。汉武帝的"罢黜百家，独尊儒术"就清楚地表明了这一点。

这样，在传统社会当中，经济、政治、文化、社会各个领域之间尚未出现分化，相互之间在功能和需要上缺乏自主性和互补性，没有形成以充分分工和自主发展为基础的、开放的自愿联合，社会的整合主要依赖一个自上而下的强制性政治权威来实现，社会生活的各领域处于一种无差别、无个性的机械统一状况之中。

（二）私人空间的湮没

在传统社会，尽管存在一个个具体的人，但个体的观念是不存在的，个人并没有获得不受任何外在专制权力控制的独立空间。在古代专制主义条件下，"溥天之下，莫非王土，率土之滨，莫非王臣"。众人无不是居于绝对统治地位的皇帝或君主的工具，个人的一切，包括自己的生命、财产都是皇帝所赐，掌握生杀大权的绝对统治者随时都可以将其剥夺，私人空间因之荡然无存。即使在民主异常发达的古雅典，现代意义上的自由观念，即"拥有一个不受外在专制力量所控制的独立空间"也是不存在的。相比起东方专制主义的国家，古雅典人尽管实现了一个个体相对于另一个个体包括统治者的独立性，但是相比起城邦这个外在的力量而言，个体是不独立的。在古希腊，个人生活对

---

[1] 蔡英文：《主权国家与市民社会》，北京大学出版社 2006 年版，第 145 页。

城邦生活具有高度的依赖性。城邦领土的狭小以及公民集团的封闭性和排外性，带来了城邦内部紧密的生活，促使公民内部产生一种独特的心态。他们将自己看做城邦这一有机整体不可分割的组成部分。个人的财产、家庭、利益、荣誉以及希望、肉体的生命、精神的生命甚至是死亡以后的灵魂等等都属于城邦。也正因如此，政治领域渗透到公民私人生活的方方面面。社会的公正、个人的幸福以及欲望的满足等等，都成为一些必须经由城邦加以界定的范畴。拥有绝对权力、无所不及的城邦，对公民生活进行着广泛的干预。对于私人领域缺失的雅典政治，贡斯当在其《古代人的自由与现代人的自由》中作过精辟阐述：

> 在古代人那里，个人在公共事务中几乎永远是主权者，但在所有私人关系中却是奴隶。作为公民，他可以决定战争与和平；作为个人，他的所有行动都受到限制、监视与压制；作为集体组织的成员，他可以对执政官或上司进行审问、解职、谴责、剥夺财产、流放或处以死刑；作为集体组织的臣民，他也可能被自己所属的整体的专断意志褫夺身份，剥夺特权，放逐乃至处死。[1]

国家对社会生活全面控制，其最终的结果是个人与公共权力之间没有明晰的界限，个人的一切被湮没在各种共同体构成的外在权力之网中，因此完整的政治权利意义上的个人并不存在，只存在生理意义上的个体，个体因之也没有在私人利益基础上形成的特殊目的、爱好和需要，个人受集体意识的支配。在传统社会中，人们很容易找到作为整体的人们所呈现出来的面貌，很却很难找到作为个体的人所特有的面貌。也正因如此，传统社会呈现出明显的单一性和强制性特征。同质的、未分化的传统社会需要一种把社会成员凝聚和结合起来的力量，需要一种统一的精神力量来协助政治力量实现社会的统一。同时，由于各个领域之间不存在分化，国家权力对私人领域具有强烈的控制作用。因此，在维护社会的整体统一上，传统社会不允许多种观念并存，往往出现单一观念统一社会的局面。同质性和单一性的基本现实，使得传统社会必

─────────────

[1] 贡斯当：《古代人的自由与现代人的自由》，商务印书馆 1999 年版，第 27 页。

定采取一种高度强制性的手段来保证整个社会的秩序化,对于触及单一价值观念的思想和行为予以严厉压制。因此,弃绝差异性、崇尚同一性构成了传统社会的基本特征。

二、价值确定性的建构

在传统农业文明当中,人们生存于由宗法关系维系的自然秩序之内,没有建立起自觉的社会联系,他们只是基于血缘关系、宗法关系和天然的情感进行着自发性的交往,依靠自然节律而自发进行着重复性的自然劳动。这使得古代人将事物背后的"逻各斯"作为生存的确定性基础,同时也将这种非个体化的东西作为自身价值确定感的依托。无论是人们将宇宙视为一个神秘化、充满价值和意义的存在体,还是将自身与其在社会中所处的身份紧密关联起来,无不表现出前现代人寻求价值确定感的非个人化特征。

(一)宇宙秩序:价值的规定者

传统的世界观是一种目的论世界观。作为一种世界万物的解释原则,目的论(teleology),是指以目的为依据解释事物的特性或行为。"目的"一词,源自希腊语"telos",英文常将"telos"译为 purpose 或 end。亚里士多德在《形而上学》中对"目的"的含义作了详细规定。按照他的分析,"目的"主要有以下几个方面的意思:不缺少任何部分,或者说,"在这以外,再找不到它的部分";尽善尽美,"这事物的优越没有可被超越的";至臻至善,"事物之已臻至善者,被称为完全,善终即是完善";达到了终点的东西,因为在此时,它什么也不缺,什么也不在它之外。[1] 透过亚里士多德的分析,我们可以看到,"目的"最基本的意思是指"终极、完成、实现、圆满"。事物追求目的,就是追求这种完整性和完美性。

亚里士多德认为,必须把宇宙中的一切事物理解为努力追求激发其幸福或有助于其生存的某种趋于目的的东西。不论是动物还是植物,它们都有目的,它们的行为都是为了这一目的而发生的。"目的因"(heneka)这一概念也就具有"为了……的缘故"、"就……而言"、"为着……而"的含义。这个目的因也就是最终的原因。在亚里士多德看来,这个最终的目的就是"善"。他指

---

[1] 参见亚里士多德:《形而上学》,商务印书馆 1959 年版,第 106—107 页。

出，"每种技艺与研究，同样地，人的每种实践与选择，都以某种善为目的。所以有人就说，所有事物都以善为目的。"[1]"善"的基本意思就是"好"或"卓越"。由于事物、活动、技术和科学有很多不同的种类，所以它们的目的也是各不相同的。例如在《荷马史诗》中，"善"主要指人的英勇、高贵和正直；在道德领域，"善"指品行高尚，有德性；在能力方面，"善"是水平高、能力强的意思；用来修饰体魄，"善"指身体健壮有力；用以形容事物，"善"指种类优良等。亚里士多德对此也有相似的看法。他认为，"医术的目的是健康，造船术的目的是船舶，战术的目的是取胜，理财术的目的是财富"[2]。因此，"善"在不同的场合有着不同的含义。

每个事物都以"善"作为自己的目的或最后的原因，这个目的或原因也解释了它实际的活动，并提供了评价它的活动和发展的标准。例如，橡实的目的是要成长为橡树，橡树就成为橡实的目的。这个目的也构成了评价橡实的发展标准，即橡实应该长成橡树，如果不能长成橡树，就一定有所欠缺。像所有其他物种的成员一样，人也具有一种特殊的本质，这种本质决定了他具有一定的目的和目标，并使他在本质上朝着一个特殊的目的迈进，这个目的也提供了评价人的活动和发展的标准。这个最终目的就是至善。人按其本性就是要达到至善。一个人如果不能实现至善，那么他一定有缺陷。

在目的论当中，事实和价值是紧密关联在一起的。在事物存在这一事实中，已内在包含着其存在的目的和本质。因此，"是什么"和"应该是什么"实际上是同一个问题。例如，我们从一块钟表走的不稳定且不准确这一事实中，可以准确地推导出"这是一块坏表"的评价性结论。之所以能得出这种价值判断，是因为通过表期望被发挥的特有功能或具有的特定目的来对"表"加以限定。同理，一个人是人类的一个成员的事实本身就决定了他或她应该是什么，并且我们应该做的体现在我们的本质、我们作为人的目的当中。

目的论的宇宙观，实际上将世界看做是一个充满灵性、具有有机联系的宇宙秩序。在世界的最高等级上，有一个安排宇宙秩序的绝对的存在。人类社会也受到一种与人无关的宇宙法则——自然法的支配。无论是成文法的制定，

---

[1]　亚里士多德:《尼各马科伦理学》,商务印书馆 2003 年版,第3—4页。
[2]　亚里士多德:《尼各马科伦理学》,商务印书馆 2003 年版,第4页。

还是人们日常的行为规范,最终要从这种宇宙法则当中寻找根据。"这一秩序规定着人类生活的总的和谐系统中的每一德性的位置。道德领域的真理就在于道德判断与这个系统秩序的一致。"[1]一个事物的成长是否完整,一个人日常操行是否合乎道德,需要借助这一目的来衡量。

宇宙具有内在的秩序,自我由这一秩序规定,自我的意义和价值也体现在对这一秩序的沉思之中。这样的观点一直持续到中世纪。"中世纪的人认为自己是和谐地融入宇宙之中的。他是客观世界整体的一部分。他的存在包孕在宇宙的存在(Being)之中。而且他的存在本质根据存在而定位。因此中世纪的人习惯性地将自己的意识活动集中于这样一些存在之上——自然的存在、造物主上帝的存在以及基督和基督教的存在。"[2]从古希腊一直持续到中世纪的宇宙秩序观,实际上假定了任何事物和事件的安排都有其内在的根据,都可以在神圣的秩序中发现自己的位置,找到自己的意义。对于人而言,也是这个意义链条中不可或缺的一个环节,个体可以通过对外在秩序的反思获得生命的意义和价值。对于前现代的这一现象,查尔斯·泰勒就指出:

> 根据意义范畴,把世界理解为是为了去表现或体现一个理念的秩序或原型的秩序而存在的,理解为是对神圣生命的韵律、诸神的根本法则或者上帝意志的证明;把世界看做一个文本,或者把宇宙看做一部书(一个伽利略仍在使用的概念)——通过这种形式或那种形式,这种关于事物的解释性见解在许多前现代社会中曾经起过重要作用……[3]

(二)角色践履:美德的实现

当自我意义之追求或实现与外在的宇宙秩序结合在一起的时候,实际上就将自我放置在了一个关系网之中,自我不是一个现代意义上的原子化的存在者,而是承担着特定的角色,执行着特定的任务,他的意义和价值就是要表现或实现被外在的秩序所赋予的功能,不管这种外在的秩序是来自城邦还是

---

[1] A.麦金太尔:《德性之后》,中国社会科学出版社 1995 年版,第 179—180 页。
[2] 维塞尔:《启蒙运动的内在问题》,华夏出版社 2007 年版,第 49 页。
[3] 查尔斯·泰勒:《黑格尔》,译林出版社 2002 年版,第 6 页。

上帝。对此,泰勒指出:

> 人们过去常常把自己看成一个较大秩序的一部分。在某种情况下,这是一个宇宙秩序,一个"伟大的存在之链",人类在自己的位置上与天使、天体和我们的世人同侪共舞。宇宙中的这种等级秩序曾反映在人类社会的等级结构中。人们过去总是被锢锁在给定的地方,一个正好属于他们的、几乎无法想象可以偏离的角色和处所。[1]

由于价值是内在于世界之中的,世界上各种事件的安排都在一个价值链当中,都有其内在的目的和理由,因此,它需要在某种神圣的秩序里发现和确定自己的位置。人作为具有理性的存在者,其理性能力就体现在他能够认识、体悟这一目的论的宇宙秩序。人们必须遵从宇宙内在的普遍法则,过一种理性的生活,而这种理性的生活也就是富有德性的生活。在柏拉图看来,德性就体现在灵魂的各个部分履行它的特殊功能上:

> 肉体的欲念须接受理性的制约,这样表现出的德性就是节制。面对危险的挑战的勇敢德性,当它表现得如同理性命令它那样时,这就是勇敢。理性本身,当它受了数学和辩证法的专门训练,从而能认识到正义本身和美本身是什么,并认识到在其他所有形式之上的**善的形式**是什么时,就表现出它自己的特定的德性:智慧。这三种德性只有当第四种德性正义也表现出来时才得以展现……[2]

由于每个个体是置身于特定的历史脉络当中的,因此个体的道德选择也就不是任意的事情,对"善"的理解不应该私人化。在古希腊,美德总与城邦生活相联系,美德在城邦中践行并依据城邦来界定被视为理所当然。所有的希腊人都认为,做一个好人至少与做一个好公民紧密相联。"德性就是维持

---

[1] 查尔斯·泰勒:《现代性之隐忧》,中央编译出版社 2001 年版,第 3 页。

[2] A.麦金太尔:《德性之后》,中国社会科学出版社 1995 年版,第 178 页。

一个充当某种角色的自由人的那些品质,德性就表现在他的角色所要求的行为中。"[1] 在荷马史诗中,"Dikê 的基本意思是宇宙的秩序","而 dikaios 则是尊敬和不侵犯这种秩序的人"[2]。要成为一个正义的人,就必须按照这一宇宙秩序和社会结构规范自己的行动和事务。个体是通过认识到他在这个社会系统中特定的角色来识别自己的,通过这样的认识,他自己也就意识到了应当承担什么样的责任。

这种对人之价值的理解,在亚里士多德那里表现得十分明显。在亚里士多德看来,美德的概念实际上是指一个人能卓越地履行其特有的功能,这个人在履行这些指定角色上的卓越性便构成了评价其行为的规范标准。一旦社会确立起这样的标准,一个人的责任和义务就好像是从外面施加的。在这样的社会当中,一个人是通过认识他在这个制度中的角色知道他是谁的,并且借助这种认识,他也知道他应该做什么,以及他能够从其他的角色那里得到什么。这不仅意味着每一种社会地位都有一整套明确规定的责任和权利,而且也意味着人们清楚地知道,什么行为能够履行这些责任和权利,什么行为不能达到这些要求。如此一来,人的合宜的功能概念就与一套社会角色的观念联系起来了。一旦我们把一个社会角色的思想与对人类来说是好的东西的概念联系起来,道德选择就不是任意的,一个道德主体的生活的完整性和统一性也就得到了保证。

(三)自我的弃绝:稳固的价值之链的确立

自我对自身的理解必须借助外在框架才能进行,自我必须通过理性的方式对宇宙秩序加以沉思才能获得圆满的人生。在现实生活中,这种将自我纳入外在客观框架中探询意义的方式,尽管有利于克服自我行为的任意性,有助于个体获得稳固的意义感,但也存在致命的缺陷:自我最具个性的一面被抹杀了,自我成了实现客观价值的工具而已。这一点在传统社会中表现得十分明显。

在传统社会中,每个人的社会地位是既定的。个人并不是独立的社会个

---

[1] A. 麦金太尔:《德性之后》,中国社会科学出版社 1995 年版,第 154 页。

[2] 转引自 A. 麦金太尔:《德性之后》,中国社会科学出版社 1995 年版,第 169 页。Dikê 和 dikaios 是荷马史诗中出现的词汇,它们是 dikaiosunê(正义)一词的原型。

体,而是依附于家庭、家族或其他社会共同体之上的"成员"。个体的存在与整个共同体或生活的群落有着密切的联系,人的一生都是由外在的东西规定好了的。每个人的一生几乎不离开自己生活的土地,他的生命世界被局限在生活群落和阶层身份的范围之内。对于每个人而言,社会的身份就像自己的肉体一样有机和自然。尽管朝代不断更替,人也生老病死,但是在前现代人的眼里,社会的发展不过像自然界万物的生长衰亡、日出日落一样自然。每个阶层都有自己特定的美德体系,通过礼仪教化,每个人也十分清楚地知道自己在这个固定链条中所处的位置。一个人通过认识到他在这个系统中的角色来认识他自己是谁;认识到他应该做什么,认识每一其他角色和位置的占有者应把什么归于他。在中国传统社会,"君为臣纲、父为子纲、夫为妻纲"的三纲以及"仁、义、礼、智、信"的五常,对每个人的活动框架和社会身份作出了明确规定。每个人都在严密的道德律条之下从事着自己"本分"的活动,而不许越雷池一步。古希腊柏拉图理想国当中所规定的城邦公民的美德,也是在这种先在框架内践履的。在中世纪的欧洲,这种情形更为明显。在基督教世界当中,每个人的行动不过是在回应上帝的感召而已:"视个体为社会整体一个分子的观点,在意识形态上被出自基督教宇宙观的使命观念所尊崇,按照这种观念,每个人都'蒙召'完成一定的任务。"[1]对于传统社会条件下的价值观念与自身身份的密切关联,盖尔纳论述道:

> 在传统的农业社会当中,一个人的角色是稳定的,而且是与适合这个角色的仪式相协调。它是内化与外化兼具,同时更是深入于一个人的灵魂之中。众多繁杂的等级标志弥漫于整个社群共同体的外在生活。它赋予一个人稳固且无可逃遁的身份认同,一个人可以确切地知道他是谁,以及别人对他的期望是什么。他可以自我确定其认同的可能性是微乎其微的。[2]

---

[1] 伊·谢·科恩:《自我论——个人与个人自我意识》,生活·读书·新知三联书店 1986 年版,第 128 页。

[2] Ernest Gellner, *Conditions of Liberty*: *Civil Society and Its Rivals*, New York, N. Y. : Allen Lane/Penguin Press, 1994. pp. 7–8.

这样,在古代人那里,个体自由的观念是不存在的。对于现代人而言,自由是人的天赋,是人不可剥夺的能力和行为方式。这种对于现代人而言可谓理所当然的事情,在古代人的视野当中却难以理解。在古代人看来,自由就是按照自然固有的法则来行事的一种方式。对于西方中世纪的人而言,"自由"一词往往所采用的是一种复数的形式,它的意思并不是独立自主,而是被归入某一系统的特权,是在上帝面前和人面前应占据的位置。在传统中国社会,真正的自由从未实现过。尽管在中国传统哲学的许多流派当中,自由也被广泛提到,例如,道家学派就提倡个体的自由。但是,这种自由,并不是个体表现于社会关系当中的行动自由,更多的是一种精神的自由,崇尚和强调的是人的自然本性。并且这种自我往往是"以曲求全"、"处弱用柔"、"不谴是非",进而表现出一种随波逐流、随遇而安的精神自由情态。

在整个传统社会当中,社会是一个人人各司其职的有机体,每个人的身份和角色都是固定的。每个个体自出生之日起,就处在一个固定的、有条不紊的阶梯化、系统化的关系网络当中。婴儿一降生到世间,他(她)不仅处于父母的管教和影响之下,而且还处于整个大家族的影响和控制之中。固定的社会地位同时也规定了个人行为的具体细节。"每一个人都占据分给他的位置,他必须依此行事。他所扮演的社会角色预先规定了他的行为的整个'脚本'。很少留有独出心裁和打破常规的余地……一举一动都被赋予象征意义,必须遵守公认的格式,按照既定的形式进行。"[1]也正因如此,任何游离于既定秩序之外的行为方式,都会招致怀疑和谴责。

从外在的框架寻求确定性根基,还体现在个体的内在情感体验当中。不仅个体的外在行为方式要与既定的秩序保持一致性,个体的内在情感和体验,也无不与这一秩序保持着一致性。在古代社会当中,与自我观的形成具有高度相关性的人格概念并不存在。在中世纪,动词"丧失人格"(dispersonare)并不是指丧失个性或心理崩溃,而是指丧失地位、荣誉、资格和等级身份。[2]

---

[1] 高夫:《中世纪早期文明》,巴黎,1972年版,第348页。转引自伊·谢·科恩:《自我论——个人与个人自我意识》,生活·读书·新知三联书店1986年版,第129页。

[2] 参见伊·谢·科恩:《自我论——个人与个人自我意识》,生活·读书·新知三联书店1986年版,第131页。

因此,在这里,人格并不具有指称自由权和人格权的含义,不具有追求自由个性的现代意义,它更多的是与人的身份、与其在整个社会系统中的地位密切相关。也正是在这一意义上,我们可以看到,"封建社会的个体首先是通过他对一定社会群体、亦即他对他的'我们'的从属性而意识到自己的"[1]。无论是古希腊的城邦共同体,中世纪的宗教天国,还是中国几千年的封建社会,个体意义感的寻求和稳固基础的获得,更多的是在一种先在的、稳定的政治和社会框架中进行的。处于稳定秩序当中的个体,通过它在秩序中所处的环节而获得自己的身份、价值追求和意义感。

第二节 合理多元社会与个体的多样化选择

一、合理多元社会的形成

现代社会从依附型的秩序向自主型的秩序转型的实质,就是从以身份为基础的确定关系,向以契约为基础的自由关系的转换。这种转换的最终结果是当代多元社会的逐步形成和发展。

多元社会是指多个利益集团和谐并存的社会。任何社会都存在不同的利益集团,仅仅存在多种多样的利益团体,并不构成多元主义。"存在着许多界限分明的团体,并不能证明存在着多元主义,而只能证明社会组合(societal articulation)或仅仅是社会分化达到一个发达的阶段。"[2]一个社会只有经过充分分化,社会不同集团之间能够彼此包容、平等相处时,才能称为一个多元社会。那种将其组合建立在部落、氏族、种族、种姓、信仰或自足的习俗性团体的社会没有资格称为多元社会。在这一意义上,多元社会是一个现代概念,它是一个非排他性的生活世界,在这个生活世界中,所有成员的身份都是平等的,彼此之间以一种理性的态度商谈、交流和沟通,以此来建构一种平等的人际关系。

---

[1] 伊·谢·科恩:《自我论——个人与个人自我意识》,生活·读书·新知三联书店1986年版,第133页。

[2] 萨托利:《民主:多元与宽容》,载于《直接民主与间接民主》,生活·读书·新知三联书店1998年版,第61页。

第四章 非确定性与现代人的价值共识困境

（一）社会诸领域的分化

现代多元社会的形成得益于社会诸领域之间的分化，即经济与文化领域从政治的高度统摄当中获得了独立发展的空间，从而摆脱了传统社会条件下以政治为中心，经济、文化附属其中的"机械团结"现象。社会生活的各个领域具有了"自成目的"和"自成体系"的自主性和独立性，社会的整合主要通过各个领域彼此的分化和功能的相互依存、补充来实现，而不再是依赖于某种绝对政治情感的强化。

在现代社会，各种实业和商业贸易发展成一种独立自主的经济体，不再受到政治权力、宗教信仰或任何意识形态的强力控制，而得以自己支配资源以及自我调整。这种经济领域的相对独立性在以市场为主导的现代经济运行模式中表现的十分明显。在古典自由主义的理论当中，经济的发展与社会的繁荣不是政府有意组织所能达到的，而是追求私利的个人发挥才智的结果。政府的职能在于提供必要的保障，使个人追求自己的利益的行为有可靠的外部环境。因此经济领域的活动是一个自发的过程，不容国家权力干涉。尽管现代国家都突破了古典自由主义关于国家行为的限制，但是市场作为一个相对独立的领域，仍然不容国家对其进行全盘的控制和事无巨细的干涉。这样一来，经济的运行获得了不受政治权力所干预的相对独立的空间。

追求利益的最大化是市场活动者的终极目标。在市场中从事交易的人，彼此之间不再考虑对方的身份认同，也就是说，交易对方的种族、性别、宗教信仰等不再作为主要的考虑因素，他们所考虑的只是对方能够提供何种产品，自己能够获得多少利润。这种以工具理性为主导的经济活动，必然将实质理性的重要意义放置一旁。

不仅如此，在现代社会，那种以利益占有为主旨，以为追求利润最大化为终极目的的经济活动，也获得了非实利性的（disinterest）道德地位。众所周知，新教伦理一扫中世纪禁欲主义伦理的束缚，其"天职说"给人在职业工作上一种近乎宗教的严肃性，从事经济活动或经营实业被看做是对上帝"召唤"或旨意的最好回应。这样一来，从事经济活动的人们和从事政治、军事活动的人们一样，都具有同样的尊严。在他们中间，除了职务不同以外，没有其他的任何差别。"在平信徒和神甫，贵族和主教，以及'属灵的'和'属世的'之间，实在没有什么差别，他们的所谓差别，不过是职务和工作上的差别，而不是

'阶级'上的差别;因为他们都是同属一阶级……"[1]这样一来,传统社会对商人的鄙视,对政治士大夫阶层的推崇,被一种新的职业观所取代。在现代社会,"任何人对于他所从事的专业皆有一种自尊自重,每一个人无须外在恒常的压力、监督或威胁,皆内化了职业的法规"[2]。

如此一来,与传统社会人们受"集体意识"的控制相比,现代社会是一个高度专业化、高度分工的社会,社会成员之间的特殊利益只能在一个相互交往的开放体系中才能得到实现和满足,这种广阔的联系为他们创造了各种可能的生存和发展机会,这就彻底改变了个体必须依赖狭隘的共同体而生存的基本格局。特殊的利益追求、广泛的社会交往、集体意识控制的弱化,必然使得文化作为一个与政治领域相对应的相对独立领域确立了自身的生产和发展逻辑。"市民社会当中,无法生产意识形态或制度的垄断支配。没有一种教条可以被无限制地提升到神圣的地位,而独自整合社会秩序。政治权力的地位就像其他活动或工作的位置,是轮流更替的,它无法获得无与伦比的报酬。"[3]

(二)私人领域和公共领域的分离

现代多元社会的形成还要得益于私人领域与公共权力领域的分离。私人生活摆脱了被动接受公共权力主宰的现象,个人的自由权利获得了保障,人们在思想、道德、宗教观念上获得了不受外在专制权力任意干预的自由。

与古代社会形成鲜明对照,现代人享有一系列受法律保障的、不受政府干预的个人权利,因之也形成了一个相对独立的自由空间。现代社会将生命权、财产权、自由权等基本权利以法律的形式规定下来,认为这些基本权利构成了个人独立的私人空间,同时,这一私人空间也构成了外在力量的行为边界。外在的力量可以无限制的朝这个边界逼近,但无论如何不应该逾越这一界限,否则将是对个人权利的侵犯。在这一问题上,以赛亚·伯林的观点很有代表性:

第四章 非确定性与现代人的价值共识困境

---

[1] 转引自李平晔:《宗教改革与西方近代社会思潮》,今日中国出版社 1992 年版,第 169 页。

[2] 蔡英文:《主权国家与市民社会》,北京大学出版社 2006 年版,第 148—149 页。

[3] Ernest Gellner, *Conditions of Liberty*: *Civil Society and Its Rivals*, New York, N. Y.: Allen Lane/Penguin Press,1994,p. 188.

应该存在最低限度的、神圣不可侵犯的个人自由的领域；因为如果这个领域被践踏，个人将会发现他自己处于一种甚至对于他的自然能力的最低限度发展也嫌狭窄的空间中，而正是他的那些自然能力，使得他有可能追求甚或领会各种各样人们视为善良、正确或神圣的目的。随之而来的是，必须划定私人生活的领域与公共权威的领域间的界限。[1]

这种界限的划定，意味着现代社会使得私人领域从原有的被公共权利宰制的被动地位中解放开来，成为了一个与公共权力领域相并列的独立的存在体。如此一来，现代社会公共权力运作方式，消除了那种单一中心所进行的全盘控制现象。一方面，国家对个人生活特别是私人生活全盘控制的可能性消失了，国家作为公共权力的核心，其权力的运作受到了法律和制度的严格限制，个人自由与国家权力之间形成了一条相对清晰的界线；另一方面，任何个人都不可能假借公共利益的名义剥夺他人的自由权利。

二、个体自由的实现

通过前面的分析我们可以看到，在合理多元社会条件下，自由市场经济的推进将人们从自然经济、封建经济和指令性计划的严格要求下解放出来，个人在经济活动中获得了自主决定的自由；民主宪政的实行，使国家的权力运作被严格控制在法制化的轨道上，为个人自由的神圣不可侵犯提供了保障；政教分离、宗教信仰自由，打破了一教独尊而异教无立足之地的局面，为个人的良心自由的实现创造了有利的条件。总之，现代社会经济、政治、文化的特定运作模式，使现代人享有了古代人所不可企及的广泛自由。对于现代社会个体自由权利的保障和实现方式，我们可以从以下方面加以分析。

（一）明确私人空间

自我的觉醒是现代性的突出标志，现代政治的运作就体现为通过特定的方式将个体的权利小心翼翼地保护下来。个人作为最高的价值，要受到国家的尊重，个人及其权利是社会的法律、政治和经济原则的根基。也正因如此，现代社会将自由通常定义为"免除……"（freedom from……）的自由，而不是

---

[1] 以赛亚·伯林：《自由论》，译林出版社 2003 年版，第 191—192 页。

"做……自由"(freedom to……)。这种自由强调个体具有一个不容外在专制权力干预的空间。在霍布斯看来,"自由一词就其本义来说,指的是没有阻碍的状况,我所谓的阻碍,指的是运动的外界障碍……但当运动的障碍存在于事物本身的构成之中时,我们往往就不说它缺乏运动的自由,而只说它缺乏运动的力量,像静止的石头和卧病的人便都是这样。"[1]对于个体所拥有的这个空间,个人、国家、社会不能以任何借口随意侵犯。可以说,这种由权利所构成的消极被动空间,是个体确保自由的最为可靠的屏障。正因如此,现代社会视生命、自由和财产权为"人之为人"的必需,通过特定的方式小心谨慎地把这些权利保护起来,从而为外在的行为划定了一条不可逾越的边界。

1. 生命权

生命权是人的一项最基本的权利,它是其他一切权利的本源,是所有人权的基础。没有生命权,其他一切权利均无从谈起。正如英国学者米尔恩所言,"生命权是一个人之所以被当做人类伙伴所必须享有的权利……这正是所谓人权的底蕴所在。"[2]

生命权问题是近代政治理论的一个重要关注点。在自然法学家那里,人权包括生命、自由、财产等,又被称为天赋人权或自然权利。生命权的天赋性,也就是人权的自然生成性。因此,它是与神权观念相对立的。在圣经中,人是由上帝创造的,人的生命权等人权来自神授。近代天赋人权说的提出打破了生命权神授的观点。在天赋权利说看来,人人生而具有平等的生命权、自由权和财产权,其中,生命权是一种受到特殊保护的权利。洛克在《政府论》中明确指出,"因为一个人既然没有创造自己生命的能力,就不能用契约或通过同意把自己交由任何人奴役,或置身于别人的绝对的、任意的权力之下,任其夺去生命。谁都不能把多于自己所有的权力给予他人;凡是不能剥夺自己生命的人,就不能把支配自己生命的权力给予别人。"[3]不仅个体不能将自己的生命支配权转让给他人,他人也没有权利将别人的生命作为玩物加以支配。

---

[1] 霍布斯:《利维坦》,商务印书馆1985年版,第162—163页。

[2] A. J. M. 米尔恩:《人的权利与人的多样性——人权哲学》,中国大百科全书出版社1995年版,第158页。

[3] 洛克:《政府论》(下),商务印书馆1964年版,第17页。

康德就明确指出,人的生命没有什么法律的替换品或代替物,因为世界上没有类似生命的东西,也不可能在生命之间进行比较。任何人,都不应该将一个人的生命作为实现自己利益的手段。一部分人的生命,不得成为保护另一部分人生命的手段,不能为了一部分人的生存,而影响和牺牲另一部分人的生命。

生命的神圣不可侵犯性观念在后来的相关宣言、宪法、法律条文中得到了明确化。1776年,美国《独立宣言》宣告:"我们认为这些真理是自明的:人人生而平等,他们都从他们的'造物主'那里被赋予了某些不可转让的权利,其中包括生命、自由和追求幸福的权利。"[1]世界上第一部成文宪法——1787年美国联邦宪法,其第一至第十条宪法修正案即《权利法案》明确了生命权的法律内涵,及生命权保护的司法性和程序性。《权利法案》第五修正案规定:"未经正当法律程序,不得剥夺任何人的生命、自由或财产。"在此后的发展当中,生命权作为一项最基本、最原始的权利,受到各国法律和宪法的特别保护。世界各国将生命权作为人的基本权利写进了宪法和相关法律的条款当中,并采取相关措施予以特别的保护。生命权的宪法确认意味着国家负有保护生命权的义务,使生命权成为社会价值体系的基础。

2. 财产权

财产所有权是人们对于自己拥有的财产,有自由占有、使用、收益、处分的权利。在近代思想史上,洛克对私有财产权从理论上作了系统阐述,并正式确立了私有财产神圣不可侵犯的原则。洛克将财产权看做自然权利中最基本的权利,其他一切权利都以财产权为基础。在他看来,有了财产权,个人才能生存,人的生命权只不过是为了保障财产权不受侵犯,而人的自由权也不过是为了保障每个人都有随意处置自己全部财产的权利。他指出:"人们联合成为国家和置身于政府之下的重大的和主要的目的,是保护他们的财产。"[2]任何人,包括最高权力在内,未经本人同意,不能取去任何人财产的任何部分。

财产权是实现个人自治、保持人格独立、维护个人尊严的必要条件。它为个人创造了一个不受国家控制的领域,限制了政府的行动范围以及统治者的

---

[1] 《独立宣言》(羊皮纸本),转引自卡尔·贝克尔:《18世纪哲学家的天城》,生活·读书·新知三联书店2001年版,第286页。

[2] 洛克:《政府论》(下),商务印书馆1964年版,第77页。

专横意志,使个人拥有了自己可以控制且不受他人干预的领域,进而使个体可以按照自己的意愿进行自由选择,实现自己的价值。也正是在这个意义上,哈耶克认为,私有财产权是自由的基本要素,确认财产权是划定一个保护我们免于压迫的私人领域的第一步,对私有财产权的承认是阻止或防止国家强制与专断的基本条件。"对私有(private)财产权或分别(several)产权的承认,是阻止或防止强制的基本条件,尽管这绝非是唯一的条件。"[1]没有个人财产权,个人自然要受制于他人或组织,处于服从、被强制状态。在此状态下,个人不可能具有独立的人格、尊严,不可能拥有自己独立的价值观念和道德信仰。也正因如此,没有个人财产权,就没有自由、权利和道德。

在现代社会,保护财产所有权成为了各国宪法的共同内容。经过两百多年的发展演变,财产权已经成为基本人权,财产安全、人身自由、宗教自由、言论自由等都已经成为各国人权中的核心内容。

3. 思想自由权和表达自由权

现代民主社会无不将思想自由与表达自由置于宪法和法律规定的重要一环。因为没有这些自由,发扬民意、以舆论监督政府机构的可能性微乎其微。思想自由是一切现代社会自由的衡量基准,它强调个人内心活动的自主性,它是保证公民依照自己的世界观和思维能力进行独立思考和独立判断,作出各种自主性行为的基础。而表达自由,是指公民在法律规定的情况下,采用各种方式表达思想、意见、观点而不受他人干涉的自主性状态。"自由表达的宪法权利旨在把政府的干预从公众讨论的领域排除出去,把什么观点应当表达出去的决定权交给我们每一个人,期望这种自由权的行使最终将产生出更有能力的公民和更完善的政体,相信只有这种方法才同我们的政治制度所依据的个人尊严和选择这一前提一致。"[2]

在现代社会,思想自由和表达自由被视为人的本质属性,被看做个体人格发展不可缺少的要素。人不仅是物质性的存在,更是一种精神性的存在,人使用抽象的术语思考,使用语言传达他的思想与感情,具有形成文化的能力。人

第四章 非确定性与现代人的价值共识困境

---

[1] 哈耶克:《自由秩序原理》(上),生活·读书·新知三联书店1997年版,第173页。

[2] 这是美国联邦最高法院法官哈伦在一个案件的判词上所阐述的观点。转引自张文显:《当代西方法哲学》,吉林大学出版社1987年版,第233页。

正是通过发展这一能力来找到自己在世界中的意义和地位。所有的个体在其人格发展的过程中,均有形成自己信念和意见的权利,同时也拥有表达这些信念和意见的权利。压抑思想和意见的表达,就是对人的尊严的侮辱、对人的本性的否定。对此斯宾诺莎就明确指出:

> 人的心是不可能完全由另一个人处治安排的,因为没有人会愿意或被迫把他的天赋的自由思考判断之权转让与人的。因为这个道理,想法子控制人的心的政府,可以说是暴虐的政府,而且规定什么是真的要接受,什么是不真的不要接受,或者规定什么信仰以激发人民崇拜上帝,这可算是误用治权与篡夺人民之权。[1]

现代社会不仅将思想自由和言论自由视为神圣不可侵犯的权利,同时对其所带来的积极效用也给予了高度估计,将其视为推动文明进步和发展的原动力。密尔在《论自由》一书中,对思想自由和言论自由之于人类精神福祉的必要性做了精辟概括。在他看来,"迫使一个意见不能发表的特殊罪恶乃在它是对整个人类的掠夺"[2]。没有对思想自由和讨论自由的保障,就没有思想之激荡、社会之进步。也正是在这个意义上,可以认为思想和言论自由是其他权利产生的摇篮。人类社会前进的每一步在很大程度上与这种自由有着密不可分的关系,人类社会政治制度的变革、经济组织的演进、科学技术的发展,都离不开思想的自由传播和广泛交流。

正是基于对个体思想和言论权的理解,现代社会将良心自由视为神圣不可侵犯的私人领域,将信仰自由的权利放置于个人,个人在自己的内心世界中完全自由,任何力量特别是国家权力无权干涉。同时,思想的传播如果没有危及社会的安全和稳定,都可以允许其存在和发展。思想和言论自由权的确立,为现代人精神自由空间的获得奠定了坚实的理论基础。

生命权、财产权、思想自由权和表达自由权等各种权利的确立、维护和实现,构成了神圣的、不容侵犯的私人领域。从政治角度讲解,这些权利的获得

---

[1] 斯宾诺莎:《神学政治论》,商务印书馆1963年版,第270页。
[2] 约翰·密尔:《论自由》,商务印书馆1959年版,第17页。

和实现,是现代人之所以为人的基本标志。同时,由这些权利所构成的私人领域,也构成了外在行为的边界。来自某个个体、国家或社会的力量,其干预的基本限度就是这一私人领域的边界。这是现代社会不同于古代社会的显著标志之一,也是现代人拥有自由生存状态的基本标志。

(二)确定权力的限度

权力和腐败之间具有密切的关系。孟德斯鸠早就指出:"一切有权力的人都容易滥用权力,这是万古不易的一条经验。有权力的人们使用权力一直到遇有界限的地方才休止……从事物的性质来说,要防止滥用权力,就必须以权力约束权力。"[1]阿克顿勋爵更是直截了当地指出:"权力导致腐败,绝对权力导致绝对腐败。"[2]"只要条件允许,每个人都喜欢得到更多的权力,并且没有任何人愿意投票赞成通过一项旨在要求个人自我克制的条例。"[3]权力具有的侵略性和扩张性,使得每一个被授予权力的人总是面临着滥用权力的诱惑,面临着逾越正义与道德界限的可能,从而使某些人的自由和权利受到侵犯。如何有效的制约这种扩张性的力量,是个体自由得以保证的重要条件。

在政治权力高度集中的传统社会,社会分权和地方自治不仅不存在,而且出现泛政治化的现象,政府几乎垄断所有的经济资源,直接参与经济活动,干预和掌控微观经济主体。政治权力全面渗透思想文化领域,在政治挂帅的旗号下,政治功能凌驾于文化功能之上。国家与社会高度一体化,公共领域吞并私人领域,社会全面政治化。在这种全能政府模式之下,独立的个体空间被侵蚀,个人的神圣权利得不到捍卫。正因如此,必须对国家权力的行动范围划出一条合理的界限,并采取切实可行的方式对国家的权力进行规约。

1. 有限政府

与无限政府形成鲜明对照,有限政府在具体政治制度安排中表现为政府在规模、职能、权力和行为方式上受到法律的严格限制和有效制约,政府的权力和规模在越出其法定边界时能够得到及时有效的纠正。从权力上看,在现代民主社会,政府权力来源于宪法和选民的意志,必然要受到立法和司法权力

[1] 孟德斯鸠:《论法的精神》,商务印书馆1961年版,第154页。
[2] 阿克顿:《自由与权力——阿克顿勋爵论说文集》,商务印书馆2001年版,第342页。
[3] 阿克顿:《自由与权力——阿克顿勋爵论说文集》,商务印书馆2001年版,第343页。

的限制,并公开接受社会公众的监督,而不能肆意行使权力借以充当任何领域的裁判员。从职能上看,有限政府的职能仅限于一些重要的、基础性的公共事务领域,尽量做到较少从事细节性和具体性公共事务,而绝对不允许政府干涉公民的私人事务。从规模上看,有限政府大小适度、工作高效,既不是一个机构臃肿、人浮于事的"大政府",也不是一个刻意追求"小而美"的"小政府"。

从理论渊源来看,自由主义作为关于个人、社会和国家关系的系统论述,是有限政府论最为直接的理论依据。自由主义认为,对自由的威胁来自于各种形式的强制,政府既可以通过保护每个人不受他人干涉来维护自由,也可能通过以武力威胁为后盾的强制性法律和命令来威胁自由。因此,政府的权力必须有所限制。按照自然法理论的观点,在人类进入社会状态之前,就先天的拥有神圣不可侵犯的天赋权利,人们之所以摆脱自然状态,进入社会状态组建政府和国家,其目的在于使自身的天赋权利得到切实可行的保护。因此,政府和国家的权力是派生的,这种派生性以及个人权利的神圣不可侵犯性决定了政府权力必定有一定的限度,也就是说,政府的行动必须有其底线,那就是个人不可剥夺的天赋人权——财产权、生命权和自由权。功利主义尽管与自然权利学说有着明显的差异,但在对个体权利的重视问题上,二者没有实质性的区别。在边沁看来,个人利益是道德的基础,自爱自利是人的本性,社会和政府的一切行为都要以促进社会的最大利益为宗旨。他认为,只有个体才是真实的存在,所谓的共同体只是一种"虚构体","共同体"的利益只不过是组成共同体的若干成员的利益总和。边沁是经济自由放任主义的鼓吹者,反对政府对市场作过多的干预,因为在他看来,个人使自身幸福最大化的行为可自然地导致资源的最佳配置,从而也使社会的总体功利最大化。这种从社会功利最大化,即从结果的角度论证政府权力有限性的观点,在密尔那里也得到了明显的体现。在密尔看来,不仅个人所拥有的思想及讨论自由、个性自由、个人联合的自由是不容侵犯的,就连有些不涉及侵犯自由的问题,政府也不应干预:

> 所要办的事,若由个人来办会比政府来办更好一些。……立法机关或政府官吏不应当像一度通行过的那样干涉到普通的工业生产过程。[1]

---

[1] 约翰·密尔:《论自由》,商务印书馆1959年版,第118—119页。

　　有许多事情,虽然由一些个人办一般看来未必像政府官吏办得好,但是仍适宜让个人来办而不要由政府来办;因为作为对他们个人的精神教育的手段和方式来说,这样可以增进他们主动的才能,可以锻炼他们的判断能力,还可以使他们在留给他们去对付的课题上获得熟练的知识。[1]

　　不必要的增加政府的权力,会有很大的祸患。[2]

　　在现实的实践中,有限政府力图通过权力之间的相互制约,市场功能最大程度的发挥,尽力降低政府可能的权力范围。它把自己的权力和职责范围限定在社会公共领域,即涉及社会公共利益的公共事务的管理上。亚当·斯密在其名著《国民财富的性质和原因的研究》一书中也指出,政府应该履行三个方面的公共职能:保护社会、设立严正的司法机关、建设并维持某些公共事业及某些公共设施。政府只有着眼公共领域,把握自身作为的限度和欲望,并接受权力的限制和监督,才有可能实现公共权力的合理配置和社会进步的自我管理、自我发展、自我约束的良性态势。

　　2. 法治

　　在现代社会,个体自由的保障,有赖于法治。所谓法治,也就是"法律的统治"(The Rule of Law)。在实行法治的现代社会,其最高的权威并不是某些随心所欲发号施令的个人或集团,而是按照人民的意志建立起来、由独立的司法机构执行,并以权力制约方式维护的整套法律制度和运作方式。对此,英国宪法学家戴西指出,法治强调了"法律绝对的超越性与支配性,而与专断的权力影响正相反,并且排除专断、特权与政府部门中拥有广泛裁量权的权威之存在"[3]。

　　作为法治之核心的"法"应该是一种普遍的、抽象的规则,它不应针对特定的个人、地方或对象,而应指谓未知的情况,因此法律永远是前涉的而不能是溯往的。同时,法律应被人们所周知,具有确定性,能够使人们对未来形成

---

[1] 约翰·密尔:《论自由》,商务印书馆 1959 年版,第 119 页。

[2] 约翰·密尔:《论自由》,商务印书馆 1959 年版,第 120 页。

[3] Albert Venn Dicey, *Introduction to the Study of the Law of the Constitution*, 10th ed., London: Macmillan, 1959, p. 202.

第四章　非确定性与现代人的价值共识困境

稳定的预期。法律还应该平等地适用于所有的人,也就是法律面前人人平等。普遍的、确定的和平等的法律,为个体自由权利的实现提供了可靠的保障,它可以有效地防止统治者任意妄为,使个体行为摆脱他人具体而严格的指令限制。

在法治条件下,法律作为一组抽象的规则,为人们划出一个私人领域,在这个领域内,我们的行为只要不触犯法律的规则,就完全是自由的。法律以"一般许可"的方式确认个人的合法空间。"一般许可"以禁止为例外的方式确认人们自由的空间。这种法律不禁止即为许可的方式表明,在法律不禁止的界限之内,个人的行为及其言论是完全自由的,任何人、任何组织不得以任何名义、以任何方式加以干预,否则就侵犯了个人的合法权利。而对于政府权力的运作,法律则进行了严格的限制。政府权力的运行,"以禁止为一般,以许可(授权)为例外"[1]。也就是说,法律没有向国家授权的,就是禁止的行为。这样一来,现代法治社会不仅在行为的边界上规定了公共权力运行的范围,同时也对公共权力运行的程序进行了严格规定,并附之以相应的监督体系对其加以规范保障。也正是在这一意义上,德国19世纪伟大的法学家冯·萨维尼认为,"每个人的存在和活动,若要获致一个安全且自由的领域,须确立某种看不见的界线(the invisible border line),然而此一界线的确立又须依凭某种规则,这种规则便是法律。"[2]

(三)以社会制约权力

随着民主时代的到来,来自于国家专制权力的威胁已不再那么突出,但是个人自由却因此而面临一种新的威胁,即来自于由人们组成的社会集体本身。

1."多数的暴政"

在专制时代,自由是通过建立代表机构,对统治者的权力进行限制而得到保障的,这是一种使多数人免遭少数人专制压迫的自由。但是在民主制度之下,由于多数统治是其基本原则,少数必须服从多数,多数很容易因之而获得很高的权威,它会在全体人民的名义下,剥夺个体的权利,侵犯个体的自由,导致多数派滥用权力压迫少数派的后果,由此造成"多数的暴政"。对此托克维

---

[1] 黄建武:《论法律对自由的确认和调整》,《中山大学学报》2000年第1期。

[2] 转引自哈耶克:《自由秩序原理》(上),生活·读书·新知三联书店1997年版,第183页。

尔指出：

> 人世间没有一个权威因其本身值得尊重或因其拥有的权利不可侵犯，而使我愿意承认它可以任意行动而不受监督，和随便发号施令而无人抵制。当我们看到任何一个权威被授以决定一切的权利和能力时，不管人们把这个权威称做人民还是国王，或者称做民主政府还是贵族政府，或者这个权威是在君主国行使还是在共和国行使，我都要说，这是给暴政播种下了种子……[1]

在实际的政治运作过程中，多数人往往操纵选举并进而控制政府立法，多数人的意志通过立法在法律中得到体现，任何与多数人不符的意志将得到法律的惩罚。这样一来，由多数人形成的无限权威就变成了恐怖而危险的东西。

这种社会的暴虐比其他种类的政治压迫更可怕，虽然它通常并不以极端的刑罚为后盾，却使人们有更少的逃避办法。当"多数的暴政"发生时，被伤害的少数个体的权利是无法得到正常伸张的。如果诉诸公共舆论，舆论是由多数人制造的；如果向立法机构求援，立法机构代表多数，并盲目服从多数；如果向行政当局寻求帮助，行政首脑是由多数选任的，是服从于多数的被动工具。总之，"不管你所告发的事情如何不正义和荒唐，你还得照样服从"[2]。

"多数的暴政"之危害远不止如此。多数人的力量往往以一种潜在的形式，潜移默化地侵蚀着个性。在大多数人的意见占据主导地位的条件下，社会的集体意志将会强加给每个人，把整个社会的集体意志转化成为每个成员的行为准则，个人的独立、首创、特性和多样性由此被统统消灭。在集体专制之下，每个个体相信大多数人的才能和智力是优于自己的，他们相信按大多数人意愿组成的政府来领导全体人民的事务是符合"人民主权原则"的。因此，多数的力量对个体的影响是触及其内在灵魂的："多数既拥有物质力量又拥有精神力量，这两项力量合在一起，既能影响人民的行动，又能触及人民的灵魂，

---

[1] 托克维尔：《美国的民主》上卷，商务印书馆1988年版，第289页。
[2] 托克维尔：《美国的民主》上卷，商务印书馆1988年版，第293页。

既能消弭动乱于已现,又能防止动乱于预谋。"[1] 面对这样的情势,那些大胆地表白自己的观点、特立独行的个人,他所遭遇的结果是:对表达自己的真实想法后悔不已,最后选择保持缄默。对于这个问题,约翰·密尔表达了相当程度的担忧:

> 和他种暴虐一样,这个多数的暴虐之可怕,人们起初只看到,现在一般俗见仍认为,主要在于它通过公共权威的措施而起作用。但是深思的人们则已看出,当社会本身是暴君时,就是说,当社会作为集体而凌驾于构成它的个别个人时,它的肆虐手段并不限于通过其政治机构而作出的措施。……而这种社会暴虐比许多种类的政治压迫还可怕,因为它虽不常以极端性的刑罚为后盾,却使人们有更少的逃避办法,这是由于它透入生活细节更深得多,由于它奴役到灵魂本身。[2]

也正是基于对"多数暴政"的担心,麦迪逊、汉密尔顿等人在《联邦党人文集》中就指出,"在共和国里极其重要的是,不仅要保护社会防止统治者的压迫,而且要保护一部分社会反对另一部分的不公。在不同阶级的公民中必然存在着不同的利益。如果多数人由一种共同利益联合起来,少数人的权利就没有保障……在一个其体制使得强大的党派能很容易联合起来压迫弱小党派的社会里,老实说,无政府状态就会像在未开化的野蛮状态下一样占有优势,在那里弱者不能保护自己免遭强者的侵犯……"[3]

2. 建构市民社会

私人空间的确定,国家权力界限的厘定,权力之间的相互制衡,无疑为个体自由权利的保障创造了有利条件,但还不是充分的条件。因为无论是"以权利制约权力",还是"以权力制约权力",这种"制约"作用更多地体现在消极的保护权利不受外在专制力量的侵害上,而没有积极地将"制约"外在力量的行为从被动化为主动。只有建构起个人属于其中并能主动与外在专制力量相

---

[1] 托克维尔:《美国的民主》上卷,商务印书馆1988年版,第290页。

[2] 约翰·密尔:《论自由》,商务印书馆1959年版,第4页。

[3] 汉密尔顿、杰伊、麦迪逊:《联邦党人文集》,商务印书馆1980年版,第266—267页。

抗衡的市民社会,才能使个人有效地抵御来自任意的国家权力的干预,抵御来自多数人的暴政。也正因如此,防止侵犯权利的力量根本上来自社会,而不是权力本身。市民社会的作用因之也凸显出来。

"市民社会"在不同的时期具有不同的含义。在现代意义上,市民社会被认为是一个"脱国家脱政治的领域",是介于家庭和国家之间的一种特殊社会组织形式,是与政治国家相独立的市民自主空间,在这个领域内,每个人都可以按照自己的意愿从事自己的事。一般认为,市民社会的概念有三个基本要素:"其一是由一套经济的、宗教的、知识的、政治的自主机构组成的,有别于家庭、家族、地域或国家的一部分社会。其二,这一部分社会在它自身与国家之间存在一系列特定关系以及一套独特的机构或制度,得以保障国家与市民社会的分离并维持二者之间的有效联系。其三是一整套广泛传播的文明的抑或市民的风范。"[1]从社会结构的转变来看,传统社会向现代社会的转型是从市民社会开始的。黑格尔在《法哲学原理》中就指出,市民社会作为人类伦理生活逻辑展开的一个阶段,是一种现代现象,是在现代世界中形成的。它的出现,使现代世界与古代世界发生了实质性的区别。这种"处在家庭和国家之间的差别的阶段"[2]的市民社会,因自我意识在自身中的无限反思,促使了那种建立在原始的、自然的直观基础之上的实体性伦理生活的解体。相比起传统社会地域的封闭化、社会等级森严、个人缺乏基于自身特质与成就的地位来,市民社会为个体自由权利的保障提供了广阔的空间,它可以让人的个性得到充分的发挥与发展,可以使人们自由地联系和结社,进而形成一种多元化的基本格局。

在市民社会中,各种各样的结社团体实质上为个人提供了安全庇护所,在这一庇护场所之中公民可以避免公共权力的非法干预,即使不能完全避免这种干预,公民也能通过各种结社团体使得这种干预变得间接些。与此同时,公民个人也利用其所属的组织、团体来对抗其他组织和团体,从而避免孤立的个体所处的不利位置。因此,一个由多种独立的、自由的社团组成的多元社会,

---

[1]　爱德华·希尔斯:《市民社会的美德》,收录于邓正来、亚历山大主编:《国家与市民社会》,中央编译出版社1999年版,第33页。

[2]　黑格尔:《法哲学原理》,商务印书馆1961年版,第197页。

第四章　非确定性与现代人的价值共识困境

可以对权力构成一种社会制衡。

　　同时,市民社会中各种相对独立的团体的存在,并能有效地参与决策过程,保证了民主政治的正常实施。民主不是根据大多数人的意见形成一致决定,而置少数群体的利益于不顾,民主应该是一个竞争和妥协的过程,众多代表不同利益的集团——例如商业组织、工会、政党、妇女机构、宗教组织等参与决策,分享决策机会,通过讨价还价而作出一种妥协性的结果。缺乏相关利益团体的充分参与,仅仅由一个利益集团所操纵,其最终的决策必定有失偏颇,最终导致正义的缺乏进而引起利益团体间的激烈冲突。罗伯特·达尔对于市民社会之于民主的重要性有着充分的估计,他指出,"独立的社会组织在一个民主制中是非常值得需要的东西,至少在大型的民主制中是如此。一旦民主的过程在诸如民族—国家这样大的范围内被运用,那么自主的社会组织必定会出现。而且,这种社会组织的出现,不仅仅是民族—国家统治过程民主化的一个直接结果,也是为民主过程本身运作所必需的,其功能在于使政府的强制最小化,保障政治自由,改善人的生活。"[1]总之,市民社会对于个体权利的维护,具有决定性的意义。它不仅通过自身经济、政治和文化的权利要求,为政治公共权力的行使指明了方向,而且通过直接和间接方式参政、议政、督政、约束公共权力行使,防止公共权力滥用。

第三节　现代社会的价值共识困境

　　现代性在提升人之自由一面的同时,也将多元主义的种子撒播下来,由此带来"诸神逃遁"现象。对此马克斯·韦伯认为,这里有不同的神在无休止地相互争斗,"那些古老的神,魔力已逝,于是以非人格力量的形式,又从坟墓中站了起来,既对我们的生活施威,同时他们之间也再度陷入了无休止的争斗之中。……这就是我们的文化命运。"[2]如此一来,在道德价值信仰领域当中,出现了自由竞争的现象。对于这一事实,马克思恩格斯在《共产党宣言》中指

[1]　Robert Dahl, *Dilemmas of Pluralist Democracy*: *Autonomy vs. Control*, Yale University Press, 1982, p. 1.
[2]　马克斯·韦伯:《学术与政治》,生活·读书·新知三联书店 2005 年版,第 41 页。

出："当基督教思想在 18 世纪被启蒙思想击败的时候,封建社会正在同当时革命的资产阶级进行殊死的斗争。信仰自由和宗教自由的思想,不过表明自由竞争在信仰领域里占统治的地位罢了。"[1]"信仰领域的自由竞争"充分展现了"道德分化"以及由此所导致的道德价值的冲突和矛盾状况。

一、价值个体主义

随着公共领域与私人领域的相对分离,私人生活领域的自由权利随之也获得了承认。在现代社会中,个人作为公民在公共生活中必须接受法律和公共道德的约束,不应该妨碍和损害他人的利益。但是,在私人生活领域,每个人可以自由地追求他所认为适当的生活方式,各种冲突、对立的主张和生活方式,都可以在私人领域内得到适当的发展。个人持有什么样的道德信念,遵循什么样的生活方式,追求什么样的价值观念,完全属于私人的事情。只要不违反公共领域的规范,政府就不得以任何理由干涉其活动。这种公民在私人领域中对多样性和差异性的追求,恰恰是现代社会保障个人自由权利的明显标志。也正是在这一意义上,麦金太尔指出,"道德行为者从传统道德的外在权威中解放出来的代价是,新的自律行为者的任何所谓的道德言辞都失去了全部权威性内容。各个道德行为者都可以不受外在神的律法、自然目的论或等级制度的权威的约束来表达自己的主张……"[2]由此,价值的私人化,即从个体自我的角度对价值作出独立理解和诠释,成为了现代社会的一个突出特征。

（一）事实与价值的分离

在前面的章节当中,我们已经指出,传统社会的价值体系是一种目的论的体系,在其中,事实和价值是紧密关联在一起的。事物存在的背后都有内在的价值和意义蕴涵于其中,即从"是"的前提中可以自然推导出"应该"的结论。对此,麦金太尔分析道:

在这种目的论体系中,存在着一种"偶然成为的人"与"一旦认识到

［1］《马克思恩格斯选集》第 1 卷,人民出版社 1995 年版,第 292 页。
［2］ A.麦金太尔:《德性之后》,中国社会科学出版社 1995 年版,第 87 页。

第四章　非确定性与现代人的价值共识困境

自身基本本性后可能成为的人"之间的重要参照。伦理学是一门使人们懂得如何从前一种状态转化到后一种状态的科学。因此,根据这种观点,伦理学必须以对人的潜能和行动的说明为前提条件,以对作为一个有理性的动物的本质解释为前提条件,更重要的是以对人的**目的**的一定阐述为前提条件。告诫人建树各种德性禁绝各种恶行的戒律,教导我们如何从潜能过渡到行动,如何认识我们的真实本性,如何达到我们的真正目的。与这些戒律相对抗将是无益的、不完善的,将无法达到作为合理幸福的善,而这种善是人作为一个种类所特有的追求目标。我们所具有的欲望和情感须利用这种戒律来进行调整和教育,须通过伦理学研究所规定的行为习惯来培养;理性既告诉我们什么是我们的真正目的,又教给我们如何达到这一目的的方式。[1]

按照目的论的观点,任何一个事物都应被视为功能性的概念,也就是说我们认识和表达某个事物时,是根据它通常被期望具有的某种功能来进行的。如此一来,表之所以是表,是因为它具有表应该具有的功能;人之所以是人,是因为他或她追求一种向善的生活。"在古典传统中,'人'与'好人'恰如'表'与'好表'或'农夫'与'好农夫'的关系一样。亚里士多德认为,和'竖琴师'与'竖琴弹得好'的关系相类似,'人'与'好生活'的关系构成了伦理探讨的始点。"[2]这样一来,一个人的事实性存在必然蕴涵着一种统一的对"人之为人"的理解。成为一个人,也就是在扮演一组角色。每个人的存在,其价值和意义的判定就体现为对其所承担的角色的理解和践履上,理性的生活就体现在对这种角色的冥想和实践之中。

但是,事实和价值之间天然统一的现象在现代受到了巨大挑战。休谟首先看到了事实和价值之间并非存在天然的统一关系。休谟认为,事实判断和道德判断是两类完全不同的判断,事实判断的系词为"是"与"不是",道德判断的系词为"应该"与"不应该",可是人们在按照常规进行道德推理的时候,总是不知不觉改变判断的性质,"这个变化虽是不知不觉的,却是有极其重大

---

[1] A.麦金太尔:《德性之后》,中国社会科学出版社 1995 年版,第 67—68 页。
[2] A.麦金太尔:《德性之后》,中国社会科学出版社 1995 年版,第 75 页。

的关系的。因为这个**应该**或**不应该**既然表示一种新的关系或肯定,所以就必须加以论述和说明;同时对于这种似乎完全不可思议的事情,即这个新关系如何能由完全不同的另外一些关系推出来的,也应当举出理由加以说明。"[1]这样,按照这一观点,目的论所蕴涵着的事实和价值统一的原则需要被重新考虑。

按照现代理性观,理性并不表现为对某个至高目的的冥想和对善的践履,理性主要是一种工具性的东西,它的主要作用是对事实进行分析考察,找出其中的数理逻辑关系,进而为人们实现自己的利益服务。理性仅仅在事实领域中发挥作用,在价值领域它将保持缄默。这样一来,"世界不再是一个充满意义和价值的场所,而成了一个利益竞争的角斗场,成了一个由满足人们工具性需要的'物'组成的庞大机器"[2]。

(二)善的私人化

与事实和价值的分离相对应,在现代社会,私人领域和公共领域、社会道德与个人道德区分开来。价值回答的是什么是善的问题,而规范处理的是什么是正当的问题。前者属于私人领域,涉及的是个人的价值追求,而后者属于公共领域,关涉到社会规范的一致性。价值和规则、社会道德和个人道德所处理的问题不同。社会道德和规则是每个生存于社会中的个体必须履行的责任和义务,它是维系一个社会存在的基本条件,是对社会所有成员必须要求的规范。它具有类似法律规范一样的强制约束力,社会上的每个成员都可以感受到它的压力。一个个体不论具有什么样的兴趣、爱好,他都必须执行社会道德的规定,否则要受到道德舆论的谴责,甚至面临放弃作为社会成员的权利或资格。从这种意义上说,隶属公共领域的社会道德,它们作为明确的规则,要排除私人性的东西。因此,公共领域追求的是"对"或"正确",强调的是"正当优先于善"。也就是说,当自己的宗教、道德或哲学学说与社会正义原则发生冲突的时候,普遍的正义相对于特殊的善,拥有无可争辩的优先性。这样,公共领域强调的是清晰明澈的工具理性,那些事关终极意义和关怀的东西,统统被

[1] 休谟:《人性论》(下),商务印书馆1980年版,第509—510页。
[2] 贺来:《价值个体主义与道德合理性基础的重构》,《吉林大学学报(社会科学版)》2005年第2期。

排除其外。

相比起公共领域的开放性，私人领域是一个隐蔽的场所，它不为社会所有人共享，具有高度的私人性。隶属于这一领域的个人道德，"是在满足社会道德要求或不违反社会道德规定的条件下，经由自我选择的个人特殊的生命理想，所构成的道德自我期许和自我约束，这部分的道德原则由于是自我设定的，所以不能普遍地适用于每一个人；换句话说，任何个人都可以选择自己独特的道德理想，所以他的道德标准不必然为其他人所共享"[1]。相对于义务和责任的普遍强制性，一个美好的社会所展现出来的德行，亦即个人道德，基本上取决于个体的自我选择。相比起对的原则（principles of right）不能任由个人选择而为社会强行要求而言，善的观念（conceptions of the good）是私人的，现实中的每个个体在按照自己的理解追求自己的善的观念。因此，在遵循社会道德，遵从公共领域中的善的前提下，私人领域的个人道德表现出极大的不同，也没有一个可以衡量的公共标准。

二、价值怀疑主义

价值的个人化，实际上也就意味着价值怀疑主义是现代社会的一种常态。当外在的东西都放置到自我的这一法庭上来进行评判时，所有的一切都成了自我批判、质疑和解构的对象。价值怀疑主义是现代人失去外在框架后面临着的又一生存境遇。对此，盖尔纳就指出：

> 社会的合作、忠诚与团结都不再以共享的信仰为前提。事实上它们之所以能够成立的前提在于，缺乏一种共同的以及严肃地、确定性地信奉的信仰。现代社会可能所需要的是普遍的怀疑。个人道德良知的内在导向共存着一种承认终极怀疑的正当性，甚至把它视为义务。内在权威是比外在权威更有效的，但是这种内在权威把个人探索与研究当做知识的最高权力，也因此导致怀疑主义。如果笛卡尔式的意识乃是上诉的最高法庭，那么它可以自由地达成某种无法成为最后定义的结论——即使论

---

[1] 林火旺：《正义与公民》，吉林出版集团有限责任公司2008年版，第96页。

据充分也如此。[1]

（一）"圣人"、"经典"和"宏大叙事"

价值怀疑的一个重要表现就是对价值权威进行解构。在一般意义上，权威（Authority）是指在社会生活中靠人们所公认的威望和影响而形成的支配力量。权威可以是神，可以是人，也可以是抽象的法律或对人类共同生活的某种理解。权威和权力（power）有别，权力是一种强制力量，对权威的接受，不是通过暴力威胁进行强制，而是通过教育、传承、劝导等方式使人们自愿接受。也正因如此，权威通过令人信服的威信、影响、声誉发生作用，它是一种"成功的命令或嘱咐"。

价值权威不是天然存在的，而是通过一系列的方法建构起来的。价值权威的确立总是和"圣人"、"经典"、"宏大叙事"这些外在的形式密不可分的。综观历史上几大文明的发展初期，我们可以看到价值权威的确立，离不开一个"卡里斯马型"圣人的存在。"这些伟大的先知以他们非凡的人格力量与深邃智慧，把人类的基本价值和文化的早期积累凝结为系统的文献形式，取得了经典的意义。"[2]先知的箴言经过后世的系统阐发，形成了一整套占统治地位的话语系统。

相比起普通人，那些具有超凡特质的"圣人"往往被大众认为具有特别的美德和神圣性，人们相信，他们时代的一系列行为模式、思想观念、角色、制度乃至象征符号，都与这些"终极的"、"决定秩序"的超凡人物相关。在中国传统文化传统中，"圣人"指知行完备、至善之人，等同于"佛"的境界，是有限世界中的无限存在。"才德全尽谓之圣人。"按照这一理解，炎帝、黄帝、尧、舜、禹、汤、周文王、周武王、周公、孔子被尊崇为圣人。世界其他民族尽管对圣人或圣者的理解有所不同，但是都以自己特有的理解方式确立了价值权威的代表。例如，按照罗马天主教教义，圣人是指一些已经死去、如今与基督一同在天上的人，他们在世时过圣洁的生活，有高尚的德行，死后被教会册封，尊奉为圣人。而在佛教当中，佛、菩萨等得道者，也类似于其他宗教或传统中的圣人，

---

[1] Ernest Gellner, *Conditions of Liberty: Civil Society and Its Rivals*, p. 96.

[2] 陈来:《价值·权威·传统与中国哲学》,《哲学研究》1989 年第 10 期。

被确立为至高道德的体现者。这些集美德和智慧于一体的圣人,能够洞察世界万物,把握宇宙运行的永恒法则,是人格的最高典范。《孔子家语》对"圣人"一词的意蕴所作的解释就是如此:

> 所谓圣者,德合于天地,变通无方,穷万事之终始,协庶品之自然,敷其大道而遂成情性。明并日月,化行若神。下民不知其德,睹者不识其邻。此所谓圣人也。[1]

按照这一解释,圣人的品德符合天地宇宙法则,变通自如,圆融和谐,对宇宙万物的起源和终结彻底参透。与天下的一切生灵、世间万象融洽无间,自然相处,把天道拓展入自己的性情。圣人与日月齐辉,教化天下有若神灵,凡夫俗子永远不能明白他的品德有多么崇高伟大。可见,圣人是神乎其神的,他存在于常人之中,但非常人所能及。

这些伟大的人物经过世世代代人们的不断诠释,披上了一层又一层神秘的面纱。在历史的延续中,他们的神秘感、神圣性不断被强化,他们的训诫也取得了绝对的权威,富有德性和教养的人们必须遵从这些圣人的教诲。此之谓"圣人,百世之师也"[2]。

经典往往出自圣人之手,圣人地位的确立往往离不开经典之作的流传。后来的人们更多的通过阅读理解经典体会、领悟圣人的教诲。正因如此,圣人之高尚人格的确立往往离不开人们对传世经典之作的品味。相比起一般的作品,经典具有典范性、权威性、神圣性的特点。经典不仅仅指历史上流传下来的、以语言文字或其他符号形式存在的文本,更指这些文本体现出来的制约、规范人类思维、情感和行为的文化、道德与政治力量。也正因如此,在每个民族的文化传统中都存在确立其精神信仰和价值归依的经典之作。例如,在基督教世界中,圣经被看做是神的绝对启示,具有至高无上的权威,是基督教敬拜神、侍奉神和行事为人的最高准则,被基督徒视为引导人类认识神、归向神的指南。而在穆斯林世界中,《古兰经》被视为真主颁降启示的原话,在人们

---

[1]《孔子家语》,广西师范大学出版社 1998 年版,第 52 页。
[2]《孟子·尽心下》。

的心目中具有至高无上的地位,背诵《古兰经》是穆斯林的高尚美德。而在中国传统文化中,"四书五经"作为经典书籍,为人们提供了一套完整的价值理想、行为规范、人格标准和实践方法,是上至帝王将相,下至黎民百姓治国、修身、立德的根本依据。

圣人和经典的地位一旦确立,解经释经就成为了一项极其重要的任务,它在一定意义上被视为传承和发扬价值传统的基本方式。在传统社会,由"士大夫"阶层所主导的"高级"文化系统当中,价值的自我创造往往被忠实的解释经典所束缚,完整而准确的理解经典成为主流。所以我们可以看到,在传统社会中,思想自由、良心自由是很缺乏的,一代又一代的文人皓首穷经,在阐释经典时小心谨慎地发表自己的些许看法。

一代又一代的文人在阐发圣人和经典的过程中,也获得了一条晋升至社会特权阶层的途径。在中国古代,研读四书五经,不仅是提升个人文化修养和道德修养的基本途径,也是广大儒生学子进入仕途,获取政治权力的基本方法。而当这些知识阶层与政治权力相结合时,"他们为此政权构筑一套通贯宇宙天地与人间事务的全盘性学说,以合理化社会的等级结构安排。他们制定一套统一的道德理论教条,以安顿与维系这个系统秩序。"[1]"这些学说大致说来,乃代理这政权宣示或决定政治与社会的正当无误的行为规范,或者提供它一套具神圣庄严性的礼仪(或宗教仪式)。"[2]如此一来,圣人的特定人格魅力、经典的至高权威建构起一整套的叙事话语,论证和强化着政治权力的合法性。

(二)告别权威和崇高

如果深入分析一下,我们可以看到,传统社会所建构的这种全盘性学说实际上隐含着一种强烈的精英主义情结:价值权威的建构需要圣人来完成,那些文人阶层即圣人话语的诠释者才是整个价值体系的真正建构者,来自民间的习俗、禁忌、规约等等要么经过改造以后纳入这一正宗的体系之中,要么将被排除于正统理论体系之外,仅仅成为人们自娱自乐、自我欣赏的东西,难以形成与"高级"文化系统平等的对话权。

---

[1] 蔡英文:《主权国家与市民社会》,北京大学出版社 2006 年版,第 145 页。
[2] 蔡英文:《主权国家与市民社会》,北京大学出版社 2006 年版,第 146 页。

但是,在现代社会,全盘性学说所赖以存在的基础不复存在了,其建构方式也受到了质疑。与古代社会知识高度集中相反,现代社会知识出现高度的分化。现代教育是一种大众化的教育,而非精英主义的教育,每个人所受教育的程度大大提升,使得知识不再过度集中于少数人的手里,没有任何一个人可以做到上知天文,下知地理,通晓世间万物。知识的高度分化,使得每个人在各自领域成为专家的同时,也在其他领域中成为门外汉。这样一来,传统社会条件下那种知识高度垄断的现象不复存在了,亚里士多德式的百科全书思想家已经不见了,相反,每个人的生存和发展必须依赖其他人提供的知识作后盾。与此同时,现代社会是一个在客观上"造就平庸"的社会。按照现代社会的法治原则,任何人只要不违反基本的法律,他或她的行为都可以允许存在,因而即使是一种平庸的观念和生活方式,只要不违反法律,都有存在和发展的空间。那种理想化的人格尽管也是现代人希冀的对象,但已不是大众所必须实现的目标。也正因如此,传统社会那种通晓世间万物,具有超人智慧和崇高人格的圣人难以寻觅,现时代在某种意义上说是凡人的时代,那种依靠圣人的独特魅力建构起来的传统价值体系因此而受到巨大的冲击。

如果我们承认这是现代社会的基本处境,那么过去被我们看做可以凝聚政治社会整体的事物,例如宗教祭祀、社会的礼仪规范以及统合宇宙与人间事务的全盘性的意识形态已很难发挥作用。也正是在这一意义上,罗尔斯指出:

> 现代民主社会不仅具有一种完备性宗教学说、哲学学说和道德学说之多元化特征,而且具有一种互不相容然而却又合乎理性的诸完备性学说之多元化特征。这些学说中的任何一种都不能得到公民的普遍认肯。任何人也不应期待在可预见的将来,它们中的某一种学说、或某些其他合乎理性的学说,将会得到全体公民或几乎所有公民的认肯。[1]

也就是说,在现代社会条件下,任何一种思想观念,任何一种生活方式在不触及法律制度的前提下都是合法的,都不应当受到限制。"在现代民主社会里发现的合乎理性的完备性宗教学说、哲学学说和道德学说的多样性,不是

---

[1] 罗尔斯:《政治自由主义》导论,译林出版社 2000 年版,第 4 页。

一种可以很快消失的纯历史状态,它是民主社会公共文化的一个永久特征。"[1]那种试图用一种全部真理(the whole truth)来赢得整个世界的严酷斗争,在很大程度上已经让位于建立在理性交往沟通基础上的商谈与对话。

如果说这种对全整论学说的批判代表着一种温和的价值权威批判方式,它在很大程度上体现了现代社会的自由、宽容而不失君子风范的一面,它在批判古代社会价值权威的建构方式的同时,也确立起现代社会价值建构的自由民主标准,那么随着后现代快餐文化的兴起,对价值权威的批判方式就不再有多少建构的成分,相反,它表现出一种碎片化、无深度感、嬉戏、调侃的特征。在种种解构之中,伟大人物被庸俗化和矮化,经典文本被随意拆装和组合,严肃庄重的话语被戏弄和嘲笑,在激进的价值解构当中,神圣感和崇高感不复存在了,世界上没有神圣,也没有权威和偶像,一切都可以戏说、颠覆。对于这种现象,王蒙曾忧心忡忡地描绘道:

> 绝对不自以为比读者高明(真诚、智慧、觉悟、爱心……)而且大体上并不相信世界上有什么太高明之物的作家和作品,不打算提出什么问题更不打算回答什么问题的文学,不写工农兵也不写干部、知识分子,不写革命者也不写反革命,不写任何有意义的历史角色的文学,即几乎是不把人物当做历史的人社会的人的文学;不歌颂真善美也不鞭挞假恶丑乃至不大承认真善美与假恶丑的区别的文学,不准备也不许诺献给读者什么东西的文学,不"进步"也不"反动",不高尚也不躲避下流,不红不白不黑不黄也不算多么灰的文学,不承载什么有分量的东西的(我曾经称之为"失重")文学……[2]

不仅如此,文学的权威、政治的权威、意识形态的权威,以及宗教的权威也都成了颠覆的对象。在嘲讽和解构已有价值权威的过程中,告别崇高成为了一种时尚。在快餐式的消费文化中,文化和普通商品一样成为人们消费的对象,文化消费方式在很大程度上也被纳入市场的轨道之中。消费品的特点就

---

[1] 罗尔斯:《政治自由主义》,译林出版社 2000 年版,第 37 页。
[2] 王蒙:《躲避崇高》,《读书》1993 年第 1 期。

是新奇多样,唯有如此才能吸引消费者的眼球,因此追求新颖而非永久也成了进入市场的文化产品所追求的方向。

无论是对价值权威的温和解构,还是激进批判,都体现了现代社会不同于传统社会的鲜明之处,那就是流动性。在传统农业社会,生产和生活方式相对稳定,与之相对应,由于文化主导权掌握在社会精英手中,国家可以比较容易地通过自上而下的方式建构起一种为全社会成员遵从的价值观念,并借助经典和圣人的力量将这种价值观念长久固定下来,随着历史的发展而在人们头脑中不断强化。相反,在多元化、快节奏的现代社会里,没有任何一个人、任何一个阶层可以完全掌控人们的思想,相对稳定的价值观念形成的难度大大增加。

三、价值教育的困境

毫无疑问,教育在传承价值观和取得社会价值共识的过程中起着重要作用,所以任何时代、任何国家都特别注重采取各种方式在教育中进行价值观的渗透。但是,现代价值个体主义和价值怀疑主义给当代价值教育带来了巨大挑战。价值的个人化意味着任何外在的价值观念和体系都需要经过自我的理性反思才能取得合法资格,价值由此成了基于个体选择的东西。这与依靠外在权威加以推行的传统价值教育形成了鲜明对照,也在无形中增加了当代价值教育的难度。

(一)价值灌输受阻

按照至善论的观点,过一种良善的生活是人们的利益所在,国家的存在就是为了帮助人们实现其利益,因而其重要的职能就是通过促进富有价值的美善生活来帮助他们,就如同为人们提供经济、教育、健康、社会保障等一样自然。"换句话说,正因为国家能够对我们的生活产生一种有力的影响,选择一个促进那些使人们有可能过上一种有价值生活之条件的国家不就是明智的吗?一个能够促进有美善生活的国家不是比不能这样做的国家更为可取吗?"[1]

但是,随着公共领域与私人领域相分离,善(good)与正当(right)这组伦

---

[1] 陈祖为:《正当性、全体一致与至善论》,应奇编:《自由主义中立性及其批评者》,江苏人民出版社2007年版,第278—279页。

理概念相互区分,情况发生了实质性变化。善的私人化内含着国家价值中立原则。因为价值无法从事实中推出,所以,人们不得不接受价值主观主义,什么是善、什么是美好的人生这些价值问题,只能留待个人自己来解决,政府只能对此保持价值中立。也就是说,尽管个人在公共生活中作为公民必须接受法律和公共道德的约束,不应该妨碍和损害他人的利益,但是,在私人生活领域,每个人可以自由地追求他所认为适当的生活方式,各种冲突、对立的主张和生活方式,都可以在私人领域内得到适当的发展。个人持有什么样的道德信念,遵循什么样的生活方式,追求什么样的价值观念,完全属于私人的事情。个人只要不违反公共领域的规范,政府就不得以任何理由干涉其活动。公共权力必须承认并尊重善的私人化的事实,在制定政策或使用政治社群的资源时,避免对任何价值有所偏袒或压制。

在这一问题上,具有明显现代性特质的自由主义主张应遵循国家中立化原则。这种价值中立原则一方面要求排除理想,即政府不能作出评价,说某人的生活方式比他人的生活方式更有价值或没有价值;另一方面要求立场中立,即在涉及影响人们追求不同的善的观念时,政府一方必须保持中立。自由主义最担心的事情是,如果事关终极价值的问题充斥于公共领域之内,那么自由宪政将很难对其加以约束,政体将为派别纷争和派别仇恨所危及。自由主义不仅从实践层面上论证了价值关切的危害,而且从哲学层面上论证了这一立场的不合理性。当代自由主义认为,理性并非具有绝对权威,它不能对生活中的各种价值追求作出由高到低的排列,最理想的办法是遵循市场自由竞争原则。为此,国家应保持一种法律的或程序性的中立框架,让每个人自由地追求其认可的价值观念。对于这一问题,当代美国政治哲学家德沃金指出:

> 必须在什么可以被称为好的生活的问题上,或在什么能使生活具有价值的问题上保持中立。既然社会中的公民在关于什么使生活具有价值这一观念上存在差异,如果由于官员们相信其中某一种观念具有内在的优越性,或者因为这种观念被一个更有权力的多数群体所采用,政府就偏向这种观念而不是其他观念,那么就没有平等对待其公民。[1]

---

[1] Ronald Dworkin, *A Matter of Principle*, Harvard University Press, 1985, p. 191.

事实和价值的分离，善的私人化，无疑给当代价值教育带来巨大挑战。价值教育似乎只能在事关公共领域的"对"或"错"的规则上有所作为，它只能要求每个社会成员必须遵从社会道德原则，而对于私人领域的"善"则无法起到作用。马克斯·韦伯也道出了这一困境：作为学术教育工作者的职责，"他只能要求自己做到知识上的诚实，认识到，确定事实、确定逻辑和数学关系或文化价值的内在结构是一回事，而对于文化价值问题、对于在文化共同体和政治社团中应当如何行动这些文化价值的个别内容问题作出回答，则是另一回事"[1]。

(二)德目化教育遭挑战

道德领域当中，德目化的道德观念是其主流。"美德袋"教育方式是其典型代表。所谓"美德袋"，指的是一系列被社会公认为正确的合理的道德品质。"美德袋教育"主张精心选择一套行为规范，围绕这些道德规范安排阅读、小组活动、俱乐部活动、课外活动、体育等。"美德袋教育"往往配上英雄模范、伟人、名人等榜样的典型事例加以实施。

"美德袋"教育，其渊源可追溯到亚里士多德的德性伦理传统，核心思想是以人自身的内在品质作为一切生活的出发点，在此基础上，人类伦理生活的秩序化、规则化以及理想化才成为可能。然而伴随着现代性的开展，随着价值个体主义的兴起，这种推崇个人内在德性提升的道德教育逐渐被相对主义的道德观念所取代。当价值变成个体决断的产物，而非被动接受灌输到头脑中的结果时，价值教育对象的自我反思能力就提到了重要的位置，学校以及其他教育系统，在这一方面的主要任务不是向人们积极推进何种价值观念，向人们灌输哪种价值体系，而是让人们在独立思考、理性判断的基础上作出自主选择。也正是在这一意义上，当代价值澄清理论对德目化教育持反对态度。在该理论看来，"如何获得观念"比"获得怎样的观念"重要：

> 我们强调的是评价而不是普遍分享的价值观。许多研究者以人们拥有什么样的价值为研究目标，而不是重视人们获得那种价值观的过程。对我们来说，关心一个人怎样获得节俭观念要比他是否节俭这种价值更

---

[1] 马克斯·韦伯：《学术与政治》，生活·读书·新知三联书店 2005 年版，第 37 页。

重要。

　　价值澄清法的主要任务不是认同和传授"正确"的价值观,而在于帮助学生澄清其自身的价值观。这样这个学生就可以获得最好的适合于他(或她)的环境的价值;同时,他也可以调整自身去适应变化着的世界,能够在影响世界变化的方式中扮演一个理智的角色。[1]

　　按照价值澄清理论的观点,道德教育不是向学生传授善与恶、对与错等基本观点,而是向学生客观介绍各种价值观,以便让学生选择经过自己所澄清了的价值观,从而将选择何种价值观的权利完全交给学生,只告诉学生"是什么",而不告诉学生"应该做什么"。如此一来,价值成为了完全主观选择的东西,外在的框架和权威是无足轻重的。

　　基于价值个体化基础上的价值教育,的确为个体的独立发展开辟了广阔空间。但是,这种教育方式不能解决自由个体的安心立命的根本问题。主观主义的价值教育,将社会生活中道德判断的运用视为纯主观性的事情;将个人的道德立场、道德原则和道德价值选择视为一种没有客观依据的主观选择,只强调价值的特殊性和多变性,否认了价值的客观性和共性,同时否定了评价的客观标准,成为了"无是非性的标准"。

　　实际上,从概念、判断的事实与价值的描述、分析中很难给个体提供行为指针。对于这种道德教育的理论基础,我们可以借助查尔斯·泰勒所作的相关论述加以评判。在泰勒看来,当代道德的发展现状是:"道德只狭义地关心我们应当做什么,却不关心什么东西本身就是有价值的,或我们应该欣赏或热爱什么。""在这种压制中,形形色色的功利主义者和自然主义者,再加上康德主义者,他们的自由概念和他们对强势之善的认识论的怀疑,结合在一起了。"[2]泰勒认为道德哲学应该关注善良生活的本性。他指出:"根据我们已生成的意义,在一系列现存的可能性中,我们规划着我们未来的存在。……我

[1]　Raths,L. E. ,Harmin,M. ,Simon,*Value and Teaching*:*Working With Rules in the Classroom*,Columbus,Ohio:Merrill,1978,pp. 8–9.
[2]　查尔斯·泰勒:《自我的根源:现代认同的形成》,译林出版社2001年版,第126—127页。

第四章　非确定性与现代人的价值共识困境

是什么必须被理解为我要成为什么。"[1]在我的这种历史绵延中,我们与善
的关系成为"人类主体活动的不可逃避的结构性要求"[2]。

[1] 查尔斯·泰勒:《自我的根源:现代认同的形成》,译林出版社 2001 年版,第 69 页。
[2] 查尔斯·泰勒:《自我的根源:现代认同的形成》,译林出版社 2001 年版,第 77 页。

第五章　确定性的解构与现代人的非安全感

> 我们走到了伽利略和牛顿所开辟的道路的尽头,他们给我们描绘了一个时间可逆的确定性宇宙的图景。我们现在却看到确定性的腐朽和物理学定律新表述的诞生。
>
> ——伊利亚·普利高津:《确定性的终结》

第一节　自然的"祛魅"

以自我独立、自我发展为基本目标的现代性,在人与自然二元对立的框架之下展示自身。笛卡尔将精神的自我与外物区分开来以后,人变成了主体,变成了凌驾于所有存在者之上的存在物,从而最终成为统治世界和支配世界的力量。从此以后,人类在自身欲望的推动下,逐步开始了消除大自然的神秘感和神圣感,进而开启自然的祛魅化的进程。诚如海德格尔所言,现代形而上学的本质在于:"它探求绝对不可怀疑的东西、确定可知的东西、确定性。……只要笛卡尔是在先行规定的形而上学的轨道中来探求这个一般主体(subiectum),那么,他在思考作为确定性的真理之际就会发现作为持续在场的'我思'(ego cogito)。于是,'我'(ego)就成了一般主体(subiectum),也就是说,主体成了自我意识。主体的主体性取决于这种意识的确定性。"[1]随着人的这种主体地位的确立,整个世界在人面前展现出完全不同的景象,事物变成了人所认识和操纵的对象,外物的价值完全被人们所赋予。

---

[1]　海德格尔:《海德格尔选集》(下),上海三联书店1996年版,第791页。

这样,现代性的发展体现为人以自身意识为基点,力图将外在的自然纳入一个确定化的轨道的过程。但是,这种以主观性保证确定性的努力,却也奠定了现代技术限定自然、强求自然的理论根基。现代技术对自然施以过分的要求,使自然不再以自然的状态展现,而是呈现出非自然状态。更为致命的一点是,现代科学技术在抽象化运用的过程中,对复杂的现实进行了简单化的处理,在力图使自然界的发展按照人自身的确定性轨道运行的过程中,出现了更大的不确定性,造成了人为的风险和危机,从而危及现代人的生存。绝对必然性的建构,对世界复杂性的漠视,对有限理性原则的摈弃,恰恰是造成现代人在人与自然关系问题上生存困境的深层理论根源。

一、"自然"概念的嬗变

在不同的时代,由于受生产力发展水平、认知方式、价值观念等各种因素的影响,面对同一个概念,人们对其把握的侧重点会不尽相同,因而在理解上会有不同甚至迥异的结果。因此,任何一个概念都具有时代的印痕,从属于这个时代的理解框架。人类对"自然"这一概念的理解也是如此。

(一)古代"自然"概念:"事物的本性"

在欧洲语言世界中,"自然"(Nature)一词是在两种意义上使用的:一是指事物的本性,二是指自然事物的总和或聚集。在古希腊和中世纪,自然一词主要在第一种意义上使用,而"事物总和"这一含义则是相对较晚时期才出现的。柯林武德在《自然的观念》一书当中对此论述道:

> 在我们关于古希腊文献的更早期的记载中,Φύσις(即自然或本性——引者注)总是带有被我们认为是英语单词"Nature"的原始含义。它总是意味着某种东西在一件事物之内或非常密切地属于它,从而它成为这种东西行为的根源,这是在早期希腊作者们心目中的唯一含义,并且是作为贯穿希腊文献史的标准含义。但非常少见地且相对较晚地,它也富有第二种含义即作为自然事物的总和或聚集,它开始或多或少地与Κοσμος(宇宙)——"世界"一词同义。[1]

---

[1] 柯林武德:《自然的观念》,华夏出版社 1999 年版,第 48 页。

柯林武德还进一步指出,

> 在爱奥尼亚哲学家那里,Φύσις从来没有在第二种意义上使用。"自然"对于他们从没有意味着世界或者意味着那可以组成世界的诸事物,而总是指本质上属于这些事物的、使得它们像它们所表现的那样的行为的某种东西。所以对于早期爱奥尼亚哲学家提出的"什么是自然"的问题,不可能设想对他是一个"自然史"的汇集,是对自然客体和自然事实的简要描述。[1]

万物的"自然"就是它依其本性而存在的状态,是它自我实现的内在终极原因。在这个意义上,"自然的"与"人为的"、"技术的"相对立。亚里士多德就将人工制作物叫做"人工"或"技艺",以区别于自然之物。他在《物理学》中就指出,"凡存在的事物有的是由于自然而存在,有的则是由于别的原因而存在。'由于自然'而存在的有动物及其各部分、植物,还有简单的物体(土、火、气、水),因为这些事物以及诸如此类的事物,我们说它们的存在是由于自然的。所有上述事物都明显地和那些不是自然构成的事物有分别。……因此,'自然'是它原属的事物因本性(不是因偶然性)而运动和静止的根源或原因。"[2]由于人工制品是"人为物品",违背自然概念的基本含义(自生的、符合本性的、非创造的),因而被排斥在"自然"概念之外。我们日常生活中所见的桌子、椅子、汽车等不属于亚里士多德所言的"自然"概念的范畴,它们在本性上与动物、植物形成了鲜明的对照,因为前者不是依其本性而生成的东西,相反,它们是借助外在的人为力量而形成的。"自然物"的运动变化遵循其独特的内在法则,由其内在本性决定,是人力无法改变的,因此人类对待自然应该持一种敬畏的态度。自然物的内在本性具有一种神圣性,应该受到尊重。

东西方文明在对"自然"概念的理解上有着惊人的相似性。与英文的nature一样,现代汉语的"自然"一词也有完全相应的两种意思,一是指"自然界"、"大自然";二是指"自然而然"、"本性如此"。在古代汉语中,相当于自

---

[1]　柯林武德:《自然的观念》,华夏出版社1999年版,第49页。

[2]　亚里士多德:《物理学》,商务印书馆1982年版,第43页。

然界的词是天、地、万物,而"自然"一词并不具有"自然界"'、"大自然"这一层含义。按照古代汉语的习惯用法,"自然"是两个并列的字,而不是一个独立的词。"自"指"自己","然"指"样子"、"如此"。"自然"二词并列,意思就是"自己如此"。作为动词时,意思是"成为自己目前的样子"。作为名词时,意思是"自己"、"自己的样子"。它没有理由、没有原因,是天生自成、本然的存在状态和性质。自然的变化完全是事物本性的自动展现,并不是人为强迫的结果。

(二)近代"自然"概念:"自然物的集合"

到了近代,人们往往把"自然"概念理解成"自然物"或"自然界"(自然物的集合)。关于这种自然概念的含义,19世纪英国经济学家、政治学家和哲学家密尔在他的《论自然》一文中作了如下定义:

> 我们必须认识到"自然"这个词至少有这样两种含义。一种含义是存在于外部世界和内在世界的所有权能以及在这些能的作用下发生的一切事物的总和。另一种含义并不是指所发生的一切事物,而只是指在没有人的作用或没有人的意志和意识的作用下发生的事情。[1]

在这里,由于自然概念的主要含义已经转移到"自然物的集合","天然自然"或"自在自然"同"人工自然"或"人化自然"区分开来,而且曾经被排斥在自然概念之外的人化自然也被纳入到了自然概念之中。如此一来,自然被区分为两个基本组成部分:天然自然和人化自然。所谓天然自然,是指人类实践尚未触及的自然物;而人工自然则是指人类实践触及的或人类实践创造的自然物。在这里,人们把经过人工改造的东西也归入了自然的行列,这表明人们已经遗忘了自然概念最本真的含义,即自然的、自生的、符合本性的;而在古代本来属于非自然的东西如人造物,现在却被看做自然的一个组成部分。

尽管现代自然概念将人造物包含于其中,但是,这种所谓的自然物,仅仅具有自然物质的特征,其内在秩序已经发生了根本性变化。它的内在秩序是

---

[1] 密尔:《论自然》,吴国盛主编:《自然哲学》第2辑,中国社会科学出版社1996年版,第531页。

人所赋予的而非天生就具有的。卡西勒关于启蒙哲学思想论述就表明了这一点。在卡西勒看来,启蒙哲学采取了分析还原和理智重建的方法,借助理性的力量实现了对自然的分解和重建:

> 它(理性——引者注)分解一切简单的事实,分解所有简单的经验材料,分解人们根据启示、传统和权威所相信的一切;不把所有这一切分解为最简单的成分,不把关于这些事物的信念和见解分解为最终因素,它是决不罢休的。分解之后就开始建设。理性不能在这一堆支离破碎的废墟前停步;它不得不从中建立起一座新的大厦,一个真正的整体。但既然理性创造了这一整体,并按自身的规则把各个部分装配到了一起,它就对自己的产物获得了完备的知识。理性理解这种结构,因为它能按其整体性,按其个别部分的先后顺序再生这一结构。[1]

如此一来,近代理性所支配下的自然,其内在的自然秩序已经发生了根本性改变。这种理性参与下的人工自然的产生过程,是以按照人的意志分解和割裂自然秩序为前提的。这种人化自然,虽然具有外在的自然物质特征,但它所包含的已不再是自然秩序,而是人工秩序。

二、传统自然观的终结

人们对任何一个概念的理解都要从属于他们所处的时代的理解框架,从属于这个时代的价值取向。自然概念的嬗变,实际上折射出了现代人和古代人在对待自然的态度上发生的重大改变,这种转变具体体现在人们对自然性质的判断、人与自然关系的定位等各个方面。

(一)从"生命机体"到"机器"

与对自然概念的理解相对应,在古代人的观念中,自然被看做仁慈、善良的养育者。"自然母亲"便是这种形象的逼真描述。在古人的眼中,自然是充满神秘感、富有灵性的生命整体。这是一个有灵魂的、有生命的世界,是一个"活的"世界,是一个具有内在秩序的有机体,而决定这种秩序的源泉是渗透

---

[1] 卡西勒:《启蒙哲学》,山东人民出版社 1988 年版,第 11 页。

在自然界中的"心灵"。

地球作为一个活的有机体、作为养育者母亲的形象,对人类行为具有一种文化强制作用,它使得人类针对自然所实施的每项活动,都应该在传统、风俗习惯和禁忌的严格规范下进行,相反,对它实行毁灭性的破坏活动应该被视为对人类道德行为规范的一种违反。"即使由于商业开采活动的需要,一个人也不愿意戕害自己的母亲,侵入她的体内挖掘黄金,将她的身体肢解得残缺不全。"[1]古希腊罗马哲学家就由于信奉自然界是活的和有灵魂的存在,而认为金属仅仅是比植物和动物更低级的生命形式,通过微小的金属种子繁殖自身。在这种观念的影响下,古代作家们反对开采金属等矿源,甚至明确指出开采所导致的环境后果。[2] 例如罗马的普林尼在他的《自然史》一书中有多处表达对人们开采自然的担忧和愤怒:

> 我们追踪地球所有的矿脉,然而却对地球偶尔发生的分裂或震动感到惊讶:尽管这些迹象当然可以是任何别的东西,而非被我们神圣父母所感到的愤怒的表达! 我们渗入她的体内,试图寻求财富……尽管我们踏上的任何地方对我们来说并不足够慷慨和肥沃![3]

由于自然的运动和变化是由其内在的本性决定的,是人类所无法改变的,因此人类的一切活动不能以改变自然的本性为指针,而应该顺从自然,以自然为自身行为的榜样。人被看做自然的仆人和合作者。即使在古代被以为掌握特定技艺的巫师,也仅仅被看做是自然在种植庄稼和饲养动物时的助手,仅仅是在为其准备条件,自然才是真正的操作者。新柏拉图主义者德拉·波塔就认为:

> 你们中许多人在看待巫术时必须相信,巫术操作不过是自然的操作,作为忠于职守的自然仆人的巫术师进行耕作,就和自然中产生庄稼和草

---

[1] 麦茜特:《自然之死》,吉林人民出版社1999年版,第3—4页。
[2] 参见麦茜特:《自然之死》,吉林人民出版社1999年版,第34—38页。
[3] 转引自麦茜特:《自然之死》,吉林人民出版社1999年版,第34—35页。

木一样,但是为它们准备并制造手段是一种艺术。安提丰的诗写道,我们用技艺征服那些东西,而在技艺上自然又征服了我们。普洛提诺称巫师是那些只借助于自然而不借助于技艺的人。[1]

自文艺复兴时期起,上述自然观受到机械论自然观的挑战。机械论自然观不承认世界是一个有机体,认为世界既没有理智也没有生命,它没有能力理性地操纵自身运动。自然界毋宁说是一架机器,一个被在它之外的理智设计好放在一起,并被驱动着朝一个目标运动的物体各部分的排列。机械论自然观的开场白是由开普勒道出的:

> 我对物理原因的研究非常关心。我在这方面的目标是要证明,天界的机器不应比拟为神性的有机体,而应比做钟表装置……此外,我还证明这种物理的概念应当通过计算和几何学来加以描述。[2]

随着机械论观点不断向前推进,与自然有关的比喻和态度也发生了重大的转变。曾经被看做养育众生的地球变成了一个无生命的死气沉沉的物理对象,成为人们进行科学实验的场所,自然所具有的神秘性成为人们清除的对象。在此,机械论哲学用一种新的隐喻——"机器"的隐喻取代了古代的"生命机体"的隐喻:自然界是一架机器,一架由各种零部件组装而成并按照一定的规则、朝着一定的方向运转的机器。和希腊自然观一样,在这个隐喻中,自然界的秩序、规律、目的也被认为是源于某种精神性的东西;所不同的是,希腊哲学家认为精神在自然之中,是自然界固有的,而机械论哲学家认为,精神是自然之外的"超越者",即"上帝"。上帝设计出一套原理,把它放进自然界并操纵自然界运动,而自然界本身完全是被动的、受控的,它仅仅是一架"机器"。如此一来,自然所具有的内在价值被消除掉了,自然之价值存在与否,大小如何,统统成了人所赋予的东西。自然由此成为了一种工具化的存在。

"机器"隐喻在笛卡尔的二元论哲学中得到了经典表述。笛卡尔将精神

---

[1] 转引自麦茜特:《自然之死》,吉林人民出版社 1999 年版,第 121—122 页。
[2] 转引自约翰.H.布鲁克:《科学与宗教》,复旦大学出版社 2000 年版,第 124 页。

和物质看做不同的实体,它们按照自身特有的规律独立运转着。为了说明身心之间的关系,笛卡尔尽管设定了上帝的存在,但是他除了假定上帝是无限圆满的实体之外,并没有对其做进一步的说明。笛卡尔心目中的上帝是自然规律,是需要用数学法则加以说明的东西。这样,"灵魂"、"心灵"乃至"上帝的意志"就从自然物中驱逐出去了。笛卡尔以"我思故我在"的第一原理作为自然科学体系的基础,并借助还原主义的分析方法建立了机械论自然观的体系,努力地将自然刻画为人类可以用数学公式和机械术语来加以精确研究和操作的对象。此后不久,牛顿天才地糅合了哥白尼、开普勒、伽利略、培根和笛卡尔的成就,发展了机械论自然观的数学公式。在牛顿那里,自然界成为了一台设计完好的机器或钟表。宇宙被看做是符合规律的、秩序井然的,一切都是可以预测的存在。过去、现在和将来的一切都是由同一法则决定的。

拉·梅特里更是将前人的机械论观点推向极端。在他看来,人的肌体和心灵的一切活动,并没有什么神秘性可言,都可以归结为机械运动。相比起动物,人只不过是一架更为精致和复杂的机器而已:"比最完善的动物再多几个齿轮,再多几条弹簧,脑子和心脏的距离成比例地更接近一些,因此所接受的血液更充足一些,于是那个理性就产生了。"[1]

"机器"隐喻的采用,使得蕴涵在自然之中的神性消失了,世界作为一个有机整体的终极目的消失了。人们相信客观规律的普遍必然性,而目的论的有机自然观,亦即一种包含了自我实现的意志的自然观,则被贬斥为神学的遗产。这样一来,自然被归结为遵循因果律而运行的物质体系,而内在的目的性则被科学无情地剥落。生态女性主义的重要代表人物麦茜特将这种由自然观的变革所引发的后果称为"自然之死"。她指出:

> 关于宇宙的万物有灵论和有机论观念的废除,构成了自然的死亡——这是"科学革命"最深刻的影响。因为自然现在被看成是死气沉沉、毫无主动精神的粒子组成的,全由外力而不是内在力量推动的系统,故此,机械论的框架本身也使对自然的操纵合法化。进一步说,作为概念框架,机械论的秩序又把它与奠基于权力之上的与商业资本主义取向一

---

[1] 拉·梅特里:《人是机器》,商务印书馆1959年版,第52页。

致的价值框架联系在一起。[1]

"机器"隐喻尽管剥离了自然的神秘性,但"上帝制造了机器后就让其自行运转"这一假定还是为上帝的存在保留了一定的地盘。生物进化理论和近代原子论的兴起,最终使自然不再笼罩在上帝的神秘阴影之下。进化论表明,世界并不像《圣经》所表明的那样是上帝创造的,而是从最原始的物种那里经过自然选择逐步演化而来的。近代原子论的兴起更是在物质领域彻底摒弃了上帝的作用。在近代原子论者道尔顿看来,物质是由不可分割的原子构成的;化合物是由分子或复合原子构成的;在化学反应中原子仅仅是重新排列,而不会创造或消失。尽管在 20 世纪以后人们发现了构成世界的更小的单位,但是自然是由微小粒子构成的观点被人们接受下来。原子论的发展指明了自然的内在同一性,它以科学的方式表明,无论是无机体还是有机体,它们在构成元素上并没有任何实质性的区别。人们完全可以对一个复杂的有机体进行分解,直至分至最小的构成单位,然后再将其重新组装起来。按照这一方式所制造成的人工物品,其性能与自然物品相比毫无逊色之处。相反,人工物品的出现使得世上不曾存在的东西获得了生存和发展的可能。这种观点与亚里士多德的观点形成了明显的反差。亚里士多德等认为,自然界的事物是由自然物的同类"繁殖"产生的。而"繁殖"这种行为意味着任何东西只能由同类产生,自然物是更老的自然物的后代,人无处插手。因此,人的技艺只能通过模仿自然,构造出不甚完美的事物。如此一来,在亚里士多德观念中所存在的自然物和人造物的巨大鸿沟被填平了。"分析还原和理智重建"(卡西勒语)的方式,无疑从根本上消除了自然的神秘性,也使人在构建自然方面获得了上帝曾经拥有的地位。

(二)从温顺的圣女到狂虐的荡妇

在不同的语境下,自然在人们心目中的形象有着巨大的差别。人们可以为自然设想、描绘多种形象,这些不同的想象概括起来可以分为两类:将自然想象为一位仁慈、善良的女性,在一个设计好了的有序宇宙中提供人类所需的一切;另一类则将自然设想为不可控制的非理性的施暴者,她常常诉诸暴力、

第五章　确定性的解构与现代人的非安全感

---

[1]　麦茜特:《自然之死》,吉林人民出版社 1999 年版,第 212 页。

风暴、干旱和大混乱。

在古代人的观念当中,自然是一个善良、关爱的女性供养者的形象,是把预定秩序赋予世界的上帝的化身。这是一种外加的秩序,人类自身行为的秩序和内在心灵秩序需要与其保持一致。"这种秩序把道德行为准则强加在人类头上,其核心就是使人们的通过行为上的自我抑制(self-restraint)保持与自然秩序的协调一致。每个有生命的创造物都有责任坚守它在自然秩序中的位置,并在这个位置上表现自己。"[1]按照自然的要求来进行生活,是最为本真、最为理性的生活方式。古代人对自然的这种看法,在各种文学作品和艺术表现形式中得到了鲜明的体现。这一点无论是在东方还是在西方当中,都是如此。

中国古人有着浓厚的山水情怀。在古代文人的笔下,描述山水的诗文比比皆是。中国古代文人总是将自然和尘世相比较。在他们看来,人类生于自然,也回归于自然,社会上的一些东西终究不属于人类,当人们的理想抱负破灭时,大自然总是以它宽大的胸怀接纳失望的人们,让人们重新找回失去的东西,甚至在山水之间,寄托自己的生命。于是,看似平常的山水,被人类赋予了独特的思想和情感。在陶渊明的《归园田居》当中,桃红柳绿、鸡鸣犬吠、田园茅舍、袅袅炊烟勾画出一幅和平宁静的田园生活图景,具有浓厚的生活气息,充分表现了诗人对淳朴田园生活的热爱和脱离世俗后的自由、舒畅和无限欣喜之情。与之相类似,文艺复兴时期流行的田园诗代表了人们对过去时代母亲般仁慈怀抱的向往。通过对一个完美无缺的黄金时代的回归,这里的自然成为逃离都市生活的罪恶与不安的避难所。自然被描绘成一个花园,一幅乡村景象,或者一幅平和丰产的形象。这是一位宁静、善良的女性,默默地向世人奉献她的慷慨。在自然质朴宜人的背景上,羊群尽情地撒欢,小鸟动听地歌唱,树上枝头结满了累累果实。[2]

在现代早期,女性—自然类比相联系的价值发生了巨大变化。大规模的工业化运动,使得采矿运动变成常态现象,与它在古希腊、罗马思想家那里遭受谴责相反,采矿活动被赋予了正面的积极价值,被看做改善人类生活境况的

---

[1] 麦茜特:《自然之死》,吉林人民出版社1999年版,第7页。

[2] 转引自麦茜特:《自然之死》,吉林人民出版社1999年版,第8页。

有效手段。地球不再被看做孕育众生的慈祥母亲,而是成为了无序、野性而又难以控制的女巫。在尼科洛·马基雅维利的视野中,社会如同荒蛮之地,而命运如自然一样是不可预测、狂暴而被征服的:

> 命运是我们一半行为的统治者,我们愿把她和湍急的河流作比较,当它狂暴时淹没平原,推倒树木和建筑物,把土地从一方搬到另一方。每个人在他面前逃避,每样东西向它的凶险屈服而不能反抗它。虽然如此,但当它平静时人们还是能通过堰堤和水渠来提防它。这样当它上涨时或者它可以通向沟渠,或者它的冲击不至于太狂暴和危险。命运也是如此表现她的力,没有什么办法能阻挡她而只能向她屈服,她知道没有什么堰堤、水坝能阻挡她。[1]

这样,野性而不可预测的、偶然性的自然代替了等级结构的、有秩序的有机自然。慈祥的母亲象征滋润万物的博大襟胸,贞洁的少女象征着和平和沉静,而女巫则象征着自然界中野性的、不可控制的暴力和无序,它带给人们的是饥饿、灾难和死亡。

不仅自然作为一个"摧毁生命的巫婆"这一残暴形象而出现,她同时也被剥夺了道德感。文艺复兴以后,人们把难以驾驭的自然形象与妇女的阴暗面联系在一起。那时的文艺作品中的女性是无序的、傲慢的,她们酗酒、纵欲、折磨丈夫,像驱使牲口一样对待男人。很多作品大肆宣扬妇女的淫荡,将男性的堕落直接归咎于女性的肉欲和诱惑。在此后的文化发展中,这表现得十分明显。在贬低自然和贬低女性之间存在着某种象征性的政治关系。性别歧视主义的语言和具有自然歧视主义的语言之间的这种象征联系就极其明显。例如,英语中,人们常常用表示动物的词语来描述妇女,例如,cow(母牛,肥胖粗笨的女人);bat(蝙蝠,妓女);bitch(母狗,淫妇)。对妇女和自然的鞭笞可见一斑。

无法无天的女巫和自然一样都是人类要控制的对象。在机械论观念占据统治地位的现代早期,女巫审判在欧洲风靡一时。控制和保持社会秩序以及

第五章 确定性的解构与现代人的非安全感

---

[1] 转引自麦茜特:《自然之死》,吉林人民出版社 1999 年版,第 143 页。

妇女在其中的地位,是女巫审判诸多原因中的一个。女巫审判威胁着欧洲各地妇女的生命,在英格兰,仅 1644—1645 一年时间,就有几百名妇女被认为有女巫标记而被处死。几个欧洲国家的近代联合统计表明,在总审判的大约 10万人中,妇女大约占 83 %。女巫审判同样被运用于自然。在自然—文化的二元对立中,自然也被描述成了落后、野蛮、需要拷问、启蒙和开化的对象。培根认为大自然即女人,在科学上他用质问女巫的比喻来解释他从自然中提取"真相"的科学方法。在他看来,对待自然就要像审讯女巫一样,在实验中用技术发明装置折磨她,严刑拷打她,审讯她,以便发现她的阴谋和秘密,逼她说出真话,为改进人类的生活条件服务。审讯女巫是审讯自然的象征,正是在这一时期人们逐渐把女人与需要征服的自然等同起来。

(三)从附魅的敬畏者到祛魅的控制对象

在古代,原初居民生产力水平低下,对自然的认识与把握也处在极低的水平。他们感到大自然神秘莫测,时刻在控制威胁着人类,人是无法逃避、不能抵抗的。同时,有机论的自然观念也强化着人们对自然的敬畏感。因此,听命于自然,善待自然,对自然保持一颗虔敬之心是古代人们对待自然的态度。

随着人类的发展,古代世界泛灵论的敬畏自然观逐渐被取代,人享有相对于其他动物的特权观念也日益显现出来。与古代世界泛灵论的崇拜自然的态度不同,中世纪基督教把精神与自然相分离,并使精神从外部统治自然。在基督教神学看来,自然并不是一个自我产生、自我维持的世界,而是由上帝创造的世界。尽管人与自然都是由上帝创造的,但只有人是上帝按照自身形象造就的。人具有灵魂且是唯一能够获得上帝拯救的存在物,因而人类拥有高于其他自然存在物的地位和使用它们的权利。上帝说:"我们要照着我们的形象,按着我们的样式造人,使他们管理海里的鱼、空中的鸟、地上的牲畜和全地,并地上所爬的一切昆虫。"[1]造完人之后,"上帝就赐福给他们,又对他们说:'要生养众多,遍满地面,治理这地;也要管理海里的鱼、空中的鸟,和地上各样行动的活物。'"[2]上帝说:"看哪,我将遍地上一切结种子的蔬菜,和一

---

[1]《圣经·旧约全书·创世记》,1:26。
[2]《圣经·旧约全书·创世记》,1:28。

切树上所有结核的果子,全赐给你们作食物。"[1] 由此,自然站在了上帝与人共同的对立面,它完全依赖于上帝,根本无法独立自存。而人类,则被赋予了管理自然的权利。正是因为如此,汤因比曾指出,《创世记》的革命性教义把人当成最接近上帝的存在,把自然视为不同于人,并且仅仅是为了人的存在。[2] 基督教是影响西方文明意义深远的意识形态之一,也正是借助在人们心中的广泛影响,控制自然观念以潜移默化的方式流传了下来。莱斯说过,"现代的控制自然的观念把具有生命力的思想,特别是基督教赋予它的意义带到今天"[3]。

在近代,控制自然的观念得到进一步的强化。这一点特别体现在培根的思想中。培根认为,人类通过知识的进步可以征服自然,从而补偿人类被上帝逐出伊甸园所受到的伤害,并重新获得他一度在伊甸园所享有的高于一切其他动物的权利。他明确提出了人类中心论的论断:

> 如果我们考虑终极因的话,人可以被视为世界的中心;如果这个世界没有人类,剩下的一切将茫然无措,既没有目的,也没有目标,如寓言所说,像是没有捆绑的扫把,会导向虚无。因为整个世界一起为人服务;没有任何东西人不能拿来使用并结出果实。星星的演变和运行可以为他划分四季、分配世界的春夏秋冬。中层天空的现象给他提供天气预报。风吹动他的船,推动他的磨和机器。各种动物和植物创造出来是为了给他提供住所、衣服、食物或药品的,或是减轻他的劳动,或是给他快乐和舒适;万事万物似乎都为人做人事,而不是为它们自己做事。[4]

笛卡尔的主客二元划分,从理论上进一步强化了人对自然的控制。在海德格尔看来,"主体"在前现代意味着构成存在者的基础的东西,在当时,"是主体"适用于任何存在者。不论是桌子、植物、鸟和人,都是适用的。笛卡尔

---

[1] 《圣经·旧约全书·创世记》,1:29。

[2] 参见汤因比、池田大作:《展望二十一世纪》,国际文化出版公司 1985 年版。

[3] 莱斯:《自然的控制》,重庆出版社 1993 年版,第 29 页。

[4] 转引自吴国盛:《自然哲学的复兴——一个历史的考察》,《自然哲学》(第 1 辑),中国社会科学出版社 1994 年版,第 25—26 页。

哲学的出现,标志着人对自然的理解和对自身的理解发生了决定性的变化:一切事物都必须从人的自我意识中寻求其赖以存在的基础和根据。人获得了一种独特地位,居于所有的存在者之上,统治并支配着整个世界。

伴随着启蒙运动的发展,理性的作用被推至无以复加的地步。在理性的作用下,自然科学逐渐与巫术、占星术区别开来,科学和技术相互渗透并最终成为人类控制自然的最有效形式。通过科学和技术控制自然的观念,在17世纪以后成为一种不证自明的东西。因此,几乎所有的哲学家都认为没有必要对"控制自然"的观念做进一步的阐释。"控制自然"这一观念获得了广泛认可,后来的人们只是在无休止的重复它的优点。

第二节 "潘多拉魔盒"的开启

现代自然观念的形成,标志着那种纯净而安详的自然在人们的心目中已经消亡,而当这种观念一旦转变为现实的实践,其后果是"自然的终结"。所谓"自然的终结",并不是物理意义上的自然的消亡,而是指在物质世界的各个层面,不受人类干预的东西已变得寥寥无几。在以往的很长时间内,人们所担心的大都是自然界可能对我们造成的种种不利影响,如自然灾害以及与之相关的疾病、贫困等。但是,在现代社会,人们基本上生活在一个由自己所制造的社会当中,这种环境再也不仅仅是对人类活动的限制,而是越来越充斥着人类活动的后果,许多过去属于自然的事物,现在已变为人类活动的产物。

一、自然本性的改变

正如前面的分析指出的,在古希腊人看来,事物的发展是一个自然而然的过程,是内在本性的一种展现。如果某个人走得快是因为他强壮、有力量和有决心,我们就说走得快是他的本性;而如果他走得快是因为一条狗或者一根皮带拉着他往前跑,我们就说他走得快不是由于其本性而是被迫的。与之相对应,在自然经济条件下,人类在总体上还没有形成役使自然的基本取向,而更多的是顺应自然。在这一时期,尽管人类也应用各种技术手段来有效地获取生活资料,但当时的技术既未超出人的自然需求的限度,也未从根本上危及自然生态系统的自我修复能力。海德格尔在分析古代技术的特点时就曾经形象地指出:"风车的翼子的确在风中转动,它们直接地听任风的吹拂。但风车并没有为了贮藏能量而开发出气流的能量。"[1]这意味着,古代技术并没有超出对自然的顺应这一范围。因为它没有"贮存",而只有"贮存"才标志着人的超出自身自然需求的贪欲和占有欲。

但是,伴随着人类社会的不断发展,人与自然的关系也发生了巨大变化。现代技术导致人类从对自然的适应和利用为主的适应哲学转变为以占有和征服为目的的行动哲学,从而加速了人对自然的干预过程。人工自然的产生就是如此。人工自然的产生是以打碎、分割、割裂自然秩序为前提。工业生产的基本特征就是"制造",它把作为一个整体的自然分裂开来,再按照人的目的重新组装起来。如此所形成的"物",已不再是自然物,而是人工物或社会物了。这个所谓的人工物虽然还保留着自然物质的特征,但它所包含的已不再是自然秩序,而是人工秩序了。依据这样的模式,人向自然提出挑战,迫使长风秀木、高山流水唯人是从,并踌躇满志地选择、设计着自己的未来。如此一来,自我成为了一个自我规定的东西,它与外在的世界分离开来,并力图驾驭偶然多变的世界。查尔斯·泰勒在论述现代自我的确证过程时就明确指出了这一点:

> 向着自我规定的主体的现代转向是同对世界的控制——首先是思想的控制,然后是技术的控制——的含义联系在一起的。也就是说,现代性断定:世界不是一个文本、一个意义实体,这种确定性不是以世界的令人困惑的不可捉摸性为根据而确立起来的。相反,通过清晰的数学推理,再加上后来日益增多的多重控制,它随着人们对事物规则的把握而得到了加强。这就是最终被确立起来的作为一个中立的、偶然关联的场所的世界图画。[2]

在工业革命时代,人们对自然的作用,还主要体现在对无机自然的改造上,尽管这种改造也可能对生命有机体产生这样那样间接的作用。但是当代

---

[1] 海德格尔:《海德格尔选集》(下),上海三联书店1996年版,第933页。
[2] 查尔斯·泰勒:《黑格尔》,译林出版社2002年版,第10页。

基因工程的兴起,其作用的对象已经突破了无机自然的界限,而深入到有机生命体当中。转基因技术的出现,突破了生物物种之间的界限,使不同物种之间的结合和重组成为现实。人们不仅可以根据自己的需要创造出高产的水稻、小麦和玉米,也可以依据同样的原理创造出自己心目中的完美的生命体。人们可以通过将一种动物的基因和另一种动物基因的组合创造出新的动物,甚至可以将人的基因和和某种动物的基因的结合制出"牛—人"、"狮—人"等等。这种克隆技术的出现,使人类掌握了"任意篡改上帝作品"的本领。世界上最为自然的东西,如今也变成了科学技术操纵的对象。天赋的生存权如今变成了实验室中人工操纵的对象。生命的自然性、神圣性,人的自然权利由此荡然无存。

如此一来,现代性确立起了人对自然的绝对主宰地位,人从一个被动谦逊的沉默羔羊转变为一个主动自信的狂暴猛兽,现代人妄图依靠理性彻底实现对自然的征服乃至对自然本性的改变。然而,事实并非像人们所预料的那样乐观。人类这种力图使自然按照自身意志发展的确定性的努力,最终的结果却是适得其反:"任何试图确定的努力,都会导致更多的不确定性;所有进行编码、过度编码和固定的试图,都肯定会同时增加随机性和不确定性的总数。"[1]

转基因技术对于生命的繁衍规律来说,是近乎神话的颠覆,彻底打破了过去人对自然的敬畏;同时,人类对自然界和生命的这种直接干预隐藏着巨大的风险。自然界的生物有自身进化的规律,而人类利用生命科学技术对生命进行人为的遗传改造,甚至是跨物种的基因转移,大大加快了生命的进化速度,这种对自然进行最直接的干预,对生命的最深处进行彻底的改造而引起的风险是很难预测的。这也使得社会风险发生转向,由显性向隐性转向,局部性向全球化转向,"自然风险"向"人造风险"转向,可逆性向不可逆性转向。

在巨大商业利益的驱动下,转基因动物、转基因植物和转基因微生物不断涌现,许多变异、重组的基因和病毒堂而皇之地进入了自然界,进入了食物链,再进入生物链和生态系统。尽管在克隆人问题上,很多国家和组织明确规定了人和动物合成胚胎的存活时间,但是当潘多拉魔盒摆在面前时,总有人会抵

---

[1] 齐格蒙特·鲍曼:《现代性与矛盾性》,商务印书馆 2003 年版,第 288 页。

制不住诱惑而强行将其打开。当原子裂变被发现,原子弹具有了理论上的可能性之后,便没有什么力量能够阻止原子弹的出现。同样,当克隆技术被人类掌握,迟早会有技术的迷恋者冲破层层障碍,使克隆人出现在世间。这意味着基因重组物将走出封闭的试管,进入大自然,有可能导致生物圈的"基因污染"。相对于以往任何种类的污染而言,"基因污染"最为特别也最为危险,因为它是唯一的一种可以自己增殖扩散的污染,而人类又对其束手无策。也正因如此,"'生物技术世纪'很像是浮士德与魔鬼签订的协约。它向我们展示了一个光明的、充满希望的、日新月异的未来。但是,每当我们向这个'勇敢新世界'迈近一步,'我们会为此付出什么代价'这个恼人的问题就会警告我们一次。"[1]现在的生命形式是在亿万年的演化中自然而然形成的,对生命组织的任何变动都将对我们产生反作用。那些沉浸在科技美梦中的疯狂者正盲目地闯入一个危险的地域。这是一个没有路标和参照物的高风险旅程。由此,现代人面临着一个矛盾化的生存境遇:"人在一个由于'上帝之死'而失落绝对标准、没有永恒价值的世界中,又孤独地面对自己亲手制造的,但又与己对立的庞大整体与力量,即'技术恶魔'。"[2]

现代人之所以在自然面前表现出如此的狂暴,究其实质是对理性,准确地说是对技术理性的盲目崇拜。现代人自信地认为科学技术能解决人与社会发展中遇到的一切难题,这是典型的技术乐观主义。技术乐观主义的实质是"技术崇拜"或"技术救世主义",其基本特征是把技术理想化、绝对化或神圣化,视技术进步为社会发展的决定因素和根本动力。技术乐观主义者盛赞技术的作用,坚信技术会使大多数社会问题得到解决。尽管他们也看到了技术产生的社会问题,但是他们认为技术产生的社会问题并不代表技术本身有问题,而是在于人类利用和掌握技术上的缺陷或失误,并且这种缺陷可以通过技术的发展以及人类掌握技术能力的不断进步来解决。在技术乐观主义观念的引导下,人类由从对自然的适应和利用为主转变为以占有和征服为主,从而加

[1] 杰里米·里夫金:《生物技术世纪——用基因塑造世界》导论,上海科技教育出版社2000年版。
[2] 衣俊卿:《历史与乌托邦——历史哲学:走出传统历史设计之误区》,黑龙江教育出版社1995年版,第116页。

速了人对自然的干预过程。

尽管技术乐观主义者明确认识到了科技在社会发展过程中具有极其重要的作用,但是它却忽视了一个重要的理论前提,即世界是异常复杂的,复杂系统的演化和发展是多种因素作用的结果。作为单一要素的科技,在其中尽管起着重要作用,但是其作用的发挥要受到多种因素的影响,其中,文化的、心理的、个人的因素都在其中起着重要的作用。忽视了科学发挥作用的客观条件,往往会将科技效益的发挥进行价值中立化的处理,往往只看到科学正功能而忽视了其负功能。可以说,当代许多复杂的社会问题的产生与人们对科学技术的片面化运用有着密切的关系;当代人类对科技的非理性运用使人类陷入种种困境,诸如核恐怖、资源枯竭、能源危机、水土流失、温室效应等,追本溯源,技术乐观主义思潮难辞其咎。

技术乐观主义片面夸大了技术的作用,妄图依靠单一的技术因素的作用一揽子解决复杂的社会问题,将复杂的问题进行了过于简单化的处理,最终不可避免地要走向失败。实践表明,人类社会的发展是一个综合复杂的系统工程,科学技术系统是社会大系统的子系统,科学技术的发展必然要牵涉到各种因素的相互作用。因此,任何国家、社会或民族,无论前进还是后退,无论富裕还是贫穷,都并非只是社会的某个单一方面因素自身发展的单纯过程,而是与社会的方方面面都有密切联系的特定历史现象。虽然劳动生产率的提高和社会生产力的发展归根结底要有赖于科学技术的进步,但这并不意味着科学技术的进步就是社会发展的全部内容。作为现代性运动必然结果,"技术问题"透射出现代性文化之固有矛盾。正如布罗代尔分析资本主义的发展所言:"不能完全都用物质因素、社会因素或社会关系来解释资本主义……资本主义不可能起源于单一的因素:经济、政治、社会、文化和文明都曾对它产生过影响。历史也往往作为力量对比的最后裁决者起作用。"[1]同样,在人与自然、社会这一复杂的问题当中,现代技术发展也不是一种纯粹孤立的行为,其背后的思想文化境遇起到了重要支撑作用,正是这种隐形的"他物"支撑着技术并决定其发展方向。只有对与技术相关的复杂社会因素、文化因素有一个全面

---

[1] 费尔南·布罗代尔:《15 至 18 世纪的物质文明、经济和资本主义》(第 2 卷),生活·读书·新知三联书店 1993 年版,第 431—432 页。

清醒的认识,才能认识到科技能够发挥什么性质的效力,发挥效力的范围等问题。

二、和谐生存的颠覆

在无限理性观念的引领下,现代人依靠科技的手段,对自然进行着无限制的开发和掠夺,以满足自身无限的消费欲望,从而走上了发展至上主义的道路。人与自然之间的和谐被打破了,现代人在盲目的物质追求中,放弃了生态伦理关怀。自然成为摆在人类面前任人宰割的对象。在人与自然问题上,理性崇拜的错误又重新展现了。那种认为人类可以依靠理性来把握自然的内在结构,可以通过科技手段的改进来彻底征服自然,从而一劳永逸地解决人类所面临着的一切痛苦的乌托邦式的幻想,成为现代人挥之不去的憧憬目标。

然而,事实并非像人们所预料的那样乐观。恩格斯指出:"但是我们不要过分陶醉于我们人类对自然界的胜利。对于每一次这样的胜利,自然界都对我们进行报复。每一次胜利,起初确实取得了我们预期的结果,但是往后和再往后却发生完全不同的、出乎预料的影响,常常把最初的结果又消除了。"[1]人类对大自然的每一次盲目的进攻,都会遭到大自然的反扑。诚然,人类的理性能力可以随着人们实践能力的发展而不断发展,但是,特定时空内的理性能力,相对于无限的宇宙奥秘又是极其微弱的。随着人类活动范围的日趋扩大,随着全球化进程的进一步加快,人类社会对自然所进行的盲目开发和利用已不再仅仅是一个简单的生态问题,它已上升成为一个复杂的政治问题。生态和政治、自然与人的生存体验这些在自然经济条件下似乎是不太相关的事情在现代社会获得了内在的关联。

总之,较之传统社会,更多的不确定性因素来自人化环境或社会化自然的风险,人类对自然的盲目开发和利用构成了主要的非确定性源泉,"制造出来的不确定性"可谓是我们当今生活的特色。同时,当代社会不确定性的作用方式也发生了重大变化。一方面,从不确定性因素客观分布状况来看,高强度的风险具有了全球化性质,从而出现牵一发而动全身的"蝴蝶效应"。另一方面,人类对非确定性的经验和风险意识越来越强:科学的发展表明了人类认知

---

[1]《马克思恩格斯选集》第4卷,人民出版社1995年版,第383页。

水平的提高,但正是这种提高导致了人类对自身无知性认识的深化;同时随着知识传播的大众化水平的不断提高,非确定性意识也日益大众化,风险的意识出现了趋于大众化或均质化的趋势。当代诸多社会学家也正是从客观和主观两个方面对这一问题进行了阐发。例如吉登斯认为:"不是我们今天的生活状况变得比从前更不可预测,而是不可预测性的根源变了。今天我们所面临的许多不确定性正是由人类知识的增长创造出来的。"[1]而玛丽·道格拉斯则认为,风险实际并没有增多,也没有加剧,只是被意识到的、被察觉到的风险确实是增多和加剧了。[2]尽管不同的理论家对当代非确定性强调的重点有所不同,但是客观因素即人化自然所造就的危险因素的存在和增加是一个不争的事实;而随着人类认知水平的提高所带来的自我反思性能力的发展也是一个显而易见的事实。

总之,客观现象的存在以及主观意识的增强,导致了现代人对非确定性或风险问题的感受越来越强烈。具体说来,从客观方面来看,现代科学技术的确在为人类带来繁荣和进步的同时,也将诸多风险的因素撒播开来。

首先,现代科技的风险具有很大的不确定性。虽然科技进步大大拓展了人类的已知领域,但每一次向未知领域的迈进反过来又扩大了未知领域的范围。转基因、纳米技术、互联网等现代技术的发明和创造,虽然进一步提高了人们改造世界的能力,但这些新技术给人类可能带来的风险却深远而复杂,没有任何专家能够给出一个确定性的答案。

其次,现代科技所引发的破坏性力量也更为巨大。人类改造世界的能力增强的同时,也意味着自身受到伤害的危险增大。传统冷兵器时代的武器大多只能给有限的、直接接触的对方造成伤害,然而现代高科技研制出的原子弹却可能使成千上万的生命毁于一旦。此外,现代科技风险的危害还表现在其作用过程更加隐蔽,难以察觉。比如,放射性物质的泄漏会在不知不觉中导致人体器官的衰竭,并可能影响到后代子孙。

---

[1] 乌尔里希·贝克、安东尼·吉登斯、斯科特·拉什:《自反性现代化》,商务印书馆 2001 年版,第 235 页。

[2] 参见斯科特·拉什:《风险社会与风险文化》,载于《全球化与公民社会》,广西师范大学出版社 2003 年版。

再次，科技发展带来世界联系的日益复杂性也使得一些偶然性的因素在整个系统中起着越来越重要的作用。当代复杂性科学表明，混沌或潜在的混沌是非线性系统的根本特征。一个系统中最小的不确定性通过反馈耦合而得以放大，在某个分叉点上发生突变会使得系统发生惊人的变化。系统的复杂性更是突出了不确定性因素在其中所发挥的可能性效力。一个偶然性的事件借助复杂的系统链条会在各个方向上迅速蔓延和传播开来，会使一个看似稳定的系统发生非常规性的变化。越是在一个复杂的系统，偶然性的因素在其中发生作用的能量越是巨大。

最后，科学技术的迅速发展导致了传播的即时效应。当代网络信息技术加速了全球化进程，将整个世界化约为一个狭小的"地球村"，世界各地的信息借助现代技术传播手段可以相对轻松自如地在人们之间流动。紧密的联系对于现代人的交往沟通提供了无数的便捷，但同时也蕴涵着一荣俱荣、一损俱损的潜在危险。时空分离、脱域机制、知识的反思性运用构成了现代性的内在推动力。特别是时间和空间的分离、脱域机制的发展使地域化对人们的影响相对削弱，相反，处于遥远地方的事件却使得人们产生一种亲近感和即时性效应。借助网络技术，遥远地域的事件快速地传输到眼前，远在纽约的股市震荡消息借助信息技术会在世界范围内快速传播开来，并在极短的时间内引发人们心理感受的急剧变化。

总之，现代人所具有的非确定感，其根源和作用的机制都发生了明显的变化。现代人改造自然的能力提高了，物质生活丰裕了，认识水平提高了，反思性和批判性的能力增强了。然而在人化自然面前，人与自然之间的宁静与祥和却失去了。人类依靠科学技术手段来确立自身在自然中的主宰地位，寻求生存的确定感的同时，却面临着新的、现实的不确定性和内在的不确定感。土地的沙漠化、酸雨的危害、核武器对人类生命的潜在威胁，永不满足的欲望和冲动、无限的发展和创造，内心的恐惧和不安、生活的碎片和黑暗，这些不确定性的、带有退步色彩的因素与科技的不断进步，人类物质生活的不断丰裕、政治文化水平的不断提高这些确定性的、进步性的因素，共同构成了现代人生存的景观。

第三节　知识确定性的解构

从个体生存的角度来看,每个人都希望心中有一个确定的、可依赖的东西,如此一来生活才有一种安全感;每个人都希望事情的发展会按照自己的预期运行,以便使自己能够对自身命运加以把握。也正因如此,尽量排除生活中偶然性因素的干扰,使生活朝着既定化的轨道前进是每个人孜孜以求的梦想。也正因如此,人类希望在纷繁复杂的现实生活中寻找到解释和分析世界的方法,进而寻找到生活的意义和确定性的根基。获得确定性的知识,是这一努力的具体体现。

一般说来,知识主要有三种基本类型,即自然科学知识、人文知识以及"不稳定地处于两者之间作为'第三种'文化"[1]的社会科学知识。在这三种知识中,自然科学知识具有十分独特的地位。自然科学研究力图将自然中一切不能加以量化的东西统统排除掉,所剩下的真实的东西是具有广延、形状、惯性等数量特征的物质性实体世界。这种研究力求将多层次、多形式的自然还原为受力学定律支配的机械运动,把无数主客耦合的认识还原为无主体参与的纯客观性的过程。现代科学技术在认识和改造自然方面的巨大成功使其享有作为真理的可靠形式的威望,它增进了人们的确定感,提高了社会结构的稳定度。并且,对于很多人而言,科学是唯一的、最可靠的真理形式。说神学、哲学和常识是真理会有争议,只有科学才具有确定性。因此,在知识的建构过程中,用科学化的方式来建构人文科学和社会科学成为现代性最为典型的现象之一。但是,如今,长期以来被视为确定性知识的自然科学也面临着巨大的挑战,以至于我们不得不说科学之确定性已经终结了。

一、必然性神话的终结

(一)绝对必然性的建构

必然性观念由来已久。早在古希腊,德谟克里特就从原子论的角度阐述了必然性观念。在他看来,世界是由原子构成的。原子在漩涡中相互碰撞,不

---

[1]　伊曼纽尔·沃勒斯坦:《知识的不确定性》,山东大学出版社2006年版,第55页。

同形状的原子之间的结合或分离构成了世界万物。原子的漩涡式运动具有必然性,没有任何偶然性。在中世纪的欧洲,德谟克里特的观点颇受青睐。基督教教义命定论认为,世界的一切以及人自身的命运都是由全知全能的上帝所支配。这种观念滋生和强化了早期现代哲学的因果性信念,即现在和未来的一切事情都是有定数的,完全由过去的事情所决定,过去、现在和未来之间有一条必然的发展路径,是不以人的意志为转移的。

现代性在摒弃了客观理性的同时,也将必然性放置到主观理性当中。现代性的自我是一个理性的、统合的和自主的自我,这种自我具有自我发展、自我管理的能力,它需要克服自身非理性的一面而将理性的因素发挥至极致,即自我超出了有限理性的限度,而具有了绝对理性的外观。这种高度确定性、绝对理性化自我的外化,则体现在人类以科学的手段对外在自然包括人的肉体本身的一种完全控制。实际上,启蒙哲学在将自我简单化和神秘化的同时,也将自然抽象化,把科学神秘化了。

自然科学的发展所呈现给人们的是一个确定的、简化的世界图景。在这一图景之中,自然是一个简化的、有序的系统,它的每一个过程都是有序的、必然的,这种必然性来自自然科学所具有的数学特征。近代科学将自然中的一切非神秘化的、不能加以数量化的东西统统排除掉,剩下的真实的东西是具有广延、形状、惯性等数量特征的物质性实体世界,而气味、颜色、声音等具有感性特征的东西则被看做是不真实的。在二元对立的思维框架之下,世界的一切,包括自然的、经济的和社会的现象,都成为了在力的作用下作机械运动的东西。在主导性的科学认知方式——分析还原和理智重建的科学认知范式下,科学认识力求将多层次、多形式的自然还原为受力学定律支配的机械运动,把无数主客耦合的认识还原为无数主体参与的纯客观性的过程。如此一来,认识中的主观因素被排斥掉,偶然的、不确定的、随机的东西一概被排除到科学认识的框架之外。

受近代哲学特别是机械唯物主义哲学的影响,长期以来,我国哲学界也走上了绝对必然性的崇拜之路。在传统的哲学教科书当中,我们可以很容易找到这种观念的表述:"必然性和偶然性这两个对立面,在事物发展中的地位和作用不是等同的。必然性是事物发展过程中居支配地位的、一定要贯彻下去的趋势,它决定着事物的发展前途和方向。偶然性则相反,它不是事物发展过程中居支配地位的趋势,一般说来,它对整个事物的发展只起着加速或延缓以及使之带有这样或那样特点的影响作用。"[1] 无疑,这种观点在一定程度上具有合理性,它肯定了必然性和偶然性是客观世界发展的两种趋势,肯定了必然性和偶然性具有一定的客观依据,它们不是完全凭主观想象的。但与此同时,其中的不足也是显而易见的:完全是仿效本质与现象的关系去归纳必然性和偶然性的关系。然而必然性不是本质,偶然性也不是现象,偶然性决不是必然性实现自我目的的手段或插曲,而必然性更不是站在偶然性背后无所不能的"上帝"。很显然,按照这种关于必然性与偶然性关系的表述,在我们对外部世界的理解之中,占支配地位的始终是必然性。这种观点容易使我们产生一种幻觉,认为人们的日常生活按照一个固定的模式合乎理性地演化,至于偶然性和各种意外,在我们的生活中很少被细致地考察。

不管是科学机械论观点还是我们传统哲学教科书中的观点,关于绝对必然性的建构是建立在简单性原则基础上的。也就是说,从存在论的角度看,世界是简单的,现象世界的复杂和多变,并不能取代它是简单的这一内在的本质。从认识论角度看,人类可以凭借自己的理性认知能力,透过复杂多变的现象,抓住事物的本质。世界所具有的内在规律性和简单性,加之人类自身理性认识能力的无限性,使得人们能够对事物发展的过程作出精确的预算和把握,从而使事件的发展以确定不疑的方式进行开来。

无疑,这种观点有其不容忽视的价值,我们也不能否定确定性的存在,否则人的生存将失去根基。但是问题的关键在于,这种观点忽视甚至否定了世界的复杂性,力图用简单性来取代复杂性,以无限理性来取代有限理性。在哲学发展史上,特别是随着早期现代自然科学的发展,这种简单性思维似乎获得了越来越广泛的理论支持。早期现代科学的发展使人们相信,现象世界的复杂性能够而且应该从简单的原理和普遍的规律出发加以消解。世界是由可分割的大小不等的实体构成的,这些实体之间是由某种力来维系的,较高的实体的属性都能够从组成它的较低级的实体属性和相互作用中得到解释,这些实体受到某些规律的支配,沿着单一的轨道进化。在《自然哲学的数学原理》一书中,牛顿就明确阐述了这一原则。在他看来,自然界不做无用之事,因为自

---

[1] 肖前等主编:《辩证唯物主义原理》(修订本),人民出版社 1991 年版,第 284 页。

然界喜欢简单化,而不爱用什么多余的原因来夸耀自己。牛顿把简单性作为一种科学信念,并把它置于众法则之首。牛顿的简单性原则影响深远,这一原则在政治学、经济学等各个领域也都有体现。遵循简单性原则,人们甚至认为宇宙万物都可以简化为类似钟表的机械装置,各个零部件均以精确可测的线性因果律相互作用。如果我们能解析个别零件及其作用,就可据以重建世界及其万物。例如,霍布斯把国家描述成一台机器"利维坦",其公民就是机器中的嵌齿轮。拉·梅特里也认为,人的灵魂是自动机的齿轮传动装置。通过对各个领域所进行的简化处理,近代科学在运用简单性思维考虑和处理问题时形成了下列鲜明特色:

首先,任何事物都是部分的集合,事物的性质和本质寓于部分之中,只要把事物的部分性质和运动规律弄清楚了,就可以对事物的种种现象作出解释和说明。因此,应当力求把复杂的事物还原为它的组成部分,用简化的方法研究事物,把对总体或系统的认识还原为对组成它们的简单部分或基本单元的认识。

其次,事物的部分之间只具有简单的线性关系,即这种关系不会影响部分本来的性质和运动规律。因此,可以割断联系来研究部分,并可以把部分的性质和规律相加起来作为整体的性质和规律。

最后,事物的变化服从机械因果律,即一个原因必然决定一个结果,而这个结果作为原因又必然决定下一个结果,依次下去,形成一条直线因果链。在变化过程中没有什么偶然性,随机性只是由于我们的无知而产生的表面现象。

这样,在早期现代科学那里,事物的运动过程是可逆的,在研究事物的过程中,人们完全可以遵循可逆性原则,将事物与其外在环境分离开来,进行理想化、模型化的处理。

简单性思维的运用有其不容否定的意义和价值,它使复杂现象简单化,使非线性问题线性化,它在几百年的时间里极大地推动了科学的发展,使人们对自然界从模糊的定性认识转变为精确的定量分析。然而,这却是以牺牲复杂性为代价的,技术处理上的成功并不意味着对客观现实的真实描述。把世界分解得尽可能小、尽可能简单,以此来为一系列理想化了的问题寻找答案,但却因此背离了真实世界的本来面貌。"这就造成了科学上越来越多的碎裂片。而真实的世界却要求我们——虽然我讨厌这个词——用更加整体的眼光

第五章　确定性的解构与现代人的非安全感

去看问题。任何事情都会影响到其他事情,你必须了解事情的整个关联网。"[1]

简单性思维的片面运用,否定了人之理性的有限性,造成了理性崇拜的缺憾。将开放系统封闭化,将随机性简化为确定性,把模糊现象简化为精确性,这在很多情况下是行之有效的。但是这并不意味着该方法是万能的,普遍适用的。"一旦碰到由整体涌现性所导致的自然奥秘,它的有效性就会大打折扣,甚至变得无能为力。"[2]从实际情况来看,人们所获得的并不是一种基于完全理性基础上的绝对确定性的结果。由于人的理性是有限的,人们很难对每一个措施产生的结果具有完全的了解和正确的预测。由于任何一项决策的达致,都需要具备较多的信息,而一个最佳方案的获得,更需要人们排除其他各种能性之后的结果。从时间、努力和资源的角度来看,获取信息和分析新知识都是代价昂贵的,没有人愿意也没有人能够获得复杂运作所需要的全部知识。"实际上,在搜寻成本高昂而成果又不确定的情况下,人们只获取特定的部分信息并保留对其他信息的无知是合乎理性的(理性的无知)。"[3]人们常常是在缺乏全部了解的情况下,根据主观的判断进行决策。在决策的过程中,很难考虑所有可能发生的情况。因此,每个行为者不可能达到完全理性的行为,只能在有限度的理性条件下从事自己的活动,因之现实决策人所寻求的并不是最佳措施,而是符合要求的或者令人满意的措施。

(二)绝对必然性的解构

随着当代科学技术的迅猛发展,世界政治呈现多元化,世界经济趋于一体化,地区之间、国家之间的联系越来越多样化、复杂化,准确地把握社会发展的确定的、必然的趋势实非易事。与此同时,科学本身的发展使人们的生产方式、生活方式、思想观念和思维方式都发生了巨大的变化,人们的思维方式开始从传统的绝对走向相对;从单义性走向多义性;从精确走向模糊;从必然性走向偶然性;从确定性走向不确定性。这些现代思维方式的形成和时代的特

---

[1] 参见米歇尔·沃尔德罗普:《复杂:诞生于秩序与混沌边缘的科学》,生活·读书·新知三联书店1997年版,第72页。

[2] 苗东升:《论复杂性》,《自然辩证法通讯》2000年第6期。

[3] 柯武刚、史漫飞:《制度经济学——社会秩序与公共政策》,商务印书馆2000年版,第65页。

点,使必然性神话受到了极大挑战。科学知识领域关于复杂性观念的产生,对机械主义观念进行着强烈的冲击。

在自然科学领域,20 世纪前半期,先后产生了一系列新理论,如系统论、信息论、控制论、协同学、耗散结构论等。虽然这些理论产生的背景各不相同,但都从跨越物质层次的相互关系方面去探索客观事物存在和发展的规律,揭示出了比传统的科学更深层的东西。在这些新理论的推动下,科学认识从机械决定的世界向"演化"的世界过渡,从决定论系统向随机系统扩展。其中,相对论、量子力学以及混沌理论对确定性、简单性思维进行了决定性的冲击。相对论消除了传统的时空观念。传统的时空观即牛顿时空观认为,时间和空间是绝对的、确定的,时间是绝对均匀流逝的,空间是一个绝对的空箱子。但爱因斯坦却提出了"尺短效应"、"时间膨胀"等相对时间、空间的概念,认为无论是时间还是空间,都随速度的改变而改变,具有不确定性。

量子力学理论的发展进一步论证了世界的不确定性。量子力学表明,原子并不是自然界最简单、最基本的物质,最基本粒子并不是最基本的单元,而是摇摆在存在和非存在之间、波动和微粒之间,从而显示出巨大的复杂性。不仅人类社会与有机体当中存在高度的复杂性和不确定性,就是人们一直认为严格遵循机械论力学原理的物理世界也并不是纯粹确定的、线性的。海森堡指出,"我们所观察的不是自然本身,而是暴露到我们追问方法面前的自然。通过这种方式,量子力学使我们想起了古老的智慧:在戏剧中,我们既是演员又是观众。"[1] 玻尔互补原理作为海森堡"不确定性原理"的延伸,更是进一步冲击了传统的确定性的世界观。根据互补性原理,我们能测量坐标或变量,但不能同时测量这两者,没有一种理论语言能把一个系统的物理内容表达无遗。对同一实在描述的多样性、不确定性意味着那种可以洞察到整个实在的认识观的彻底破产。

混沌学进一步论证了世界的不确定性,表明了物理世界并不是简单的世界,相反,内在地包含着自组织过程和复杂的混沌行为。混沌学认为,系统只要离开假定的理想条件,就会出现复杂的混沌行为。在这种复杂的组织系统当中,因果之间相互缠绕,充满着不稳定性和不可预测的随机性。宇宙世界再

第五章　确定性的解构与现代人的非安全感

[1]　海森堡:《物理学与哲学》,商务印书馆 1981 年版,第 24 页。

也不像拉普拉斯所设想的是一个秩序井然的领域,而是扩散和凝聚、解体和组织的过程。因此,"复杂性不再仅仅属于生物学了。它正在进入物理学领域,似乎已经植根于自然法则之中"[1]。也正因如此,"复杂性不是属于现实的现象的泡沫,而是属于它的本质本身"[2]。随机性、不确定性、偶然性是现实世界一个重要特征,而不能成为其中可有可无的残渣。

无论是相对论、量子力学还是混沌学都向我们呈现出了不同于早期现代自然哲学所言的世界新景观。科学理论的新变革表明,复杂性是客观事物本身具有的属性,是事物存在和演化过程当中自身表现出来的普遍特征。复杂性的存在并非简单地是由于人们的认识能力和分析手段的欠缺,而是有着更深的客观基础。复杂性的存在与物质层次结构之间有密切关系,复杂性正是建立在层次论基础上的。简单性只适合于把世界当做一个统一的大层次来考察,具有很大的局限性;而复杂性适合于把世界当做多层次,甚至无限多层次的体系来考察,具有更大的普遍性。当研究进入生命、社会、思维等领域当中,人们面对的是一个复杂的系统,事物的组成部分不但数量巨大,而且种类繁多,相互关联又异常错综复杂,从微观到宏观有许多中间层次,不同层次之间关系也很复杂。也正因如此,相对于复杂的系统,人类的认识能力是有限的。

复杂性的挑战使我们永远放弃彻底说明宇宙的梦想。人们曾经认为,理性应该消除所有随机性、无序性、矛盾,以便把现实设定在一个和谐的思想结构当中。但是现实从各方面超出我们的思想结构:"我们认识的目的是打开而不是关闭与这个宇宙的对话。也就是说,我们不仅是从它里面抽取出可以明显地加以精确和严格的确定的东西,比如自然规律,而且也进入与构成复杂性的半确定半不确定的事物的游戏。"[3]这样,认识到世界当中所存在的复杂性、偶然性和非确定性的一面,有助于在人与自然之间建立一种对话式的关系。

必然性神话的解构,对于人们正确认识世界的本来面貌,合理审视自身的理性能力,无疑具有极其重要的意义。它使人们的理论认识得到了深化和拓

---

[1] 尼科里斯、普利高津:《探索复杂性》,四川教育出版社 1986 年版,第 4 页。
[2] 埃德加·莫兰:《复杂思想:自觉的科学》,北京大学出版社 2001 年版,第 219 页。
[3] 埃德加·莫兰:《复杂思想:自觉的科学》,北京大学出版社 2001 年版,第 150 页。

展,使人们从一个更为合理的角度来审视当今人类的生存困境。但是,科学绝对确定性的解构,对人类的生存也具有极其重要的冲击。如同我们在第二章所指出的,现代自我的发现始终与科学确定性的建构具有密切关系,可以说理性自我确定性与科学确定性观念的建构,这两者是在相互形塑中前进的。毫无疑问,科学从一开始就是现代性的重大希望。作为自我力量外在化的体现,科学表征着人类自我的确定性,人类正是借助科学技术的力量对自然的开发中彰显自己的存在。"正是科学给予我们对一个永恒世界的信念。对于科学,我们可以用阿基米德的话来说:给我一个支点,我就能推动宇宙。在变动不居的宇宙中,科学思想确立了支撑点,确立了不可动摇的支柱。"[1]科学的进程导向一种稳定的平衡,导向我们知觉和思想世界的稳固化和巩固化。科学理性将逐渐驱逐掉错误和迷信,并建立起制度和程序。由此,社会将逐渐成为一个知识社会,并在摸索中发现可以解决人类面临的各种难题的最佳方案。然而,科学的进步在增进人们自信心的同时,也通过对世界本真状态的揭示表明了人自身的有限性。科学理性的发展表明,现代人的自我反思和自我怀疑能力有了巨大的提高。对世界复杂性这一本然状态的揭示,需要现代人从一个更高的层次审视自身的存在,否则人们会在对自我寄予无限期望和残酷现实的巨大反差中时时存有一种焦虑感。现实就是如此,问题的关键在于人类以什么样的态度去加以对待。

二、专家权威的质疑

科学作为人们认识世界的最重要工具,在人们寻求确定性的生存根基方面起着重要作用,如此一来作为科学之权威的专家在现代社会中的地位也就显而易见了。在人们的传统观念中,专家因其在特定领域拥有独到的知识,并且具有可靠诚实的品质而广受人们的信赖。但如今,这种作为知识和真理化身的专家,其权威越来越受到人们的质疑和挑战。我们究竟信任谁? 在知识不确定性时代,这是人们面临的又一困惑。

在英语中,专家 expert 一词具有名词和形容词双重含义: person with special knowledge,skill or training in a particular field(拥有专门知识、技能或者

---

[1]　卡西尔:《人论》,上海译文出版社 1985 年版,第 263 页。

在某个特定的领域受过训练的人）; done with, having, or involving great knowledge or skill（拥有丰富知识或技能的人）。[1]　在汉语中，专家作为一个名词被加以使用，其基本意思在学术、技艺等方面有专门技能或专业知识的人。通过对汉语中"专家"词源分析，我们可以知道，"专家"由"家"和"专"组成。"家"有"学术或艺术流派"之意，"专"，即专门，具有"独占，独有、独用"之意，因此，"专家"具有排他性意味，其中，技能、知识专属某个人或某个群体所有。从这意义上说，专家不同于百科全书式的人物，而更具有分科意义的味道，分属于特定的行业和领域。因而在日常生活中，医生、科学家、教授、律师很自然地被人们称为专家。同时，在日常生活中，称呼某人为专家时，往往蕴涵着一种尊敬的味道，其原因是由几个因素所造成的。一方面专家所拥有的知识往往是其他一般人所不拥有的。其次，这种知识也不是短暂的时间能够获得或拥有的，往往需要经过潜心研究，长时间的学习才能得到。最后，他们所从事的工作往往较为人们所尊敬。因而，类似管道修理工、建筑工、司机这些人尽管拥有的知识也很专业，但是这些知识往往不是很难习得，同时他们所从事的也不是顶尖级别的工作，因而也往往很难被人们认可为专家。如此一来，拥有排他性、不易被一般人所获得的知识，从事的工作被社会看重，构成了专家的基本特征，也为专家笼罩上一层神秘的色彩。

现代社会首先是一个理性的、世俗的社会。它已不是"神"的下界，而是无神的人的世界。一切以"神"和"圣"的名义出现的东西都潜在的存在着对人进行压迫和异化的危险，都需引起人的高度警惕。与之相比，传统社会真理的拥护者所具有的真理属于"程式真理"，它只为少数人完全理解。"仪式语言是表述行为的语言，有时可能含有说话者或听众难以理解的语词或行为。"[2]那些程式真理的拥有者如长者、土医、魔术师以及宗教人员，被看做是社会的智者，被看做是因果力量的代表而被人们信赖。而且他们所拥有的知识的传承，是采取一种神秘化的方式进行的，无法通过一种理性的、规则化

---

[1]　《牛津高阶英汉双解词典》，商务印书馆、牛津大学出版社（中国）有限公司 1997 年版，第 506 页。

[2]　乌尔里希·贝克、安东尼·吉登斯、斯科特·拉什：《自反性现代化》，商务印书馆 2001 年版，第 82 页。

的方式加以传播。"传统的神秘性是无法由守护者传给其他人的;守护者对程式真理的享用权把他们与人群中的其他人截然分开。外行的俗众只能偶尔分享这种神秘性——如在宗教中,他们可以暂时进入神圣的领地。"[1]神秘、难以琢磨、不为外行人所知晓、通过神秘的体验加以传承构成了传统社会那些"专家"的独特性。

在现代社会,专家尽管也拥有独特的知识,并且也因在特定知识上的领先性或独占性而将自身与他人即外行区分开来,但是这种外行与专家的区分只是基于分工不同而已。从根本上而言,现代专家所拥有的知识对外界是开放的。因为在现代社会只有依照科学的方式进行运作的才堪称为专家知识。也正因如此,一个外行人完全可以通过自身的努力,借助理性的方式对专家所拥有的知识加以把握。如此一来,专家知识的神秘性、权威性也就大打折扣。

不仅如此,现代社会中的专家也丧失了古代社会智者全知全能的一面。在古代社会,那些长老往往是融多种知识于一身的智者,他们不仅通晓天文地理、洞察世间万象,还在日常生活的主要方面都有着独到的见解和领先的知识。今天的社会是一个知识高度分化的社会,现代社会所需要的是在特定的领域拥有专长的人,全知全能的人物没有存在的土壤。对于一个复杂的问题,在现代社会,任何一个专家都是难以胜任的,一个专家作出的解答往往是片面的。也正因如此,当我们针对一个疑难病症进行诊断时,不仅不同科室的专家之间,甚至是同一科室的专家之间也会给出不同的解释。由此,专家在现代人心目中的地位必然会大大降低。

这样,在专家问题上,现代人面临着一个明显的悖论:一方面,现代人的科学认知水平大大提升了,单个的专家在自身领域中所达到的认识水平必定大大高于古代社会那种神秘的智者在这一领域所达到的水平;另一方面,现代人在面对专家时,其信任度大大降低。之所以如此,就在于现代性在提升人们认知能力的同时,也将人们怀疑和反思的能力大大提升了起来。怀疑、批判而非盲目的服从,在展现现代人理性能力提升的同时,也暴露了现代人内心安全感和信任感的下降。

---

[1]　乌尔里希·贝克、安东尼·吉登斯、斯科特·拉什:《自反性现代化》,商务印书馆 2001 年版,第 115 页。

第五章　确定性的解构与现代人的非安全感

    如此一来,技术理性主义崇拜所造就的风险社会,在客观上降低了现代人的安全感;而理论领域关于科学确定性的解构,又从深层次上使人们认识到科学自身所面临着的不确定性。必然性神话终结了,偶然性因素似乎在当代复杂社会中获得了前所未有的重视。这样,严峻的客观现实以及不断增强的主观感受使现代人的非确定感来越来越强烈。

第六章　现代人生存根基的建构

> 普罗米修斯终于摆脱了锁链:科学使它具有了前所未有的力量,
> 经济赋予它永不停息的推动力。解放了的普罗米修斯正在呼唤一种
> 能够通过自愿节制而使其权力不会导致人类灾难的伦理。
>
> ——汉斯·尤纳斯:《责任原理》

通过上述几个章节的论述,我们可以看到,以自我意识、自我决定和自我实现为基本特征的现代人在片面发展的过程中,其生存呈现出矛盾化的一面:感性欲望的无限扩张造就了精神追求的沦丧;差异原则的无限强调导致了公共性的丧失;对自然的盲目开发造就了生存环境的人为不确定性。同一性不断受到质疑,公共性不断受到解构,大自然日益受到侵害。内在的空虚、骚动与外在的占有、破坏在现代人身上紧密地交织在一起。现代人在享受发展所带来的丰裕物质成果的同时,深陷于认同的焦虑、安全感的缺失之中。所有这一切都表明,现代人在自身力量不断增强的同时,也日益显示出其脆弱性的一面。无疑,所有这一些都展示了现代人生存的不确定性或无根基状态。如何在新的条件下重建确定性,现代人应当树立一种什么样的生存价值观,这是我们必须认真思考的问题。

第一节　理性的合理化

现代理论对于现代人生存困境的应答,不同程度地与“理性”发生关联。

激进的现代主义批判者对理性持彻底批判态度,在他们看来,既然现代性困境根源在于理性,那么只要用其反面即非理性取而代之就可以将问题解决。对于这一思路我们并不赞成。通过第二章的分析,我们知道,人类在追求确定性的道路上先后经历了神话思维、本体论思维、宗教神学和理性自我的建立等不同阶段。在这些不同的阶段,人类所希冀和寄托的力量是不尽相同的。在人类自身力量不够强大的前现代阶段,人类只能匍匐在自然和自身塑造的神面前,在将自身的理性成为论证神圣力量的过程中求得内心的安宁。尽管人类成长的道路是坎坷的,但是,总体上说来,人类的理智在不断发展,人类的理性能力在不断提高,人们的科学素养也在不断增强。科学在蹒跚中终于突破了神话和宗教的藩篱,成为引导人类寻求确定性的最重要力量。

解铃还需系铃人。现代人类所造就的不确定性因素是人类在力图寻求更高的确定性过程中所付出的代价。问题的关键,不是返回到遥远的过去,在神话的虚幻中、在共同体的束缚中、在宗教声中寻求心灵的慰藉。陶渊明"茅屋三两间"田园诗画般的描述,尽管能够唤起现代人无限的遐思,然而,我们毕竟不能回归到过去。面对严峻的生存现实,我们需要一种生存的勇气和决心,需要立足于自我这一根基来寻求确定性的生存世界。神已逝去,现代人唯有凭借自己的力量才能开创美好的未来。

一、理性:引导人类发展的根本力量

现代性弊端的纠正需要借助现代性自身的力量,现代性的核心——理性仍然是我们当今人类面对严峻的生存现实所唯一能够借助的力量。通过先前的分析,我们已经能看到,理性自我的发现和确立是现代性的一个突出标志,现代人正是借助理性的力量来寻求确定性的生存根基。尽管以理性为基础寻求确定性根基的现代性有着不容忽视的弊端,但是,它却包含着解放人的生命,促进人的自由和提升人的生命质量的积极意义。现代性哲学所建构的主体形而上学,是对人的主体性的充分自觉以及对人的理性力量的充分自信。如果说前现代哲学是一种遗忘"自我"的学说,那么,现代性哲学则以不同的方式确立了"自我"并赋予其至高无上的地位;如果说前现代哲学把人的世界笼罩于彼岸世界的阴影之下,那么,现代哲学则找回了这个失落的世界,并要求通过自我理性的充分运用来逐步完善这个世界。也正是在这一意义上,以自我为确定性根基的现代性是人的重大觉醒,意味着人的自我发现。

在前现代性阶段,个人是不具有独立性的,而是完全依附于群体,他们的生活主要也不是由个人主宰,而是要接受群体的支配,个人只不过是"一定的狭隘人群的附属物"。对自我理性的强烈关注,具有将人从神圣共同体的压迫中解放出来,并把人确立为整个世界不可动摇的阿基米德点的深层动机。因而现代哲学以一种理论的方式表征着对一种崭新的生存方式和生活境界的渴望,它不再希求以彼岸世界作为现存世界的替代物,而是要求在此岸世界,依靠人自己的力量,去建立一个人间天国。

也正因如此,我们应当对理性寄予高度的期望,而不应当像激进的后现代主义那样对理性的自我进行彻底的解构,使其成为一种碎片化的存在,我们应当在对现代理性进行辩证地扬弃的基础上,建构一种新型的理性生存观念,以此夯实现代人的生存根基。如此一来,对现代理性观念进行批判性考察,并在此基础上重建一种合理的理性观念就成为了努力的一个重要方面。

二、实践理性观:理性合理化的必然要求

那种试图依靠自身的理性而使自然沿着确定性轨道发展的技术理性主义观念,那种试图将人的非理性因素压制和消除掉的做法,实际上并不是一种真正的理性行为,它所展示的是启蒙理性的虚妄性。也正是基于对启蒙理性的反思性批判,自黑格尔建立起庞大的哲学体系以后,现代西方哲学就以不同的方式对启蒙理性观进行着多角度的批判,从而将合理性问题提了出来。合理性,在最基本的意义上就是合乎理性。但无疑,这种理性不是古代哲学的客观理性,也不是启蒙哲学的主观理性,更不是黑格尔意义上的绝对理性,而是经过批判性改造了的理性,是对原有的理性的一种辩证扬弃。这是"一种无基础主义的、既是诠释性又是批判性的合理性理论,它可以理直气壮地踏在理性哲学的位置上"[1]。合理性的提出是基于对传统理性主义和非理性主义的批判基础上的,马克思哲学的实践理性观,就揭示了理性合理性化的最科学内涵。

---

[1] 赫·施奈德巴赫:《作为合理性之理论的哲学》,载《德国哲学》第7辑,北京大学出版社1989年版,第183页。

在马克思哲学看来,早期现代哲学的自我之所以以超验的姿态存在,归根结底在于它脱离了具体的历史情境,遗忘了现实生活世界。作为自我意识的我思,将现象纳入意识中以此来确立毋庸置疑的确定性。这种从主观方面来为现象奠基的立场之所以成立,完全依赖于一个非时间的、抽象的自我的存在。康德的自我就是一个非时间性的、非个人的自我。康德通过先验自我与经验自我的区分确保了自我的先验同一性,但同时也使主体自我成为一个无时间性的东西。但是,恰恰是这种意识哲学的自我使确定性的追寻走上了自我毁灭的道路。人必然要生活于现实当中,即在时间中理解自己,剥夺了人的时间性,也就是在消灭人。时间是人的基本存在方式,只有在现实中,而不是在意识中,人才能真正理解和把握自己。因此,将感性的时间引入自我当中,将自我从超验的抽象存在转化为感性的、现实的生命存在,使其从绝对无条件性的存在转化为情境化的存在,可以展示自我的本真面貌。

只要对时间作现实的关注,自我超时间性的一面就会遭到致命的冲击。马克思哲学对先验自我的解构,突出地表现在对时间问题的哲学转换上。马克思将时间还原为感性的时间,并对处于现实感性时间中的个人生命存在的一般条件及其关系给予了现实关注。在马克思看来,时间首先是生命存在的基本形式,尤其是现实的人存在的基本形式,决不是与人无关的所谓纯粹客观的东西。在马克思那里,依据个人的现实直观感受,人的时间可以划分为劳动时间和可自由支配的时间。而在资本主义社会,自我直观感受的个人时间完全被资本主义社会化大生产的基础即社会一般劳动时间支配。建立在自我直观感受、生存欲望和兴趣基础上的个人自由时间必须以社会劳动时间为尺度。无疑,在这种受外在必然性所支配的异化时间当中,时间成为一种敌视人的、非感性的、抽象的东西,是人们以一种痛苦的、不幸的方式所感受到的东西。而只有当人摆脱这种异化的生存状态,将时间从一种否定性的存在转化为一种肯定性的存在,即劳动转化成为一种自由自觉的活动时,时间的这种可行性的感性向度才能得到真正的体现。这样,时间与自我获得了天然性的联系,抽象的、意识的自我被历史的自我所取代,现成性的自我便被生成性的自我所取代。马克思从处于现实感性时间中的人出发,对传统哲学关于自我的理解进行了根本性颠覆。

马克思哲学所理解的"人",并不是传统哲学所言的处于固定不变状态中的抽象的人,而是处于时间当中的现实的人,是从事实际活动的人、实践的人。马克思反对从某种固定不变的实体中去寻求人的抽象本质的做法,而主张从人的活动及其方式的动态变化中去探讨人的现实本质。人作为一个区别于动物的特殊物种,当然也有自己的"类"本质。但是这种"类"本质不是他作为物种的先在的规定性,并不是像近代哲学所言的实体性的东西,相反,它是实践的产物,因为"正是在改造对象世界中,人才真正地证明自己是**类存在物**"[1]。在他看来,人不仅是"感性对象",而且是"感性活动"。实践是人的根本存在方式和本质活动,只有从实践出发才能把握现实的人和人的现实。"个人怎样表现自己的生活,他们自己就是怎样。因此,他们是什么样的,这同他们的生产是一致的——既和他们生产**什么**一致,又和他们**怎样**生产一致。"[2]人的本质,只能从人的实践活动中去了解和确定。人作为一个区别于动物的特殊物种,当然也有自己的"类"本质。但是,这种"类"本质不是他作为物种的先在的规定性,而是实践的产物,因为正是在改造对象世界中,人才真正地证明自己是类存在物。"吃、喝、生殖等等,固然也是真正的人的机能。但是,如果加以抽象,使这些机能脱离人的其他活动领域并成为最后的和唯一的终极目的,那它们就是动物的机能。"[3]如此一来,自我的存在就表现为实践中的不断生成过程,这种过程也就是对当下的不断否定过程,这与动物抽象的同一性和肯定性形成了鲜明的区别。人的存在总是以未来为导向,不断突破现有条件的限制,向一种可能性前进。

马克思哲学将人的存在放置到具体的实践活动之中,使得横亘在自我与自然、自我与他者、自我与自身之间的二元对立宣告终结。就自我与自然来看,自然是活生生的自然,是社会化的人生存于其中的自然,因而它已经不再是自在的自然,而是一种人化的自然。因此,自然决不是与人和人的活动分离开来的自然界,而是"人的现实的自然界","人类学的自然界"。自然内在包含于人的实践活动当中,已构成人的生命存在必不可少的组成部分。就自我与他人来看,自我也不是抽象的自我意识,而是自然性与社会性兼具的生活于

第六章 现代人生存根基的建构

[1] 《马克思恩格斯选集》第1卷,人民出版社1995年版,第47页。
[2] 《马克思恩格斯选集》第1卷,人民出版社1995年版,第67—68页。
[3] 《马克思恩格斯选集》第1卷,人民出版社1995年版,第44页。

具体历史情境中的人；人也不是处于幻想的离群索居的和处于固定不变状态中的抽象的人，而是现实存在的人，是从事实际活动的、实践的人。

实践的观点同时也蕴涵着关于理性与非理性或心灵与身体关系的新的理解和把握。人的实践活动与动物的生命活动的一个本质性区别在于，人的实践活动是一种有目的、有意识的活动。人们在进行活动之前，就事先建构活动的观念模型，确定某种目标，制定出某种活动的程序以期达到某种具体的实践效果。这一实践活动的过程必然是一种理性活动的过程，在这其中，人们需要借助概念、逻辑、推理等理性手段达到预期的目的。不承认这一点就意味着将人贬低为动物的水平。但与此同时，实践活动的构成也并不是纯粹理性的过程，在实践过程中，也会伴随着人们的情感、意志、价值取向等非理性的内容。直觉、顿悟、灵感等非理性因素对于某个实践结果和解决办法的出台也会起到一定的作用；情感、理想等对人们的价值观念起到至关重要的导向作用。不承认这一点，就意味着将人贬低为一架毫无生机活力的纯粹技术化的机器。理性和非理性都有其存在的合理性：人是有目的、有意识的存在者这一点并不能排斥非理性因素在实践活动中的合理性；但是具有存在合理性的非理性因素也不能片面扩大至极端，以非理性的盲目和冲动来取代理性在人的存在当中的中心地位，否则就将人的具体的实践活动降低为动物式的本能活动。在实践过程中，理性和非理性因素是密切交织在一起的。合理的实践活动恰恰体现为，非理性因素始终在理性的调控下为人的整个实践活动加以服务，体现为理性与非理性的和谐。

人类实践发展的动态性表明，理性绝对不是一种既定的、无条件的东西，它总是随着人们的实践而产生，并且随着人们实践的发展而不断得到充实和发展。人类认识能力的提高，逻辑思辨能力的提升，都是与人类实践活动的广度和深度密不可分的。正是由于实践的人的存在，才使得理性得以成为可能。也正是在这一意义上，我们可以清楚地看到，无论是古代的客观理性还是早期现代哲学的主观理性都是片面的。古代客观理性是指作为宇宙之本源和世界之灵魂的一种本体论意义上的实体，是内在于现实中的本质性结构，是世界的客观性秩序原则。无疑，这种所谓世界本然之"逻格斯"只是一种神秘化的存在，在实践哲学的视野当中，并不存在这种纯粹客观的、与人无关的理性。理性总是与人密切相关的，是实践的人所体现出来的一种能力。早期现代哲学脱离人的具体实践活动而谈论理性自我的确定性,或者将理性看做是自我所具有的一种实体性的东西,或者将理性看做是先天具有的一种能力,无疑是在一种抽象意义上谈论理性,这样的理性既割裂了与历史和现实的联系,也割裂了与肉体的关系。

同时也正是在这一意义上,我们可以看到后现代哲学通过对人之非理性或肉体一面的强调而解构理性自我的确定性,也是不可取的。非理性主义者叔本华、尼采、柏格森等人以理性的形式化、逻辑化为名,认为将人归结为理性的存在将会否定人所具有的生机和活力,因而他们或者将人的存在归结为"生命意志",或者归结为"权力意志"或"生命之流",从而对人进行了非理性化的处理。解构的后现代主义者德里达、福柯等人则干脆彻底否定一切本质化的东西,将人看做是无中心、边缘化的存在。依照他们的观点,不仅理性的自我并不存在,就是非理性的自我也并不存在。如此一来,人被彻底地碎片化了。

总之,感性的、具体的实践活动表明,人的存在是自然、人、社会通过实践而实现的一种自为的、开放和历史的生成过程。人与自然之间进行着开放式的交互关系,人与人之间是一种具体的关系性存在,人自身中的理性和非理性因素通过具体的实践活动紧密交织在一起。那种将人片面化为理性或非理性存在的观点,那种将人的存在片面化为纯粹原子式或纯粹共同体式的存在的观点都是不可取的。

基于马克思实践自我观和实践理性观,我们可以看到,理性的合理化或合理性包含着以下几个方面的具体要求:

首先,合理性包含着一种自我反思和自我批判的精神。合理性是对传统抽象理性主义的批判和否定,而非一般性的继承,它包含着一种反思和批判精神。在合理性视野当中,理性始终是从事实践活动的个体所具有的一种能力。由于受具体客观条件的限制,任何人都有不容忽视的缺陷。因此,从根本上说,人的理性是有限的,而非无限的。抽象理性主义最根本的缺陷,在于没有历史地、科学地看待自身,将自己作为一个不言自明的前提,并以此为出发点考察其他一切,最终将自身置于一种非批判性的地位。将外在的一切置于批判地位而对自身缺陷不加反省时,必定会出现盲目乐观的弊端。也正是这一局限导致了传统理性在现时代的沉沦,造成了现代社会的深刻危机。黑格尔以后的人本主义哲学,无论是意志主义、存在主义、生命哲学,还是弗洛伊德主义等,都是从否定理性作为世界的本体和本原地位出发,力图对理性的绝对至上性进行彻底批判直至将其消解掉。基于对理性的一种批判性反思,合理性要人们谨记下列观点:"我们不能再把理性想成一种实体,一种结构或一种总是适用的规律性的总体。……理性并不是宇宙或历史的本质或基本规律,同样也不是人的灵魂的本质或基本规律。这样就剩下了一个可能:理性是人的理智地存在的能力,所以,说理智(或明智)比说理性要好一些,而人们更喜欢讲的是'合理性'"。[1]

其次,合理性包含着一种差异性向度和对话交流的宽容精神。合理性所具有的自我反思和自我批判精神表明,理性不应当是一种封闭化的东西。理性作为人的本质力量最重要的表现形式,它应当随着人们实践的发展而不断进行革新。因此,从历史的角度来看,任何一种理性观念和理性行为都是与特定的时间和特定的空间相适应的,都是相对的、并非尽善尽美的。不仅绝对确定的实体理性不存在,就是绝对确定的先天功能理性也不存在。所有这些自封的确定性只不过是将时间从人的存在当中抽绎出来,将人进行先验化的处理所得出的结论而已。也正因为不同理性的有限存在,个体之间才应当以一种交流和沟通的方式,寻求不同"视阈"之间的融合。这种交往和沟通的过程,实际也就消除了对理性和自我进行的原子化和封闭化的理解,开启了不同"视阈"之间商谈对话的可能。伽达默尔的视界融合理论就表明了这一点。伽达默尔认为,历史或文本的理解过程是不同视界之间的融合过程。由于每个人都处于特定的处境之中,每个人的特殊处境构成了其理解的界限,这个界限就是视阈。我们对历史的理解实际上就是从自己的视阈出发而对过去或他人的视阈所进行的理解。任何视阈都是开放的,过去和他人的视阈是向我们开放的,因而我们可以进入他们的视阈之内;我们的视阈也是开放的,我们通过对他人视阈的理解而不断扩展我们的视阈,修正我们的前见。理解的过程就是不同视阈之间的相互动态交流过程。正是由于各个视阈之间存在着差异,每个视界只具有相对的合理性而非绝对的确定性。也正是这种差异性的

---

[1] 赫·施奈德巴赫:《作为合理性之理论的哲学》,《德国哲学》第 7 辑,北京大学出版社 1989 年版,第 171 页。

存在使得交流对话成为可能和必要。

再次,合理性包含着不断追求真实性和确定性的理想向度。自我的反思和批判,并不仅仅是一种否定性的行为,否定的目的在于建构一种新的确定性。实践是不断发展的,实践的过程就是不断消除当下的不合理性、追求更加合理性的过程。理性的实践性存在也正是如此,它不可能仅仅停留在差异性的向度上。各个交往主体之间的交流沟通,并不仅仅是为了显示自身差异性的存在,更为重要的,还是要通过这种交流过程,求得某种程度的共识。因而理性的个体性、差异性的存在,也不能排斥走向普遍性和确定性的可能。只是这种普遍性和确定性不是先天规定好的,而是通过摆脱每个个体的有限性而在实践中不断生成的。合理性在其常识性的意义上也表明了这一点。人们常说某某事情是不合理的,这无疑在其心目当中有某种理想的合理性情境的存在。也正是在这意义上,我们说,以差异性为由来排斥共识的极端个人主义和相对主义的观点是不合理的。

交往对话的宽容精神不仅表明了差异性向度,同时也表明了其确定性追求的超越性一面。在视界融合理论中,我们同样可以看到这一点。在理解过程中,每个人需要将自己置于他人的视阈当中,这种置入也就是要放弃自我,把自我暂时"变成"他人。这种置入的过程不是将自我的个性转移到另一个个性当中,也不是使另一个个体放弃自身,而是向一个更高的普遍性进行提升。因此"这种普遍性不仅克服了我们自己的个别性,而且也克服了他人的个别性"[1]。同时,由于所处的视阈的限制,理解的过程不是一个主观任意想象的过程。随意的想象决不具备理解的资格,它既脱离了理解的条件,脱离了历史处境,这样的想象是没有任何意义可言的。从根本上说,只要是正常的思维活动,就不可能有完全脱离任何先决条件的随意想象。在任何"随意"想象的背后必然有不随意的东西作为内在的根据。也正是在这一意义上,阿伦特认为,"意见以世界如何向我呈现的方式掌握这个世界,因此,它并非主观的幻想及随心所欲,亦非某种绝对放之四海而皆准的东西。这种想法的假设是世界会根据每个人所处的位置,而向每个人展现不同的面貌。世界的'同一性'(the sameness)、'共同性'(commonness)或'客观性'(objectivity)在于

第六章　现代人生存根基的建构

---

[1]　伽达默尔:《真理与方法》,上海译文出版社1999年版,第391页。

下述事实：尽管人们彼此有别、立场迥异，甚至意见不同，但是向我们展现的是同一个世界。"[1]可见，在合理性视野当中，差异性与普遍性是内在统一的。

最后，合理性意味着理性的自我是一种关系性的存在，而非实体性存在，是一种现实的、具体的存在，而非先验的、抽象的存在。通过对以上几个方面的剖析，我们可以看到，早期现代哲学之所以将自我和理性进行了片面化、绝对化的处理，从根本上说在于它忘记了人的存在是一种关系性的存在这一基本事实。人的实践活动是在具体的现实生活当中展开的，人不仅要现实地处理与自然、自身的关系，更要现实地处理人与人的关系。并且人与人之间的关系性存在，更是异常复杂。人在实践的过程当中始终以个体、群体和类的方式存在着。人本身是个体的人、类的人和社会化的人的三位一体的生存结构。基于这种理解，自我、自然以及他人之间应当建立一种立基于合作化关系基础上的确定观，而非强力压制的确定性观念。

第二节　资本运行的合理化

绝对自我观和理性观的批判以及新的自我观和理性观的建构，属于观念层面的革新，它有助于从观念层面解决现代性的内在悖谬，进而在理性基础之上重塑一种新型的确定观。但是，现代性问题的解决，决不仅仅是用一种观念取代另一种观念所能完成的。"批判的武器当然不能代替武器的批判，物质力量只能用物质力量来摧毁。"[2]离开了对观念生成的存在论基础的分析和对这一基础的改造，问题是无法得到最终解决的。因此，对现代人生存悖谬的批判不仅仅在于对现代性困境的哲学说明，而是要真正揭示现代性状况自身的历史本质，进而找到扬弃它的历史条件。也正因如此，"必须完成一种社会设置的结构转型，提供一种旨在驱使人们求真、趋善、向美的制度安排和社会环境营造"[3]，通过建构一种合理的社会发展方式，不断化解人与自然、人与社会、人与自身所面临的矛盾，努力实现每个人的自由全面发展。

［1］ Hannah Arendt, *The Human Condition*, University of Chicago Press, 1958, pp.179–180.
［2］ 《马克思恩格斯选集》第1卷，人民出版社1995年版，第9页。
［3］ 晏辉：《现代性语境下的价值与价值观》，北京师范大学出版社2009年版，第300页。

一、资本:现代性的形塑力量

现代性实际上是基于资本逻辑基础之上的不断扩展的过程,是资本通过市场不断扩充边界、按照自己的意愿创造世界历史的过程,也正是这一过程催生了普遍的现代主体意识。伴随着资本的扩张,现代人开启了对外在自然、人本身自然的开掘过程,并以此来重新塑造现代社会秩序和人际关系。资本使人类摆脱了对自然的盲目崇拜,真正成为自然的主人。以资本为基础的现代生产,"创造出一个普遍利用自然属性和人的属性的体系,创造出一个普遍有用的体系……"[1]资本普遍地利用自然属性要求,使自然成为满足人类自身需要的有用物。在不断追求资本增殖的过程中,人们不断地拓展着改造自然的力度和广度,克服了以往生产地域的狭隘性和对自然的敬畏感。资本关系所体现出来的这种人对自然关系的普遍占有和支配权,以及它对现代社会物质文明的巨大推动作用,构成了现代性生成的根本力量。

资本逻辑的展开过程也是传统社会结构被颠覆、新的社会关系生成的过程。使人们获得自由是资本的内在要求。资本要实现其增殖的需要,必须具有大量人身自由的雇佣劳动者,打破一切基于依附关系的人身束缚。不仅如此,资本要实现增殖,它必须使经济领域成为一个不受任意政治干预的相对自由的空间,使其运行遵循资本的内在逻辑。如此一来,传统社会中政治宰制一切的现象被大大改变,社会从机械团结转变为基于分化基础上的有机团结。为了扩大消费范围,资本也促使普遍地交换各地不同条件下的产品和各种不同国家的产品,使得社会成员不仅普遍地占有自然界,而且普遍地占有社会联系本身;不仅克服把自然神化的现象,而且克服民族界限和民族偏见。

资本逻辑的展开也为人的精神生活的丰富创造了条件。利润的最大化是资本的一贯追求。缩短必要劳动时间,发现、创造和满足社会本身新的需要,这两者是实现利润最大化必不可少的手段。生产效率的提高,剩余劳动时间的扩大,为社会自由劳动时间的增长奠定了基础,为人的自由全面发展提供了必要的前提。而新的需求的开发,不仅增加了人们对现有需求的满足的量,而且在人们现有需要的种类之外增加了新的种类。正因如此,马克思指出:"培养社会的人的一切属性,并且把他作为具有尽可能丰富的属性和联系的人,因

---

[1] 《马克思恩格斯全集》第 30 卷,人民出版社 1995 年版,第 389—390 页。

而具有尽可能广泛需要的人生产出来——把他作为尽可能完整的和全面的社会产品生产出来(因为要多方面享受,他就必须有享受的能力,因此他必须是具有高度文明的人)——,这同样是以资本为基础的生产的一个条件。"[1]

总之,资本的内在逻辑就是要克服和消灭一切阻碍生产力发展的条件,将自然彻底转变为人全面控制的对象,它要求对一切陈旧的生产关系进行彻底改造,要求把人们的欲望和需求充分开发出来,使得人们彻底放弃已有的消费理念、消费方式。资本一出现,就标志着社会生产过程的一个新时代。马克思在《1857—1858 年经济学手稿》中,深刻阐述了资本对于现代社会的强大推动力量:

> 只有资本才创造出资产阶级社会,并创造出社会成员对自然界和社会联系本身的普遍占有。由此产生了资本的伟大的文明作用;它创造了这样一个社会阶段,与这个社会阶段相比,一切以前的社会阶段都只表现为人类**地方性发展和对自然的崇拜**。只有在资本主义制度下自然界才真正是人的对象,真正是有用物;它不再被认为是自为的力量;而对自然界的独立规律的理论认识本身不过表现为狡猾,其目的是使自然界(不管是作为消费品,还是作为生产资料)服从于人的需要。资本按照自己的这种趋势,既要克服把自然神化的现象,克服流传下来的、在一定界限内闭关自守地满足于现有需要和重复旧生活方式的状况,又要克服民族界限和民族偏见。资本破坏这一切并使之不断革命化,摧毁一切阻碍发展生产力、扩大需要、使生产多样化、利用和交换自然力量和精神力量的限制。[2]

二、资本:确定性的颠覆力量

资本只有一种生活本能,就是增殖自身,获取剩余价值。资本作为一种运动过程,从内容上看,是通过榨取剩余劳动来使自身增殖的过程;从形式上来看,是资本价值不同形式间的循环运动。实现自身增殖这一目的,决定了资本

---

[1] 《马克思恩格斯全集》第 30 卷,人民出版社 1995 年版,第 389 页。
[2] 《马克思恩格斯全集》第 30 卷,人民出版社 1995 年版,第 390 页。

的运动是没有限度的,它具有不断膨胀和扩张的欲望,进而将一切确定性的东西融化,使整个社会处于永不停息的运动之中。资本逻辑推动下的现代社会,所呈现给我们的是一幅发展、创造、破坏、骚动、不安交织在一起的矛盾复杂体。"一方面是永不满足的欲望和冲动、不断的革命、无限的发展、一切生活领域中不断的创造和更新;另一方面则是虚无主义、永不满足的破坏、生活的碎裂和吞没、黑暗的中心、恐怖。"[1]资本作为现代社会中的"普照光"和特殊的"以太",将道德与自然、年龄和性别、白天和黑夜的界限统统打破了,将一切原先看似坚不可摧的东西彻底融化和摧毁了,将一切原本神圣不可侵犯的东西统统的亵渎了。资本在狂欢,现代人感受到的是"一切坚固的东西都烟消云散了"。

(一)无休止的扩张

资本力图无限制的发展生产力,要把自然科学发展到它的顶点。在现代社会,资本与理性形而上学成功地实现了联姻。资本来到世间,它的最本己的规定和决定性的存在方式就是增殖过程,而只有成功的实现对作为对象的存在者进行控制和统治,这一增殖过程才能够最终实现。"通过联合长于抽象化、形式化、合理化、数量控制的理性形而上学,尤其是借助科技,资本得以将形而上学的理性力量转化为空前巨大的生产力,并借此建立覆盖全球、全人类乃至外太空的霸业。而借助资本的惊人力量,理性形而上学得以冲出书斋和实验室,成为资本的知识要素,并经由科技、教育、文化、信息等意识形态产业而殖民生活世界,建立了汪洋大海般的现代性统治。"[2]资本贪得无厌的扩张本性,与理性形而上学永不停息的谋划,这种目的和手段之间的紧密结合,把对象化的存在者进行了彻底的改造和征服。自然被祛除了神秘面纱,人类广泛而深刻地介入自然,对自然的改造和利用达到了前所未有的程度,造成了在资本关系下对自然界最普遍的占有和掠夺,自然成为人类宰制的对象。"要从一切方面去探索地球,以便发现新的有用物体和原有物体的新的使用属性,如原有物体作为原料等等的新的属性;因此,要把自然科学发展到它的

第六章　现代人生存根基的建构

---

[1]　马歇尔·伯曼:《一切坚固的东西都烟消云散了》,商务印书馆2003年版,第131页。
[2]　王善平:《现代性:资本与形而上学的联姻》,《哲学研究》2006年第1期。

最高点……"[1]资本借助理性形而上学的力量,将对自然的征服从一个地域、国家、星球的征服扩展到全世界,甚至是整个宇宙。它涤荡一切差别,消除一切影响其增殖的外在因素,成为一种永不停息的扩张性力量。整个世界因资本而地动山摇。

资本无休止的扩张,所带来的是剧烈的动荡和破坏。资本对自然界的"自然力"进行着无休止的消耗,造成生态环境的不断恶化,引起了人和自然之间的严重冲突;对人的"自然力"的掠夺式使用,产生了过剩的贫困化人口,减少了市场的有效需求,逐步缩小资本扩张的市场空间,造成社会的贫富悬殊和两极分化,引发社会关系的激烈对抗。任由资本力量的无限扩张,所带来的将是无尽的矛盾、冲突、动荡和不安。

（二）一切的非定型化

瓦解旧秩序,清除一切束缚自身的羁绊,是现代性最为显著的特征。现代社会以前所未有的力量荡涤一切旧传统,现代人以前所未有的开放心态迎接新事物和新观念。现代社会只有不断的革故鼎新,将一切非定型化才能保证其正常前行。"在这个世界上,稳定只意味着熵,意味着缓慢的死亡,而我们的进步感和成长感是我们确信自己活着的唯一方式。说我们的社会正在破碎只不过是说,它活着并且活得很好。"[2]

究竟是什么样的力量使现代人对变化、流动展开疯狂的追求呢?答案正是资本。资本增殖的本性,驱使着一切的非定型化。原材料、劳动力、资金的聚集是工业生产得以进行、剩余价值得以产生,从而实现资本增殖的基本途径。大规模的工业生产,必然将独立的农民和手工业者卷入现代生产体系之中,迫使其背井离乡,关闭其生产作坊,成为雇佣工人,以此获得生存的条件和发展的可能。不管愿意与否,面对资本的强大冲击力,这是他们不得不作出的选择。资产者也同样如此。为了追求利润的最大化,他们不得不对已有的一切进行不断的革新,他们这样做的唯一目的就是使其企业和他本人能够生存下去。任何人如果不根据自己的意志主动的变化,就会成为市场下的被动牺牲品。作为一个整体的资产者,"除非对生产工具,从而对生产关系,从而对

---

[1] 《马克思恩格斯全集》第30卷,人民出版社1995年版,第389页。

[2] 马歇尔·伯曼:《一切坚固的东西都烟消云散了》,商务印书馆2003年版,第123页。

全部社会关系不断地进行革命,否则就不能生存下去"[1]。资本在实现自身增殖的过程中,也消融着传统的观念。当资本的最大化成为追求的目标时,经济的考虑和算计就成为核心内容。为此,资本逻辑必然要求摆脱掉阻挡在人们通往效益计算道路前的所有障碍,将企业家的动力从家常义务和严密的道德责任体系的羁绊下解放出来,"仅仅保留构成人们相互关系和相互责任基础的诸多联系纽带中的'货币关系'纽带"[2]。已有的传统价值观念在资本面前轰然倒塌。

(三)永不停息的骚动

资本犹如一匹脱缰的野马,永无休止的满足自己的欲望和释放自己的能量,它给每个个体所带来的是内心无休止的骚动和不安。资本把一切价值都还原为市场上的价格,人的生命的一切丰富内容,如理想、信念、对美的热爱等等都被换算成交换价值,它们存在的意义和价值被转换为商品在市场上用价格加以衡量。作为消费者而言,只要他愿意,就可以在市场购买到他所希望的一切。资本魔力激发着人们对金钱的酷爱和追求,外在的价值,确切的说是用货币衡量的外在价值而非内在价值主导着人们。资本为了解决生产和消费的矛盾,不断激励人们消费,开掘人的消费欲望。资本逻辑主导下的生产所创造的每件东西都是为了被摧毁而生产出来的。按照资本的逻辑,所有坚固的东西——不论是钢筋混凝土的坚固楼房,还是生产出来的质地精良的服装,它们统统是为了在不久的将来甚至是明天被摧毁、烧毁而制造出来的:

所有资产阶级纪念物的令人哀怜之处在于,它们在物质上的强度和坚固性实际上毫无价值,无足轻重,它们像衰弱的芦苇那样被它们所纪念的资本主义发展的力量摧毁。甚至最漂亮的最打动人的资产阶级建筑物和公共工程也是一次性的,是针对快速的贬值损失被资本化的,其设计注定要过时,在其社会功能方面要更接近于帐篷和野营地而不是更接近于"埃及的金字塔,罗马水道,哥特式教堂"。[3]

[1] 《马克思恩格斯选集》第1卷,人民出版社1995年版,第275页。
[2] 齐格蒙特·鲍曼:《流动的现代性》,上海三联书店2002年版,第6页。
[3] 马歇尔·伯曼:《一切坚固的东西都烟消云散了》,商务印书馆2003年版,第128页。

第六章　现代人生存根基的建构

基于资本增殖的需要,铺天盖地地进行广告宣传,充分挖掘人们对新奇事物的喜好,极力激发人们的消费欲望,成了资本逻辑推动下的消费市场中的一道亮丽景观。"虚假的需求"而非"真实的需求"主导了现代人的内心世界。

在前面的几个章节中,我们分别从现代自我与自身、自我与社会、自我与自然几个层面上阐述了现代社会的流动性和非确定性。在此,通过对资本逻辑的分析,可以看到,从根本上说,是资本关系导致了自我与自然、自我与社会、自我与自身之间的深层次的矛盾。无论是现代人对自然的盲目开发,还是人际关系的原子化,自我的空虚感,无不体现了这一点。总之,是资本关系使得现代自然、社会和人发生了翻天覆地的变化,资本逻辑带给现代人的是一个高度变化的、矛盾的、错综复杂、眼花缭乱的生活场景。

三、资本运行的规约

作为现代性的根本推动力量,资本的运行对于推动现代社会的发展功不可没。发展社会劳动生产力,是资本的历史任务和存在理由。资本正是这样不自觉地为一个更高级的生产形式创造物质条件。历史发展到今天,还没有任何一种生产方式能在经济上达到资本这样的规模和效应。没有资本的有效运行,就不可能有生产力的快速发展,进而不会为现代人的生存和发展创造基本的物质前提。但是,资本内涵着不可化解的矛盾,生态的破坏、道德的沉沦、愚昧、贫困、异化是资本运行的产物。资本尽管能为整个社会生产力的提高发挥作用,但是它并不能带来人的全面发展、社会的和谐和每个人特别是弱势者的幸福。也正因如此,在现代社会,决不能将资本理想化、绝对化,不能让其横行霸道,为所欲为,相反,应该限制资本的霸权,给资本的运行划定明确的界限,防止其对政治、文化的全面殖民和渗透。

(一)资本运行的伦理约束

资本作为一种价值增殖的方式,作为一种支配生产要素进行扩大再生产的价值力量,它是一种手段,这种手段的功能表明了它既无所谓善也无所谓恶。但是,资本追求价值增殖的过程,始终是由人所控制和掌握的,资本的支配者或控制者在使用资本的时候,他们是带着特定的价值关切的。在缺乏有效的外在制度约束和监督的情况下,为了获得剩余价值,资本拥有者将会不择手段,从而使资本的运行具有浓厚的反道德、反伦理色彩。无论是资本原始积累时期资本家对雇佣工人的残酷剥削,资本主义国家对后发国家的疯狂掠夺,还是当代条件下资本对自然的疯狂征服,资本主导下的人际关系的冷淡,无不体现着资本拥有者贪婪、卑劣、残酷的一面。也正因如此,马克思对资本原始积累令人发指的可怕一面进行了深刻批判。在《资本论》中,马克思引用了托·约·邓宁的一段精彩论述深刻揭示了资本的残酷本性:"资本害怕没有利润或利润太少,就像自然界害怕真空一样。一旦有适当的利润,资本就胆大起来,如果有10%的利润,它就保证到处被使用;有20%的利润,它就活跃起来;有50%的利润,它就铤而走险;为了100%的利润,它就敢践踏一切人间法律;有300%的利润,它就敢犯任何罪行,甚至冒绞首的危险。如果动乱和纷争能带来利润,它就会鼓励动乱和纷争。走私和贩卖奴隶就是证明。"[1]对于资本运行中的贪婪、卑鄙和恶劣的一面,马克思愤怒地指出:"资本来到世间,从头到脚,每个毛孔都滴着血和肮脏的东西。"[2]资本的运行如不受到有效的制约,所带来的必定是社会发展的同时伴随着持续的动荡和不安。正因如此,对作为资本的人格化的资本家或企业家加以约束,让资本的经济运营单位——企业承担起社会责任,是遏止资本破坏力,发挥其积极作用的根本方式。

实际上,资本关系产生的最初,新教伦理的存在就对资产者贪婪攫取的一面发挥着很强的制约作用。在资本主义早期,资产者为保持自己政治上的稳定,致力于建立良好的社会关系,曾在价值观念和行为准则方面进行了富有创造性的工作。清教徒对天主教的腐败奢侈、繁文缛节进行了彻底的改革,他们恢复了基督教早年淳朴、廉洁、神圣的传统,继承了中世纪一些苦修团体的禁欲习惯,努力过一种圣洁简朴的生活。为了获得拯救而成为上帝的选民,他们自觉履行上帝赋予的世俗责任,不知疲倦地工作。他们在个人生活上禁止纵情享乐和奢侈浪费,对物质欲望的追求限制在生活必需的限度内。他们在经营中精打细算、严格记账,把省下来的财物用来投资和扩大再生产。富兰克林给自己定的十三条道德准则就非常明显地体现了这一点:节制欲望,在吃饭和喝酒上要节制;自我控制,对待别人要能够克制忍让;沉默寡言,少说废话;有

---

[1] 《马克思恩格斯选集》第2卷,人民出版社1995年版,第266页注。
[2] 《马克思恩格斯选集》第2卷,人民出版社1995年版,第266页。

条不紊;信心坚定,信守诺言;节约开支;勤奋努力;忠诚老实;待人公正;保持整洁;心胸开阔;慎言谨行;谦逊礼貌。显然,这种伦理调勤俭致富、拯救灵魂。清教徒的苦行伦理造就了资产阶级精打细算、兢兢业业的作风和追求财富的动力。

随着现代性的充分发展,制约资本运行的新教伦理渐渐失去了影响力,人们又寻找制约资本的新的伦理原则。20世纪后半叶,在欧美各国兴起并影响全球的"企业社会责任运动"(Corporate Social Responsibility),现如今已成约束资本运行的重要伦理力量和道德观念。"企业社会责任运动"摈弃了不顾一切地追逐利润的做法,要求企业或组织在赚取利润的同时,必须主动承担对环境、社会和利益者的相关责任,包括遵守商业道德、生产安全、职业健康、保护劳动者的合法权益、节约资源等。对企业社会责任的强调,超越了企业只强调技术性指标,把赚取利润作为唯一目标的传统理念,而是更强调在生产过程中对人和对社会价值的关注,注重生产过程中人和社会的整体利益。

企业伦理建设和对企业家、企业社会责任的强调,把企业赚钱的本性与对外在道德规范的遵循结合起来,使其正确地认识到自身在社会、市场上的角色、功能、责任、义务,进而使资本遵循社会道德法则运行,使资本这个现代社会中狂暴的"利维坦"受到道德伦理的驯服。因此,在现代社会,企业伦理建设、企业家伦理观念的培育作为约束资本的重要方式,将会显得极为重要。

(二)资本运行的法律约束

道德伦理观念的培育,尽管有助于使资本沿着合理的方向发展,但是道德力量毕竟是有限的,仅仅凭借道德观念和道德准则的约束,不足以限制资本的狂暴。法律作为一种强制性力量,具有至高无上的权威,在规约资本运行过程中需要发挥积极的作用。通过法律监督促进企业伦理建设,规范资本运行,可以提高对资本不良运行的纠正力和打击力。条理清楚、有章可寻的法律法规及其强制执行,为企业行为确定明确的价值取向,有助于规范资本合理运行。

资本的目的是实现利润最大化,因此对于创造剩余价值的雇佣工人,资本家是不会刻意予以保护的。在资本主义发展的早期,工人的生存境遇的悲惨就深刻表明了这一点。单单依靠市场的力量,工人所获得的仅仅是受雇佣于这个或那个资本家的自由,他们自身悲惨的生存条件是不能依靠资本家发善心解决的。依靠国家的力量,出台强有力的法律规范资本运作,才是切实保护劳动者的合法权益的有力举措。在现代化过程中,德国率先做到了这一点。1881 年德皇威廉一世颁布《黄金诏书》,提出工人因患病、事故、伤残和年老而出现经济困难时应得到保障,他们有权得到救济。由此德国开始了社会保障制度的建立和完善。1883 年德国颁布了《医疗保险法》,1884 年颁布了《工伤事故保险法》,1889 年颁布了《伤残和养老保险法》,1911 年将上述三部社会保险法合并为《帝国保障法》。再比如,19 世纪末、20 世纪初的美国,各种社会问题丛生:大规模垄断破坏了自由竞争、社会贫富差距悬殊、工人工作生活环境恶劣、食品安全问题突出、腐败问题严重。资本逻辑的弊端充分暴露出来,依靠强制性的法律法规解决问题迫在眉睫。在时任总统西奥多·罗斯福的支持下,美国出台了大量法律,对资本的无序化运营加以严格限制。在食品安全方面,罗斯福支持对肉类生产行业进行联邦调查,支持食物卫生和药品立法,使政府有权为保护消费者而制裁弄虚作假的食品制造商。1906 年,美国通过了《食品卫生和药品法》以及《肉类检验法》,并成立了食品和药品管理局。在劳资本关系方面,西奥多·罗斯福首次将联邦政府的干预引入私人契约关系领域。罗斯福还推动制定《雇主责任法》和八小时工作日立法。作为一套强制化与规范化的社会政策,这些法律较好地保护了劳动者的权益,限制了资本运营对劳动者权益的侵犯。

资本的法律规约不仅表明了限制资本盲目扩张的必要性,同时也表明,在资本逻辑支配下的不确定性时代,国家权力不仅不能弱化,相反必须得到强化。正像勒在马口中"口嚼"一样,国家力量的有效发挥是控制资本这匹生性顽烈的野马的最有效方式。

第三节　国家功能的合理化

资本无限扩张的本性使得它必然要突破经济范围,进入到文化和公共政策领域,从而使社会诸领域面临被资本殖民的可能。也正因如此,资本的力量必须得到有效规约,资本决不应该成为一切的评判标准。而在现实生活中,对资本最强的约束力来自国家。在资本高度流动的时代,国家不应该处于被动的"守夜人"的地位,它应该在合法的范围内积极主动地促进个体实质正义的实现,帮助个体切实获得幸福感。基于这一思考,我们认为,在价值文化领域,现代国家不应该持"价值中立"原则,它应该捍卫主流价值观念,引导社会向善发展;在公共政策领域,现代国家也决不应该仅仅建立一个程序化的框架,让自由的个体在其中全凭自己的能力进行竞争,并完全由个体自身承担竞争带来的后果,相反,国家应该采取切实措施帮助个体实质正义而非形式正义的实现。

一、引导向善的生活

个体自由权利的确立和维护是现代性最为重要成果。我们在第三章已经指出,现代社会通过各种有效的方式来保护个体自由权利的实现。针对个体自由而采取的各种保障措施,归结起来无非有两点:外在保护个体现实的权利;内在保护个体的良心自由。现代社会将人的外在和内在的自由看做私人之事,视为神圣不可侵犯的东西。对于良心自由而言,它如同在现实生活中个体如何生产、如何处置自己的财产一样,个人只要在不触犯法律的前提下可以选择、认可自己喜欢的价值观念,任何人、任何组织都无权干涉。在此,我们无意反对良心自由。价值的个体化和独立性是现代社会进步的重要表现,对现代社会的这一积极成果我们没有怀疑之意。但是,我们应该认识到,国家不应该采用强制的方式让人们接受某个特定的价值观念,但并不等于说国家不应该积极进行主流价值观念的宣传。

眼下,我们不得不关注的一个重要问题是:在当今资本全面拓殖的条件下,资本已经对个体的内在心灵进行着"有效"渗透。无论是消费主义下的价值虚无化,还是各种"告别权威和崇高"的口号的响亮提出,无不鲜明地体现了这一点。的确,自由体现在个体自主地选择自己的生活方式,包括自主地选择价值观上。但是自由是否与道德毫无关联? 自由是否意味着自我沉迷于粗俗生活之中是合理的? 在这一问题上,我们应该将自由作扩展性的理解,不应将自由仅仅看做一种消极被动的状态,相反,我们应该将自由看做是一种积极的状态,一种与人的精神追求联系在一起的状态。新自由主义者托马斯·格林的观点就明确体现了这一点,他指出:

当我们提及自由时,我们应该谨慎地考虑它的含义。我们所谓的自由并不仅仅是不受强制的自由。自由并不仅仅意味着我们可以做我们喜欢做的事,而不管我们喜欢做的事是什么。自由并不意味着一个人或一些人可以享受以其他人的损失为代价的自由。我们言及自由指的是一种积极的(positive)权力或能力,从而可以做或享受某种值得做或享受的事,而这些事也是我们和其他人共同做或享受的事。[1]

自由的个体决不是一个受欲望驱使且不被外在的专制力量干预的存在者。个体如果仅仅解除了外在专制力量的约束,但仍然受着纯粹的欲望的支配,那么他并没有获得真正的自由,他仍然是欲望的奴隶。真正的自由者,应该认识到自己是一种理性的存在,并且这种理性不仅仅是工具理性,同时更包括价值理性。依靠理性来约束自己的欲望使之具有道德性,这是人的真正存在样态。

在现实生活中,国家不应该仅仅为保护个体的利益而存在,它有责任在个人去做值得做的事情时,拆除设在个人面前的障碍,并为个人自由的实现创造条件。我们不赞成所谓的"国家中立"原则。让各种各样的价值在市场上进行自由竞争,表面看来是给个体充分的自主选择权,保障了个体自由的实现。但是,在现实中,当高雅的文化和庸俗的文化自由竞争时,如果社会成员道德水平有限,最终的结果是庸俗文化大行其道,高雅文化沦为可怜的陪衬品。如此竞争的结果是,个体面临的选择空间大大降低,只能在各种粗俗的文化观念之间进行挑选。也正因如此,资本的逻辑、市场的运行法则必须受到规训,不应使其扩展至人的灵魂深处。国家理应担当这一规约资本的重任。对于国家而言,剔除精神垃圾,净化精神环境,也如同在经济领域中消灭不正当竞争一样,这是其必须担当的重任。倡导积极健康的价值理念,引导社会形成一种健康的文化氛围,这是国家义不容辞的职责。正因如此,当今文化价值的多元化不仅不能削弱国家在建构积极健康的价值观念中的重要作用,相反,却因此大大凸显了国家在这一方面任务的迫切性。

二、捍卫公平正义

在现代社会,资本与市场经济是紧密结合在一起的。资本的存在和发展

[1] 转引自李强:《自由主义》,吉林出版集团有限责任公司2007年版,第109页。

第六章 现代人生存根基的建构

是以投资者通过购买生产资料和劳动力,使二者结合生产出新的产品,最终实现其价值增殖为目的的。基于资本逻辑的问题,我们很容易看到与资本紧密结合在一起的市场经济的内在缺陷。效率优先性、利润最大化是市场经济遵循的首要法则。企业的根本目的是实现利润最大化,这是一个企业生存和发展的根本,只要其行为合乎法律的规定就无可厚非。但是,每个个体、企业自身的理性化发展并不必然带来整个社会的理性化发展,相反,很可能是以整个社会的无序化、非理性化为代价换来的。人类历史发展的事实已经充分表明,无节制的资本扩展,没有健全的社会保障作后盾的市场扩展,所带来的将是诸如贫富严重分化、社会激烈对抗、发展大起大落、持续的动荡等问题,从而危及每个个体特别是弱势群体寻求富足、安全、归属的基本需要。而市场经济的这些盲区,必须要有相应组织机构的介入。国家必须积极发挥作用,切实解决自由市场竞争下的公平正义问题。

千百年来,公平与正义一直是人类追寻的最重要社会价值。公平正义之于社会就像良心之于人一样不可或缺,一旦丢失,除了灾难和伤害外,没有任何价值。也正因如此,罗尔斯在《正义论》一书中就明确提出:"正如真理是思想体系的首要德性一样,正义是社会制度的首要德性。一种理论,无论它多么精致和简洁,只要它是不真实的,就必须被否定或修正;同样,某些法律和制度,不管它们如何有效和安排有序,只要它们不正义,就必须加以改造或废除……作为人类活动的首要德性,真理和正义是决不妥协的。"[1]公平正义不仅之于社会具有核心意义,对于个体而言,其价值和意义也是显而易见的。公平正义的环境可以为个体的成长和发展提供稳定的预期,很难想象,在一个弱肉强食的不公正环境中个体能够获得安全感。

单纯的市场原则不能带来真正的公正。自由竞争是市场经济遵循的基本原则,"物竞天择,适者生存"是其基本表现。这种体制可以称为"自然自由体系"(system of natural liberty),它主张凡是有才能的人就应该出人头地,并且市场竞争中的成功者除了为自己创造更多的财富和社会地位以外,也可以因为他的成就而使其他人获得好处。显然,相比起传统社会中那种世袭贵族制度,它有着明显的好处,在促进生产力进步方面所具有的作用是极其明显的。

---

[1] John Rawls, *A Theory of Justice*, Oxford University Press, 1999, pp. 3–4.

从历史上看,资本主义能在它的生存历史中创造出那么巨大的物质财富,在很大程度上就是这一原则发挥作用的结果。但是,在公平正义问题上,市场竞争有着自身难以克服的缺陷。起点的平等是市场竞争无法解决的。"机会均等不能被理解为起点的平等,事实上,它只能保障没有任何人因为制度性的歧视被剥夺参与某些社会性活动的权利。"[1]市场机会均等的原则所解决的只是一种形式上的平等,它保证每个公民可以平等地加入其中参与竞争。但是,我们必须认识到,尽管人们具有相似或相近的天赋能力,但这仅仅是潜在的能力,它的实现有赖于社会的、家庭的环境、受教育的机会等等。出身好的人比出身贫穷的人会有更多的发展机会。对于这一问题,杜威就明确指出:

> 这样的自由主义知道个人不是确定的、给予的、现成的东西。它是培养出来的东西;它不是孤立地培养出来的东西,而是通过物质的和文化的情况的协助与支援而培养出来的东西;所谓"文化的",不仅包括科学和艺术,而且包括经济的、法律的和政治的制度。这种自由主义知道社会情况可能限制、歪曲和差不多阻止个性的发展。所以它关心于那些对于个人的生长有着积极的或消极的影响之社会制度,其目的在使个人不仅在抽象理论上,而且在事实上,将是倔强的人格。它不仅关心于消除虐待和公然的压迫,而且关心于积极改造那些有利的法律的、政治的和经济的制度。[2]

从表面上看来,机会均等的市场竞争为每个人的成长和发展创造了公平的环境,但是这种发展实际上只是对那些有才能者,准确地说是对那些现实的有才能者(不包括潜在的有才者)有利,它实际上是以牺牲弱者的利益为代价尽可能地满足强者的利益。

单纯的自由市场竞争体系不仅忽视了人的潜能发挥所需的社会条件问题,即忽视了社会性偶然因素对一个人的成长的制约作用,而且也忽视了一些

---

[1] 唐士其:《西方政治思想史》,北京大学出版社 2008 年版,第 469 页。
[2] 杜威:《人的问题》,上海人民出版社 1965 年版,第 109—110 页。

自然性的偶然因素对一个人的成长的制约作用。实际上,很多自然条件,如个人的智力水平、美丑程度等对于一个人能否取得成功至关重要。但是,是否拥有这些条件并不是个人所决定的,从道德的观点来看,这些因素的出现完全是任意的。一个真正的公平的环境,必须将这些社会性和自然性的偶然因素降低到最低程度,不至于使其存在影响个体的发展。而这些问题在单纯的市场经济条件下是无法解决的。也正因如此,抽象的权利平等很容易因现实生活中每个人的经济、社会不平等而消弭于无形,其自然结果是高度的贫富分化和激烈的社会矛盾和社会冲突。

那些对自由市场竞争高度迷恋的人,实际上对权利作了过于狭隘的理解,将社会权利排斥于权利之外。将个人的权利看做是一种消极的东西,以不受其他人和政府侵犯的个人自由为基准,这种权利理解方式,将属于政府公共服务范畴的社会权利排除于他们理解的范围之外。实际上,一个人的权利决不仅仅包括法律权利和政治权利这些消极的东西,还应该包括获得受教育权、健康权等积极的权利。按照马歇尔的理论,公民权包括三个基本维度,即民事权(civil rights)、政治权(political rights)、社会权(social rights)。现代社会的发展,使得人们的上述权利特别是社会权利不断得到满足。现代社会,每个公民除有权得到平等的法律保护,获得平等机会参与政治生活以外,还应该有权利从国家得到必需的救济、社会保障、均等的教育机会。国家积极发挥功能而非将自身仅仅限定在"守夜人"的地位上,才能切实保障个体的社会权利,使人们的生存和发展获得稳定的预期。也正因如此,一个公平正义的社会,表现为使每个个体获得基本的自由,即政治自由、言论和结社自由、良心自由、思想自由、人身和财产的自由、根据法律不受随意监禁的自由等,表现为每个个体能够获得平等的发展机会,同时还要表现为对社会上那些弱势群体或处境不利者的利益加以特别的关怀。对于这一点当代政治哲学家罗尔斯提出了著名的正义两原则:

第一,每个人都拥有平等的权利,以尽可能多样化的方式享受平等的基本自由,只要不与其他人对自由的类似享受相冲突;

第二,对社会和经济的不平等应该按如下方式加以安排,使其(1),有理由期望这种安排对所有人有利;以及(2),只与对所有人开放的地位和职位相关。[1]

罗尔斯强调这几项原则在实际应用中按照以下次序进行:第一项优先于第二项,在第二项中,第二条又优先于第一条。尽管学术界对罗尔斯的正义理论存有看法,但是他的正义原则的公平意蕴是显而易见的,使之与传统自由主义和功利主义明显区分开来。的确,一个社会的发展不能仅仅强调整体功利的最大化,不能仅仅关注优胜者的能力是否得到了发挥,而是要看每个社会成员的利益是否得到了增进。使每个人,而非一部分人或大多数人获得发展的成果,才是社会正义的根本体现。是弱势群体而非强势群体最能感受到生计的艰辛,现代社会的剧烈变革所带来的负面效应是弱势群体而非强势群体更能切实的体会到。社会是一个合作的体系,任何人在从这个体系中获利时,必须为这一体系承担合作所造就的负担,天资聪慧、竞争胜出者理应对社会的弱势者作出补偿:

> 被自然所青睐的人,不论他们是谁,只有在那些不如他们幸运的人的处境也因此得到改善的前提下,才能从他们的好运中获得利益。天生幸运的人不能仅仅因为他们的天赋而获得利益。他们必须为那些不那么幸运的人承担训练和教育的成本,必须为帮助他们而运用自己的天赋,并由此获得自己的利益。任何人都不应仅仅因为优越的自然条件而有所得,也不能因此在社会上占据更为有利的起点。……我们希望建立这样一种社会制度,使任何人都不会因为他在自然禀赋分配中的偶然位置,或者他在社会中的起点而有所得或者有所失,同时不付出或者接受相应的利益补偿。[2]

三、建构社会保障体系

建构实质正义,切实解决资本逻辑以及市场条件下生发的公平正义问题,其中最为重要的举措就是建构社会保障体系,保障个体社会权利的真正实现,

第六章　现代人生存根基的建构

---

[1]　John Rawls, *A Theory of Justice*, Oxford University Press, 1999, P. 53.
[2]　John Rawls, *A Theory of Justice*, Oxford University Press, 1999, P. 87.

为每个人的发展创造一个稳定的、可靠的环境,最终促使个体幸福的实现。

社会保障是人类在发展进程中,针对自身面临的风险与问题,经过长久选择而确立的一种基本社会制度。作为社会自我调节的手段,社会保障通过自身独特的运行机制来实现对社会弱势群体的保护,深化和体现社会的实质正义。社会保障是惠及社会主体人群、解决基本权益和生存问题的最直接、最具有实效的社会公共产品,是政府最重要的职能。当今世界绝大多数国家都自觉的依靠政府的力量建立起完备的社会保障系统,使保障制度化、经常化,以克服传统家庭保障和临时性的救济的不足。

(一)现代社会个体的脆弱性

我们在前面的论述中一再指出,现代化在使个体获得独立的同时,也使个体的脆弱一面充分显现出来。现代性作为一种不断颠覆既有确定方式的过程,它将不确定性引入人们的日常生活之中,不确定感、漂泊无助感成为现代人的一种常态感受。在现代性条件下,个体在失去家庭庇护的同时进入市场之中,市场的优胜劣汰替代了家庭的温情。

传统家庭既是生产单位、生育单位、生活单位,又是教育单位、分配单位。它承担着生产、分配、生活、教育甚至医疗等功能。当个体遇到疾病、伤残等问题时,依靠家庭成员和亲朋邻里的帮助渡过难关,这种家庭保障可以比较好地解决个体的困难。在现代社会,人口流动以及个人的自主性、独立性增强,个体摆脱了共同体的庇护而进入广阔的社会之中,原有的家族式的帮助对个体失去了作用,个体能力因之而相对下降。不仅如此,在现代社会,即使单凭家庭的功能,个体也难以有效应对现代化带来的巨大挑战。现代社会复杂程度的增长,使每个个体的生活成本和面对的风险大大提升,单纯依靠一己之力或家庭少数成员的帮助,显然难以应对诸如贫困、失业、养老、教育等问题。如何使这些挑战不再仅仅成为个人的负担,相反,使其成为社会成员共同承担的任务,进而消除个体的不确定感,理应是现代社会努力的方向。

在这里,我们不赞成那种将市场的力量推至极端的观点,那种认为依靠市场的自发调节可以有效地解决个体的保障的观点是立不住脚的。众所周知,古典自由主义将市场的作用提高到了无以复加的程度,对国家的功能作了严格限定。古典自由主义者认为,政府的干预通常会阻碍经济的增长,因此应该将政府排除出经济领域,让经济生活自行其是,让追求自身利益的无数的个体理性的计算来引导经济生活的调整,让每个人充分地、自由地追求自己的利益,其最终结果是,利己的人不仅能通过自己的劳动满足自己所需,还能在市场这只"看不见的手"的指导下实现社会总体福祉或者说社会公共利益。在一个人的生活中可能出现疾病、破产、失业等问题,会面临各种各样的不安全感,但是这些问题的存在,其根本原因并不是制度的错误,而仅仅是个人缺乏远见和节俭习惯的结果。事实上,历史和现实都一再表明,现代市场经济竞争是极其残酷的,它使个体的生存面临着巨大挑战,资源的稀缺性注定了一部分人必定在竞争中处于劣势。

竞争是市场的本性,市场中的优胜劣汰尽管能够有效地促进生产效率地提高,但给个体造成的不稳定感是显而易见的。在优胜劣汰的竞争环境下,强者越强,弱者越弱,每个个体特别是弱势群体承受着沉重的压力。市场经济的发展具有周期性,在经济增长期,生产规模扩大,会吸纳大量的劳动力。但在经济收缩期,企业生产规模缩小,大量工人失业。即使是经济正常发展的时期,由于市场调节的自发性,也会有企业破产、工人失业、企业家倾家荡产情况的发生。市场的盲目性、自发性和竞争性,不能直接给个体带来安全感。相反,市场中的个体时刻面临着失业、失败的威胁。单纯的市场难以为个体提供稳定安全的心理预期,市场的这一缺陷必须由国家来避免。社会保障制度的建构,就是为了给个体提供稳定的心理预期,增强其安全感、提升其尊严和生存价值。

(二)依靠社会保障提升个体的确定感

社会保障应以每个成员的生存获得基本保障为着眼点,力争使每个个体不至于因为一些偶然性因素成为成长和发展的障碍。在此,我们主要不是探讨现代社会应该建立怎样的社会保障体系,这些问题,现代保障学已有相当论述,我们在此要探讨的是,现代保障制度怎样才能有效地消除个体的不确定感,进而增进其幸福感。从总体上看,合理的社会保障以尊重个体人格为前提,以满足个体生存和安全需求为根本,以激发自我的价值实现为最高目标。

增进个体的安全感。衣、食、住、行的要求是人的基本生理需要。保障自身安全、摆脱失业和丧失财产威胁、避免职业病的侵袭等方面的需要是人的安全需要。生理上的需要和安全上的需要构成了人的基本层次的需要,只有当这些基本需要得到满足后,其他的需要如社交需要、自我实现需要等更高层次的需要才能成为新的激励因素。社会保障的一个重要功能和基本指标就在于使个体生存和安全需要得到满足。社会保障中的各种社会保险、福利事业、免费医疗、社会救助、养老金、伤残抚恤金等，主要是提供人们这方面的需要，使个体在遇到特定困难时用社会的力量解决面临的风险。现代社会要想真正提升个体独立性和自主意识，必须通过提供完备的社会保障，为每个个体的发展提供安全稳定的环境，只有这样才能使其获得真正的本体安全感。

提升个体的尊严。所有人都有被别人尊重、被自我尊重和尊重别人的需求。人需要被认可，需要从事可以给人感觉有贡献、被接纳和有自我价值感的职业。这个层次的需要得到满足，能使人对自己充满信心，对社会满腔热情，体验到自己活着的价值，相反，这种需求的失衡会导致自卑情结。良好的社会保障不仅强调给予个体以帮助，同时还要强调给予帮助的方式问题。社会保障必须要以尊重人的方式进行，并且着眼于提升人的自尊感。在此，我们不赞成古典自由主义的社会保障做法。古典自由主义将贫穷的责任归之为个体而非社会，认为慷慨的救济制度会鼓励或放纵更多的人懒惰，因而主张济贫制度应当是一种惩戒性制度。[1] 在惩罚性的社会保障里，人的尊严是得不到尊重的。贫穷被赋予了道德意义，贫穷是对那些应该受到责备的人的道德惩罚，因为穷人的精神和灵魂与他们的口袋一样贫乏。这种保障制度的背后蕴涵着这样的观点：市场调节的方式是最合理的，市场竞争的结果也是公平的，失败者失败的原因不在于市场竞争机制，而在于主观不努力。这种将社会保障看做一种对穷人的惩罚或矫正的观点，无疑是对受保障者人格的侮辱，与解决个体的挫折感，进而激发其奋进的动力的价值追求迥然相异。我们必须要明确，使每个人成为自主的、负责的、具有创造力的人，是社会发展的基本目标。平等原则是现代社会的基本原则，人人都应该获得平等的机会，没有理由把任何人排除在制度之外。社会保障尽管从形式上看是依靠国家的力量对高收入者征税以此来救济弱者，但这决不意味着保障就是对普通人的可怜或施舍，相

---

[1] 1834 年英国出台的《济贫法修正案》就明显体现了这一点。按照这一法律，对穷人救济只能在专门收容穷人的"劳动院"进行。劳动院成为了令人生畏和生厌的地方：一家人一进那里，夫妻子女分室而居，亲情被拆散；所吃食物十分差，仅能勉强维持生命；男女老少都要进行繁重的体力劳动；未经监工批准不得外出，不能接见来访者。"劳动院"俨然成为了"穷人的巴士底狱"。非到万不得已，穷人是不会到那里请求救济的。

反,它是保护个人的尊严及其发展必不可少的条件。提供必要的、不带任何歧视性的保障,是一个文明社会所必需的。这是国家而不是市场所必须承担的基本责任。

激发自我的价值实现。人是社会的人,社会是由人组成的。人的价值是多方面的,其中最根本的有两个方面:自我价值和社会价值。自我价值是指人的生命存在、人格尊严以及人的自由、自主、平等、权利等方面的价值。人的社会价值是指个体对社会需求的满足和对社会进步的贡献。由于个人主观条件的差异、创造能力的不同、价值取向的区别以及客观条件的制约,每个人对社会的贡献不同,使得人的价值在社会中的实现呈现出"量"的差别。但是,任何人,不论其地位高低,贡献大小,都具有个人价值的"质"。任何一个人,只要是他或她作为一个人而存在,其生命价值就不容忽视。一个人身体或其他方面的缺陷丝毫都不影响他作为一个人所具有的主体地位,拥有和健全人一样的尊严,享有与其他公民一样的参与社会生活的权利、康复的权利、受教育的权利、劳动就业的权利、开展文化生活的权利。这些权利的实现是生命价值得到尊重的体现。因此,在社会保障制度的建构中,我们不能仅仅从社会经济成本的角度来考虑问题。人的自我价值、人的尊严、人的发展潜能是不能用物质的方式来衡量的。那种以社会保障制度的建立会影响到社会生产效率的观点是经不起推敲的。这种观点实际上是在以物的方式衡量人,把人仅仅视为手段,而不把人的存在和发展作为社会发展的终极目的。我们必须认识到,在现实生活中,由于特殊的境遇,那些需要保障的特殊人群,他们有着比一般人更强的自我实现的欲望。在一个社会中,"落伍者"的产生尽管有其自身的原因,但从深层次上看,则是由于社会体制所造成的。也正是在这一意义上,我们很赞成这样的观点:"没有残疾人,只有残疾的社会。"成功的社会保障在保障个体基本生存权和发展权的同时,引导保障者克服自暴自弃、消极悲观的心理状态,点燃其前进的勇气和发展的动力。

第四节　人际关系的合理化

人是社会的动物,人总是处在一定的社会关系网络中,人有相互依靠相互扶持的群居本能。"我们人类彼此需要。"尽管现代性侵入现代生活领域,把原本高度同质的人支离破碎化,但千差万别的社会成员、群体、组织之间仍然存在相互合作和协同的基础,人的社会性本能仍然驱使人们不断寻求并实现自身组织归属的需要。也正因如此,现代化尽管是一个集中化的过程,即对小型的、亲密的、有机的社区和机构的破坏过程,但这一过程不应当以人际间亲密关系的消除为代价。相反,一个越来越发达的社会,应当是一个人们之间相互关系更加密切的社会。在这一社会当中,尽管个人自由与国家行为之间存在一条比较明晰的界限,但是,在这种两极的背后,却是人们在介于个体和国家之间的各种各样社群中的频繁交往。

一、共享式自我观的建构

诚然,原子化的个人主义是现代性的一个突出标志,它表明了现代社会对个人自主性、能动性和创造性的高度认可。但是,承认和尊重个体的自由权利,并不能否认自我是一种关系性的存在这一基本事实。自我决不是一种原子化的、无负担性的、封闭的存在,它是负载着历史包袱、生活于特定社会关系、开放性的、积极参与公共生活的一种存在者,唯有如此,他才能够获得不断的自我完善和发展。

(一)自我是一种负担性的存在者

现代自我将自身建立在与传统决裂的基础之上,力图突出自身的新异性。这种自我的片面性发展导致了传统与当下的决裂、自我与他者的对峙。个人先天拥有一个超验的自我,个人的属性不为其所属的社群所决定,个人似乎与其生活的传统和历史没有什么关联,不是历史和传统决定自己的存在样式,相反,个人的自由选择最终决定社群的形态。因此,这样的自我是一种无负担性的自我,它排除了历史和传统在自我构成和自我发展中的作用,"对于这种无负担性的自我而言,首要的事情并不是所选择的目标,而是选择这些目标的能力"[1]。

实际上,自我的存在和发展总是处于特定的历史和传统之中的,每个人的

---

[1] Michael Sandel, "The Procedural Republic and the Unencumbered Self", from Shlomo Avineri and Avener de-Shalit (ed.), *Communitarianism and Individualism*, Oxford University Press, 1999, p. 19.

生存都寄托了祖辈和同辈对自己不同程度的殷切期望,祖辈的荣耀或耻辱都在自己身上打上了深深的烙印。个体生活的家庭、村落、社区、民族、国家对自己的发展将不同程度的起到制约作用。这种传统,从消极意义看是自己发展必须背负的包袱,但从积极意义上看,则是自己进一步发展的必要前提,因为没有任何一个人是真空性的存在,脱离历史情境和历史脉络的个体是不存在的。对于自我的这种历史性存在,麦金太尔论述道:

> 对我来说,决不可能仅仅以个人的资格寻求善和践行德性。……我们都是作为一个特殊的社会身份的承担者与我们自己的环境打交道的。……我从我的家庭、我的城邦、我的部落、我的民族继承了它们的过去,各种各样的债务、遗产、合法的前程和义务。这些构成了我的生活的既定部分,我的道德的起点。[1]

(二)自我之间应该具有共享的基础

现代原子主义的个人观念,从理论上排除了人们相互之间形成一种分享式关系的可能,或者至少也可以说在削弱而非强化着成员之间的相互承诺。因为无负担性的自我与他者之间的关联是通过一种外在契约的方式建立起来的,相互之间缺乏情感的纽带。在此基础上形成的社会关系只是一种工具式的共同体,每个社会成员都是自私自利的个体主义者,每个人将他人和社会作为实现自己目的的工具,成员对社会并没有内在的感情归依。

实际上,社会成员之间必须具有共享的基础,没有共同结合基础的聚合,不能称为真正的社会。"我们当然重视差异,但是我们也需要对公民的同一性进行反思——公民的同一性为把社区粘连在一起的共同理解和目标提供了源泉。"[2]社会成员之间的相互承诺或共享关系本身就具有内在的价值,它表明了成员之间因分享某种共同的历史,基于一种共同的命运感而结合在一起。在桑德尔看来,真正的社群应当是一种构成性的社群,即社群本身应当具

---

[1] A.麦金太尔:《德性之后》,中国社会科学出版社 1995 年版,第 277 页。
[2] 大卫·卡哈尼:《对公民友谊的关系论解释》,收录于王成兵:《当代认同危机的人学解读》,中国社会科学出版社 2004 年版,第 257 页。

有一种共同的善,对于每个成员而言,"共同体描述的不仅仅规定了公民拥有什么,而且还有规定了他们是谁;不仅提供了他们像自由结社那样可以选择建立的关系,而且也提供了可以让他们慢慢去发现的相互依存"[1]。在这样的社群之中,彼此之间的联合可以进一步成为共同体,互利合作可以进一步发展为分享性的参与,而集体的归属感可以演变为共同性的归属。也只有这样的社会才是真正具有内在联系、彼此间分享意义和价值的社会。

我们不可能期望现代社会能够建构起一种为所有人都接受的价值观念,我们也不能采用一种强制的手段对这种价值观念加以推行,但是,对于现代社会而言,人们除了对程序化的法律制度必须遵循之外,还应该对其中所渗透、包含的价值理念有共同的体悟。人和人之间不应该保持一种原子化的封闭关系,而应该保持一种对话和交流的姿态,通过对话使原有独白状态下仅对每个分别的个人而言的善,转变为对我们大家而言共享的善。对此,泰勒就指出,社会成员之间的关系应当是一种对话的关系,而不应当是一种独白的状态。他认为,即使是在"天气真好"这种琐碎的小事当中,对话与独白也有着显见的不同。当一个人与其邻居谈论"天气真好"时,他(她)是在与邻居分享一种美好的天气,是一起关心。而在每个人自己意识到"天气好"而不加交流时,这只是一种彼此关心的总和,是分别"对我和你"是好天气,而不是"对我们"是好天气。[2]

(三)自我是在社会中寻求完善和发展的存在者

按照现代自我观,自我的存在先于社会和任何目的,自我是一个自足的存在。个人为了实施和发展自我决定的能力,并不需要任何共同的背景,无论是知识的获得还是道德进步,都应该从自我当中加以寻找。这种先验自我是一种与感性无涉的自我,它摈弃了历史的、偶然的因素在自我构成中的重要性,这种自我"是我们内在不属于现象的、不是时间和机缘之产物的、不作为自然时空因果的那个部分……"[3]

---

[1] 参见 Michael Sandel, *Liberalism and the Limits of Justice*, Cambridge University Press, 1982, p. 150.

[2] Charles Taylor, "Cross-Purposes: The Liberal-Communitarian Debate", from Nancy L. Rosenblum (ed.), *Liberalism and the Moral Life*. Harvard University Press, 1989, pp. 167—168.

[3] 理查德·罗蒂:《偶然、反讽与团结》,商务印书馆 2003 年版,第 47 页。

实际上,自我决不是一种非历史化存在者,它从来不是独立存在、独立发展和独立完善的。人的能力是具有社会属性的,它需要在特定的文化传统与背景中实现。个体能力的完善,道德的提升,不能脱离其生活的社群情境。也正是在这一意义上,持实用主义立场的理查德·罗蒂也对这种自我观大为不满。在罗蒂看来,道德意识应当被视为历史条件的产物,它和政治以及美感意识一样,都是历史和机缘作用的结果。一个人越是能够使自己成为某种文化的组成部分,他就越能够发展出一种道德感,越能提升自己的能力。正因如此,人们的道德感和知识的进步需要从阅读、观察以及与他人的交往中获得:

> 逐渐把别人视为"我们之一",而不是"他们",这个过程其实就是详细描述陌生人和重新描述我们自己的过程。承担这项任务的,不是理论,而是民俗学、记者的报导、漫画书、纪录片,尤其是小说。[1]

（四）自我应是积极参与公共事务的存在者

在现代社会,私人领域被抬高到了无以复加的程度。现代社会将公共领域与私人领域区分开来,认为私人领域属于个人自由的范围,每个人在其中可以自由地追求自己认为良好的生活方式,各种冲突、对立的主张都可以在私人领域内得到发展,只要不违反公共领域的规则,政府不能以任何理由干涉私人活动。而且,参与公共生活也不是个人必须的事情,政府没有权力强迫人们参与公共生活。对于这一点,贡斯当关于现代人的自由的论述我们已耳熟能详。但是,贡斯当在对现代人在私人空间内享有充分自由这一现代的伟大创造予以高度评价的同时,也道出了自己的忧虑。在他看来,相比起古代人的生存状态,现代人处在一种深刻的"人格斗争"之中。在古代社会,个人作为一个完整的独立体而存在,他们是城邦的有机组成部分,公民权意味着全职公民,个人通过政治参与获得价值的认同。但在现代社会,个人同时扮演个体和公民两个角色,而且他首先是作为一个独立个体而存在,因而现代人往往把更多的精力放到私人事务和情感之中,进而放弃对公共事务参与的兴趣。"现代自由的危险在于,由于我们沉湎于享受个人的独立以及追求各自的利益,我们可

---

[1] 理查德·罗蒂:《偶然、反讽与团结》,商务印书馆 2003 年版,第 7 页。

能过分容易地放弃政治权力的权利。"[1]放弃政治自由不仅无助于个体权利的保障,相反,却因此使个体自由面临威胁。"放弃政治自由将是愚蠢的,正如一个人仅仅因为居住在一层楼上,便不管整座房子是否建立在沙滩上。"[2]在这一问题上,托克维尔在考察美国民主时也深有同感。在托克维尔看来,19世纪中叶美国人民对公共生活的积极参与,使得个人和国家之间的中间地带得到了有效的补充,从而使整个社会不至于出现原子化的个人组成一个机械联合体的现象。这种发达的公共参与保证了自由民主的有效实现,推动了社会的发展。对此,托克维尔指出:

> 在民主制度下,蔚为大观的壮举并不是由公家完成,而是由私人自力完成的。民主并不给予人民以最精明能干的政府,但能提供最精明能干的政府往往不能创造出来的东西:使整个社洋溢持久的积极性,具有充沛的活力,充满离开它就不能存在和不论环境如何不利都能创造出奇迹的精力。这就是民主的真正好处。[3]

排斥和否定政治权力的消极自由,把个体仅仅视为私人利益和私人空间的被动保护者,还会导致个体"政治效能感"的降低,使个人丧失与公共空间融为一体可带来的崇高感。实际上,正如贡斯当所指出的,快乐并不是人类唯一的目标,如果那样的话,我们的事业将会变得狭窄,我们的最终目标将得不到升华。人的本性中还有更高尚的自我发展、自我完善的欲求,而对公共生活的积极参与则是实现自我完善和发展的又一重要的手段:

> 我们的本性中有更好的部分,这就是驱使并折磨我们的那种高尚的忧虑,这就是希望拓宽我们知识以及发展我们能力的那种欲望。我们的使命要求我们的不仅是快乐,而且还有自我发展;政治自由是上帝赋予我们的最有力、最有效的自我发展的手段。[4]

---

[1] 贡斯当:《古代人的自由与现代人的自由》,商务印书馆1999年版,第44页。
[2] 贡斯当:《古代人的自由与现代人的自由》,商务印书馆1999年版,第45页。
[3] 托克维尔:《论美国的民主》上卷,商务印书馆1988年版,第280页。
[4] 贡斯当:《古代人的自由与现代人的自由》,商务印书馆1999年版,第45页。

对于现代人而言,重要的不是从一个极端走向另一个极端,不是在保护私人自由空间的同时把自己封闭起来,从而对公共生活予以排斥。人是社会性的存在,人只有在交往中,才能获得能力的提升、人格的完善。现代社会必须充分保护每个人的自由权利,每个个体也应该积极保护自己的自由权利不受侵犯;另一方面,现代社会也必须尊重公民影响公共事务的神圣权利,创造条件积极引导人们参与公共生活,每个个体也应该通过积极的公共参与拓展自我价值实现的空间。

二、居间性团体功能的发挥

现代性绝不应以人际关系的冷漠为代价而换得。现代社会的良性发展,一方面体现为个体自由权利的充分保障和实现,另一方面体现为人际关系的高度融洽。现代性虽然以其强大的力量摧毁了氏族、村庄、部落等原有的社区机构,但是现代性的维系和发展,同样也需要在一个新的基础上建构一种新型的人际关系。现代人需要在工业主义逻辑和骚动不安生活中寻求精神的慰藉,寻求一个稳固的"阿基米德点",以便克服精神上的不安。家庭伦理美德的强调,城市社区建设的重视,各种结社组织的培育,就是实现这一目标的重要举措。

(一)营造温馨的家庭

家庭是最富有感情色彩的社会初级群体,它与我们每个人的生活密切相关。每个人自出生之日起便生活在一个家庭之中,并受到养育、教育,慢慢长大。家庭以特有的方式为我们提供了安全庇护,使我们找到情感的归依。在现代社会,随着社会流动和地域流动的加剧,加之资本对社会各个领域的全面入侵,作为初级群体的家庭受到了严重挑战。生产、社会功能渐渐从家庭中剥离出来,即使生育、性活动甚至是短暂的精神上的温存这些本属家庭领域的私密活动也遭到了科技和资本的侵蚀,而成为某种程度上可用货币和金钱换来的东西。在这种情形下,家庭作为情感寄托、衣食来源、颐养天年之所的意义降低了,相反倒是太多的婚姻悲剧、家庭悲剧困扰着人们,使人们怀疑婚姻和家庭本身的合理性。

同时随着个体主义观念的日益强化,血缘纽带在维系家庭成员关系方面的作用日益松弛,相反,理性化的契约越来越发挥着作用。即使在婚姻中,人们也开始签订契约,以确保婚姻关系中的平等地位。婚前协议、财产公证已越来越被现代人采纳。契约性关系是非人格化的、短暂的、分离的和理性的,在此关系中,人不是作为一个整体性的人参与其中,相反,只因各自具备某种属性或社会功能特质而互相关联。社会团结的来源不是家庭制度,而是专业化的和高度个人化的成员的相互依赖性以及地位和生活经验的互补差异性。在现代社会,婚姻的破裂和新的家庭的组建,不再是受人诟病之事,相反,在一些激进观点的持有者看来,这恰恰是自由的真正体现。相拥至死、不离不弃的爱情忠贞被"闪婚"、"闪离"淹没。那种千年相守、相濡以沫的爱情也只能在牛郎织女的传说中显现。这一点在德·波伏娃的观点中得到了印证。在她看来,婚姻是已消亡的生活方式的一种遗风,人们结婚只是为了找到一个栖身之所,但并不想让自己在那里受到限制;他们希望既有一个家庭,又可以随时从那里逃亡;他们虽然已有住处,可实际上仍是个流浪者;他们并不蔑视家庭幸福,但又不把它当做目的本身。重复使人们厌倦,他们喜欢猎奇、冒险、反抗,喜欢找能使他摆脱孤独的伙伴和朋友,生活对他们来说在别处[1]。

的确,从个体自由的角度来看,家庭成员之间以理性的契约加以组合,夫妻双方之间根据各自的理解决定婚姻的存续与否,这在某种程度上体现了社会的进步,表明了个人自由和追求幸福的愿望获得了实现。但是,有一个不容忽视的事实是,现代性条件下家庭的这种剧烈变动也代表了一种失落感,而且这种失落是真实的:婚姻破裂可能会使对方找到自己新的归属,但必然会累计家庭的破碎,事实已经表明,婚姻解体和新的家庭的组建,对于原有的双方而言,都是一次剧烈的心理波动和调适过程,特别是对于子女的心理影响,无疑是伴随其终生的。也正因如此,现代性的解放力量必须受到一定程度的规约,资本和市场的影响力必须被限制在一定的范围内。无论如何,家庭是一个不容资本、金钱殖民的领域。在骚动不安的市场中,在追逐金钱、实现资本增殖的现实生活中,家庭始终以其特有的魅力和独特的方式抚慰着个体的心灵,驱除其内心的孤寂,为漂泊的心灵提供一个宁静的港湾。市场上的竞争是残酷的,但是家庭的生活应该是温馨的;日常生活中的人们是戴着面纱的,但夫妻之间应该是敞开心扉的;雇主和雇员之间更多是通过劳动—货币的方式联系

---

[1] 参见西蒙娜·德·波伏娃:《第二性》,中国书籍出版社 1998 年版。

起来的,但父母和子女之间的养育和赡养关系无论如何是不能通过投入和产出比来衡量的……家庭成员之间决不是一种工具化的关系,家庭之于个体的决不是实现自己利益的一个工具,家庭本身具有一种内在的善,她寄托着祖辈的期望,包含着晚辈的体贴。家庭成员之间,毋宁是一种构成性的关系,她给每个成员提供了进行思维、行为和判断的基本背景,塑造了他们的精神归属:她不仅规定家庭成员拥有什么,"而且规定了他们是谁;不只提供了他们像在自由结社可以选择建立的关系,也提供了可以让他们慢慢去发现的相互关系;不只成为个体的一个特征,也成了他们认同的构成部分"[1]。

正是基于这一考虑,不少人在反思"家庭革命"和"性自由"的利弊得失中,发出"返回家庭"、"拯救性道德"和"救救孩子"的呼声。人们在看到种种家庭问题出现,甚至有家庭发生质变和解体迹象的情况下,重新思考家庭的意义。20世纪80年代以来,在欧美以及日本等国家兴起了"重新认识家庭"的运动。这一运动的倡导者认为,脆弱的家庭只会塑造脆弱的、自我毁灭的、反社会的个体,他们提倡性贞洁,主张把家庭作为一个爱的关怀场所,强调同甘共苦、荣辱与共的责任伦理,强调爱、关怀的重要性。的确,家庭是成员之间共同分享收入、分担责任、共享价值和目标、自始至终遵守彼此承诺的港湾。在这里,是爱,是彼此的交流和沟通成为连接成员之间的稳固纽带,"亲密关系归根结底是情感交流的问题,在人际间平等的语境中与别人、与自己交流情感"[2]。彼此分享身体、分享思想,不扭捏造作,坦诚相见、互谅互让,理解、认可和支持彼此的过去和现在,渴望彼此信赖,共同抵御生活中的困难和挫折,共同享受生活中的成功与快乐,彼此进行爱的分享,塑造出了让人"回家"感的环境氛围,营造出了同甘共苦、荣辱与共的亲情网络。这是家的本义。

(二)增进社区的归属感

在现代生活中,社区恐怕是除家庭、工作单位以外,个人身处其中最为长久的场所了。一般说来,社区是指一固定的地理区域范围内的社会团体,其成员有着共同的兴趣,彼此认识且互相来往,行使社会功能,创造社会规范,形成

第六章 现代人生存根基的建构

---

[1] Michael Sandel, *Liberalism and the Limits of Justice*, Cambridge University Press, 1982, p. 150.

[2] 安东尼·吉登斯:《亲密关系的变革——现代社会中的性、爱和爱欲》,社会科学文献出版社2001年版,第169页。

特有的价值体系和社会福利事业。社区的维系和发展依赖多种因素:第一是物质要素,也就是社区的物理空间环境;第二是社会要素,也就是社区成员的交往互动程度;第三是心理要素,这是指社区成员对社区的认同和归属程度。

在构成社区的诸要素中,关键性要素是社区成员在共同生活基础上形成的对自己社区的强烈归属感。所谓社区归属感,是指社区居民把自己归入本社区地域或人群集合体的心理状态。这种心理既有对自己社区身份的确认,也带有个体的感情色彩,包括对社区的认同、投入、喜爱和依恋。社区成员的社区归属感,是社区最本质的特征,是社区的核心,是将地理区域与人群等构成社区的要素连接起来并形成社区的纽带。正是基于社区居民的社区归属感这一纽带,才能形成类似于迪尔凯姆所谓的"有机团结",或者滕尼斯所谓的社区共同体。离开了社区成员的归属感,社区的地域性和群体性将变得毫无意义。也正因如此,在现代性充分发展,个体权利极度膨胀的美国社会,在20世纪80年代出现了社群主义思潮和社群运动,认为自由的个体需要一个社群来保护他们免受政府的威胁,个体需要借助亲属、朋友、邻居以及其他社群成员友善的激励保持自己的德性。作为一种引导性的行为,这种道德激励要远胜于政府的控制,也远胜于对权威的恐惧。

在当代中国,社区功能的有效发挥对于解决人们归属感的匮乏有着特殊意义。众所周知,计划经济时期我国城市居民的基本组织形式是单位制,单位制是一种借助于一系列的身份制度、户籍制度、劳动人事制度等行政手段使成员依附于单位、单位以纵向隶属的方式最终依附于国家的社会结构。单位是一种小而全的社会,它对个人的生老病死、衣食住行无所不包。随着市场经济体制的逐步确立,越来越多的单位开始改变了企业办社会的历史状况,政府也不可能事无巨细地承担起一切工作,而只能发挥宏观调控作用。"单位制"解体,大量的城市人口已由"单位人"变成了"社区人",因此,原有的由单位、政府来实施的整合功能,很多变为由社区来承担。强烈的社区归属感,降低了居民在社区生活中的孤独感和离群感,为居民提供了一种除家庭之外的情感寄托,易使社区居民间形成守望相依、关系融洽的共同体。

正是基于文化心理因素在社区发展中的重要作用,在社区建设当中,我们必须将人的因素放在突出的位置,以人为本,充分体现人文关怀。无论是社区硬件的建设,还是管理规章制度的建立都要善于倾听居民的心声,尊重他们的意见,关注他们的精神需求。基于这一原则,当代社区的完善和发展,决不能采取一种管理和被管理的方式,要改变自上而下的管理模式,真正将社区居民的积极性调动起来,使其具有一种主人翁的感觉,从而使其具有参与社区公共事务,进而增进彼此了解、消除隔膜,建立共享化人际关系的强烈意愿。在这一问题上,托克维尔一百多年前谈到美国新英格兰乡镇时所作的阐述对我们不无启发意义。在他看来,新英格兰乡镇的居民与乡镇之间保持着一种良好的互动关系,居民是乡镇的成员,而乡镇也值得他们精心管理。人们积极参与乡镇的公共事务,每时每刻都感到自己与乡镇休戚相关,人们依恋其乡镇的理由,同山区居民热爱其山山水水类似:

> ……居民依恋他们的乡镇,因为乡镇是强大的和独立的;他们关心自己的乡镇,因为他们参加乡镇的管理;他们热爱自己的乡镇,因为他们不能不珍惜自己的命运。他们把自己的抱负和未来都投到乡镇上了,并使乡镇发生的每一件事情与自己联系起来。他们在力所能及的有限范围内,试着去管理社会,使自己习惯于自由赖以实现的组织形式,而没有这种组织形式,自由只有靠革命来实现。他们体会到这种组织形式的好处,产生了遵守秩序的志趣,理解了权力和谐的优点,并对他们的义务的性质和权利范围终于形成明确的和切合实际的概念。[1]

(三)发挥结社的功能

如果说家庭、社区作为初级群体在人际间亲密关系的建构中发挥着重要作用的话,那么现代人必须面临一个基本的事实,那就是在今天类似村落、大家族等初级群体所给予人们的影响作用逐步下降,自由的个体所面对的是庞大的社会。也正是在这个意义上,自由的个体同时也是无助的。人作为一种合群的动物,在自然界中孤身一人往往难以生存,人们只有在共同生活、彼此合作中才能更好地适应自然,更好地生存下去。

人是一种能够突破既有限制,创造新的可能的存在。现代人尽管丧失了原有的以家族、村落为单位的人际交往圈,但创造了按行业、兴趣、利益的区分

---

[1]　托克维尔:《论美国的民主》上卷,商务印书馆1988年版,第76页。

而产生的新的聚合,也就是各种各样的自由结社。在今天这个生存竞争日益激烈、生活节奏越来越快、人情越来越淡漠的社会,自由结社可以在很大程度上满足人们交往的需要,有助于个体获得某种归属感。人们通过结社认识新伙伴,结识新朋友,获得友谊,交流感情;在社团里,个体可以寻找到自己事业和情感寄托的地方,通过社团成员之间的交流而营造一个精神的家园,成为个体之间分享情感、成功经验的地方。

通过结社,个体的力量得到了扩展,解决问题、追求美好生活的愿望也更容易实现。在现代社会,任何人只要在没有触犯法律的前提下,都有按照自己的意愿追求幸福生活的权利,但是任何个体的力量都是有限的,如果不借助与他人的联合难以实现这一目标。在托克维尔看来,"在民主国家里,全体公民都是独立的,但又是软弱无力的。他们几乎不能单凭自己的力量去做一番事业,其中的任何人都不能强迫他人来帮助自己。因此,他们如不学会自动地互助,就将全部陷入无能为力的状态。"[1]而在结社中,通过与他人结成稳定的联合并共同参与群体性的活动,便成为个体改变现实,特别是不公平的现实的有效选择。借助社团组织的相关活动,个体可以依靠集体的力量,与他人以集体的方式解决生活中遇到的问题,可以有效地消除来自外界的对自身的不公正现象。正因如此,托克维尔认为,结社所具有的优越性在于,"社团成立之后,他们就不再是孤立的个人,而是一个远处的人也可以知道和行动将被人们仿效的力量。这个力量能够发表意见,人们也会倾听它的意见。"[2]因此,在结社的过程中,个体不仅能够找到精神的归属,还能够体会到自己能力的扩大。

在现代社会,力量微小的个体与强大的国家之间的空白、自由个体内在的精神空白必须要由各种各样的居间性团体加以填补。家庭、社区、社团组织为自由而孤独的个体构筑了一个保护带,在个体与社会、国家之间起到缓冲作用。否则,社会发展的剧烈变革、生活方式的急剧变化将会给脆弱的个体造成直接的、巨大的冲击,将会引发个体精神的不适、无所适从,进而带来社会的动荡。自由的个体需要一个社群来保护他们免受政府、社会的威胁,个体需要借

---

[1] 托克维尔:《论美国的民主》下卷,商务印书馆 1988 年版,第 636—637 页。
[2] 托克维尔:《论美国的民主》下卷,商务印书馆 1988 年版,第 639 页。

助亲属、朋友、邻居以及其他社群成员友善的激励自己保持发展自己的德性。缺少了这些社群,人们之间难以沟通、相识,难以共同思考他们的共同价值,难以为了共同的美好生活而奋斗。也正因如此,现代性在摧毁旧有的人际关系、摧毁一些传统群体部落的同时,必须要营造起新的能够使个体加以皈依的群体。家庭、邻里、社区等各种初级群体,以及各种各样的合法社团组织,它们在现代社会中应当而且必须发挥重要的作用。现代人需要精心呵护、认真培育这些群体。

第五节　生存境界的提升

物质需要和精神需要相统一是人全面发展的标志,只有当物质世界与精神世界和谐统一时,人自身的生活才会呈现出乐观、积极、向善的精神风貌,任何一方的失衡都会导致人自身的畸形化。但是,令人可悲的是,在资本逻辑统治之下,现代人日益为物质的欲望所统治,个人沦落为纯粹物质欲望的奴隶,现代人并没有全面地而是片面地占有了自己的本质。然而,自我意义感的匮乏,无论如何不能仅仅通过物质欲望的片面化追求来弥补,被欲望所驱使着的现代人应该冷静下来思索自己究竟应该过怎样的一种生活,以便在资本逻辑推动下的骚动不安的世界中寻求心灵上的宁静和思绪上的久远。

一、欲望的合理化

人首先是一种自然存在物,是自然界的一部分,具有自然属性。人也同其他生物一样,受到物理的、化学的、生物的规律的支配和作用。正因如此,人与动物的根本区别并不在于人可以脱离自然而独立存在,相反,这一点恰恰是人与动物所共同具有的特征。也正是在这一意义上,尽管马克思一贯反对将人看做是纯粹的自然人,反对那种将人的自然属性看做是人的唯一属性的庸俗观点,但是他从不否认人是一种自然存在物,具有自然属性。肯定人是一种自然存在物,具有自然属性,并不是将人贬低为动物性的存在,也并不等于认为自然性构成了人的本质性规定。相反,人之为人,恰恰在于人对自然性的超越,在于对自然性的否定和扬弃,在于人所具有的精神属性。动物的存在从根本上而言是一种自然的存在,而人的存在不仅仅是自然的存在,同时还是一种超自然的存在,这种超自然的存在就表现在人的生命活动的超越性过程当中。动物总是以自然所赋予的生命本能去适应自然,从而维持自己的生存,而人则会意识到自己的生命活动,并且能够根据自己的意志和意识进行生命活动。如此一来,人的生命活动就变成了实现人的目的性要求的活动,变成了把自己的目的性要求转化成人所希望的现实的活动和让世界满足自己需要的活动。也正因如此,完整的人是自然性与超自然性的统一。人是自然性和超自然性的统一,意味着人既有吃、喝、拉、撒、睡等最基本的需求,同时也受着相关理性法则的支配。因此,人既是受欲望驱使着的存在者,没有欲望的人生是孤独寂寞、苍白无力的人生,因此欲望是不能禁绝或被彻底清除的;同时,人的欲望必须受伦理、道德、风俗等的影响和制约,人不能放纵欲望,放纵欲望只能造成人性的缺失和道德的沦丧。

无论是禁欲主义还是放纵主义,它们都片面地强调了人的存在的某一方面,把欲望或理性的一面过度放大。禁欲主义要求人们严酷地节制肉体欲望,认为人的肉体欲望是低贱的、自私的、有害的,是罪恶之源,因而强调节制肉体欲望和享乐,甚至要求弃绝一切欲望,如此才能实现道德的自我完善。在古希腊,人们把欲望看做恶,认为人如果完全追求物质享乐,则与禽兽没有实质性的区别。赫拉克利特说:"如果幸福在于肉体的快感,那么就应当说,牛找到草料吃的时候是幸福的。"[1] 柏拉图将追求奢侈的城邦称为"猪的城邦"[2]。亚里士多德更是将奢侈看做是一种没有价值的生活或恶的生活。在古希腊人看来,好生活是一种合乎理性的生活,而合乎理性的生活是用理智控制情欲,既不奢侈而又不吝啬。基督教对人作了双重化处理,认为相比起精神的存在,肉体的存在是不值得追求的,对肉体的贪欲只会导致人的沉沦,死后其灵魂不会进入天国而得到拯救。在中国封建社会,禁欲主义思想则长期与儒家伦理相结合,宋明理学的"存天理灭人欲"的道德说教将禁欲主义推向极端,使禁欲主义成为一种宗教式的生活方式。这种忽视或刻意压制人的欲望的伦理观念和制度设计,无疑是违背人的本性的,是人的异化或扭曲。

---

[1] 引自北京大学哲学系外国哲学史教研室编译:《古希腊罗马哲学》,商务印书馆 1961 年版,第 18 页。

[2] 柏拉图:《理想国》,商务印书馆 1986 年版,第 63 页。

现代社会在剔除禁欲主义观念的同时，又走入了另一个极端，即纵欲主义。按照现代人的理解，人根本不是由上帝或某种超越性的东西创造的，而是自然而然的存在，人性也不是由神性规定的，而是人的自然本性。人的自然本性乃是追求感官快乐和生活幸福。人是活生生的血肉之躯，他应该顺从自然法则而享受尘世生活的快乐。从某种意义上说，现代社会创设了一个完整的欲望激发机制，来尽力满足从禁欲主义之下解放出来的人们：纵欲主义的伦理观念为欲望的激发提供了伦理的论证和支持；市场为人欲望的扩张提供了社会环境；科学理性为人的欲望的实现提供了有效手段。现代社会一方面在激发人的欲望、开掘人的潜能过程中促进了生产的发展，但也把纵欲无度视为对人生的终极价值关怀，放弃了理性对欲望的规约，将人看做成了欲望化的存在。占有性的观念主导了现代人的思想，衡量人的尊严和地位不再看人是否拥有德性，而是看占有财富的多寡，金钱拥有的多少。判断人的价值的大小，不再以个人的道德修养和为社会的贡献为标志，而是以消费品的档次和名贵程度为参照；人生目的不再是追求超越现实的理想和终极关怀，而是尽力挣钱、及时消费、尽情享乐。

消费主义观念及其在实践中的贯彻，导致的是持续的破坏、动荡和不安。从生态安全的角度看，消费主义必然以自然界的消耗破坏为代价。高消耗、高排放是消费主义的基本特征，它驱使人们对自然进行最大程度的压榨，对自然的开发达到了极限。消费主义为消费而消费，人均消耗资源量急剧上升，加之人口的增加，使得资源总消费量按几何级数增长，产生出大量的工业和生活垃圾，加速了环境污染。消费的攀比心理、为获得利润而追求一次性消费，大大增加了环境资源压力，给生态安全造成了不可估量的损失。从社会关系的角度看，消费主义是一种典型的不公消费。众所周知，资源是稀缺的，一些人消费过多的资源，就意味着另一些人消耗量的必然减少。富者的花天酒地、高能耗、高污染，所带来的是穷人生存环境的恶化，可支配资源的减少。这种为争夺生存资源而展开的冲突，必将随着消费主义实践的进一步发展而愈演愈烈。消费主义还引发个体内在的骚动和不安。当人们将个体生存的意义和价值寄托在欲望的无限满足上的时候，个体在一个新的欲望满足的过程中，会产生更多的欲望。无尽的欲望生发的是内心欲望的无限涌动和感官需求的永无止境的追求。现代人寄希望于通过扩大消费来化解人与自然、人与人、人与社会的矛盾,这一目标是难以实现的。

引导欲望的合理化,使欲望得到合理化的满足才是解决问题的正确思路。合理的欲望既反对禁欲主义,也反对纵欲主义。它承认人的欲望存在的合理性,并认可它作为社会发展的直接动力所起的积极作用,但是它主张对欲望加以合理运用,使其处于理性可控的、合理的范围之内,主张在正当合理的欲望基础上不断促进文明和人性的健康发展。欲望的合理化,就是让欲望服从理性的引导,不至使人沦为欲望的奴隶。人是介于自然性和精神性之间的一种特殊的存在者。人既不是纯粹自然性的存在物,也不是纯粹的精神性的存在物。将人完全归结为纯粹的自然存在物,势必将人贬低到动物之列,而将人做庸俗化的处理;人也不是神,将人全然归结为精神性的存在物,势必夸大了人的精神因素的力量而流于唯心主义的窠臼。幸福生活是物质生活与精神生活的有机统一,物质生活幸福是精神生活幸福的前提和基础,精神生活幸福是物质生活幸福的目标指向和保障。只有把物质追求和精神追求结合起来的人生,才能称为幸福的人生。

合理的欲望同时也应该是遵循公平正义,富有责任感的欲望。人的存在,不是一种纯粹的权利化的存在,人是一个社会责任主体。不容否认,人的生存和发展以自身利益需要的满足为基石,但是人的需要并不仅仅体现为一种为我的向度,同时还具有一种非我性的特征。尽管从某种意义上说人的利益需要的满足就是对现实世界的一种索取过程,但是任何索取都必须以对对象世界的给予为补偿,索取与给予应当是一种对等的、关系化的过程。我们并不主张人弃绝物质享受,彻底摆脱"人类中心主义"观念,也并不主张人应当摆脱利己的观念和行为,成为一个彻底的利他主义者。但是,人作为一种社会性的存在,作为一种关系的存在这一基本事实,使得现代人需要认识到,人的价值和自我满足的实现方式是多种多样的,人的存在,并不只是受到物质需要的满足驱动,人除了拥有接受性的价值之外,还应当具有成就的价值或自我实现的价值。

正是基于这种理解,我们认为,人需要在多种价值的满足中寻求生活的意义感。粗俗化的、占有式的个人主义只能使人们丧失更高层次的需要和追求,将人的高尚追求拉至片面化的感性享受之中,任凭非理性的盲目冲动使自我碎片化。人的利益需要的满足,不应仅仅理解为直接的片面的享受,不应当仅仅被理解为所有和拥有。人与现实世界的关系应当是一种互利的关系,而不是一种占有式的关系。索取与给予是相统一的,权利与责任也是相互统一的。现代人应当在享受自身权利,在受到接受性价值驱动的同时,也受到自我实现价值和奉献价值的驱使。在责、权、利的统一中,凸显自我存在的价值,提高自己的生存境界。也只有确立这样的生存观,现代人才能有效地摆脱无根基的生存状态,最终以一种全面的方式,作为一个完整的人,占有自己的全面的本质。也只有立足于这样的自我观念的基础上,现代人才能建立起真正的确定性生存根基。

二、神圣感的激发

消费主义的扩张表明,在理性化和世俗化的今天,人们不再从某种外在的东西中寻求意义和价值,没有任何超越的存在为人的生活提供意义。此岸世界的一切与超验的神不再有任何关联。人世间的一切包括意义和价值都依赖于人自身。这样,理性主义驱除了超验的"理念"、"上帝"、"终极实在"之后,理性变成了至高无上的、神圣的东西。在追求感官享受中,现代人抛弃了一切禁忌:对自然毫无敬畏,对上帝毫不惧怕,对传统进行彻底涤荡,最终,生命本身也成了毫不神秘的东西。但是,现如今,大自然的反扑、"核毁灭"、"艾滋病"、"种族仇杀"、"泡沫经济"等等向我们充分表明,神圣禁忌的消除不仅不会给人带来真正的确定感,相反它以新的方式强化了人们的不确定感。现代人需要在理性的基础上重新恢复对神圣性的体认,要对生命存有敬畏心、崇拜心,具有终极关怀。

对于自然,我们应该保持敬畏之心。现代人应该认识到,尽管人类的理性认知能力随着实践的发展不断得到提高,但是相对于复杂的宇宙,人们的认知领域毕竟是有限的。这就意味着,人类虽然在不断地揭示自然中所隐含着的奥秘,但是这种奥秘并不是有朝一日就可以穷尽的事情。无论人类认识进步到何种程度,人类之所知相对人类所未知的世界奥秘都是有限与无限的关系。亦即对于人类而言,总存在隐匿着的、无限的宇宙奥秘。正因如此,宇宙间永远存在着人类所无法驾驭的力量。就在这个意义上,并且也只有在这个意义上,我们可以认为,世界是神秘的。承认了这一意义上的世界的神秘性,人类对自然就应该心存敬畏,而不能妄言彻底征服自然。对自然保持一种尊敬的心态,自觉维护人类的生存家园,并不等于让人类放弃对大自然的认识而退回泛灵主义当中,而是让人们以一种合理性的方式对待自己的生存实践,对待自己本身。

同时,现代人还应有一种终极关怀意识,具有一种超越性的情感。人作为自然存在物,是有限的,必然面临生死问题。但是和其他物种不一样的是,只有人才有思想,才会思考生死存亡这一根本问题;也只有人才会给予人生种种实践以终极性的价值和意义根据,以求克服生与死的尖锐冲突。终极关怀正是源于人的存在的有限性而又企盼无限的超越性本质,它是人类超越有限追求无限以达到永恒的一种精神渴望。终极关怀是对人生中最高的价值目标和最高意义的关注,它不仅使人知道"人何能生",还使人知道"人为何生"。唯有让"精神"、"灵魂"这些字眼重新恢复其崇高和神圣,现代人才能在有限的存在中获得无限感,进而实现对自身的超越。

参考文献

一、著作部分：

1.《马克思恩格斯选集》第 1—4 卷，人民出版社 1995 年版。

2.《马克思恩格斯全集》第 30 卷，人民出版社 1995 年版。

3.《马克思恩格斯全集》第 31、32 卷，人民出版社 1998 年版。

4. 亚里士多德:《尼各马科伦理学》，商务印书馆 2003 年版。

5. 亚里士多德:《形而上学》，商务印书馆 1959 年版。

6. 马克斯·韦伯:《经济与社会》，商务印书馆 1997 年版。

7. 马克斯·韦伯:《学术与政治》，生活·读书·新知三联书店 2005 年版。

8. 马克斯·韦伯:《韦伯作品集 XII》，广西师范大学出版社 2007 年版。

9. 斐迪南·滕尼斯:《共同体与社会》，商务印书馆 1999 年版。

10. 斐迪南·滕尼斯:《新时代的精神》，北京大学出版社 2006 年版。

11. 维尔纳·桑巴特:《奢侈与资本主义》，上海世纪出版集团 2005 年版。

12. 格奥莱格·西美尔:《时尚的哲学》，文化艺术出版社 2001 年版。

13. 格奥莱格·西美尔:《货币哲学》，华夏出版社 2002 年版。

14. 格奥莱格·西美尔:《金钱、性别、现代生活风格》，学林出版社 2002 年版。

15. 马歇尔·伯曼:《一切坚固的东西都烟消云散了》，商务印书馆 2003 年版。

16. 齐格蒙特·鲍曼:《流动的现代性》，上海三联书店 2002 年版。

17. 齐格蒙特·鲍曼:《现代性与矛盾性》,商务印书馆 2004 年版。

18. 齐格蒙特·鲍曼:《后现代性及其缺憾》,学林出版社 2002 年版。

19. 齐格蒙特·鲍曼:《共同体:在一个不确定的世界中寻求安全》,江苏人民出版社 2003 年版。

20. 齐格蒙特·鲍曼:《生活在碎片之中》,学林出版社 2002 年版。

21. 查尔斯·泰勒:《自我的根源:现代认同的形成》,译林出版社 2001 年版。

22. 查尔斯·泰勒:《现代性之隐忧》,中央编译出版社 2001 年版。

23. 查尔斯·泰勒:《黑格尔》,译林出版社 2002 年版。

24. 安东尼·吉登斯:《现代性的后果》,译林出版社 2000 年版。

25. 安东尼·吉登斯:《资本主义与现代社会理论》,上海译文出版社 2007 年版。

26. 于尔根·哈贝马斯:《后形而上学思想》,译林出版社 2001 年版。

27. 尤尔根·哈贝马斯:《包容他者》,上海人民出版社 2002 年版。

28. 理查德·罗蒂:《哲学与自然之镜》,上海三联书店 1987 年版。

29. 理查德·罗蒂:《偶然、反讽与团结》,商务印书馆 2003 年版。

30. 马克斯·霍克海默、西奥多·阿多尔诺:《启蒙辩证法》,上海人民出版社 2003 年版。

31. 伽达默尔:《科学时代的理性》,国际文化出版公司 1988 年版。

32. 埃里克松:《同一性:青少年与危机》,浙江教育出版社 1998 年版。

33. 胡塞尔:《欧洲科学的危机与超验现象学》,上海译文出版社 1988 年版。

34. 卡尔·雅斯贝尔斯:《时代的精神状况》,上海译文出版社 1997 年版。

35. 埃米尔·涂尔干:《社会分工论》,生活·读书·新知三联书店 2000 年版。

36. 丹尼尔·贝尔:《资本主义文化矛盾》,生活·读书·新知三联书店 1989 年版。

37. 詹姆斯·施密特编:《启蒙运动与现代性——18 世纪与 20 世纪的对话》,上海人民出版社 2005 年版。

38. 维塞尔:《启蒙运动的内在问题》,华夏出版社 2007 年版。

39. 艾恺:《世界范围内的反现代化思潮——论文化守成主义》,贵州人民出版社1991年版。

40. 鲁道夫·奥伊肯:《生活的意义与价值》,上海译文出版社1997年版。

41. 迈克·费瑟斯通:《消解文化——全球化、后现代主义与认同》,北京大学出版社2009年版。

42. 让·鲍多里亚:《消费社会》,南京大学出版社2008年版。

43. 吉尔·利波维茨基:《空虚时代——论当代个人主义》,中国人民大学出版社2007年版。

44. 吉尔·利波维茨基、埃丽亚特·胡:《永恒的奢侈——从圣物岁月到品牌时代》,中国人民大学出版社2007年版。

45. 吉尔·利波维茨基、塞巴斯蒂安·夏尔:《超级现代时间》,中国人民大学出版社2005年版。

46. 约翰·密尔:《论自由》,商务印书馆1959年版。

47. 邦雅曼·贡斯当:《古代人的自由与现代人的自由》,商务印书馆1999年版。

48. 托克维尔:《论美国的民主》(上下卷),商务印书馆1988年版。

49. 汉密尔顿、杰伊、麦迪逊:《联邦党人》,商务印书馆1980年版。

50. 约翰·罗尔斯:《正义论》(修订版),中国社会科学出版社2009年版。

51. 约翰·罗尔斯:《政治自由主义》,译林出版社2000年版。

52. 迈克尔·欧克肖特:《政治中的理性主义》,上海译文出版社2003年版。

53. 麦金太尔:《德性之后》,中国社会科学出版社1995年版。

54. 以赛亚·伯林:《自由论》,译林出版社2003年版。

55. 邓正来、亚历山大主编:《国家与市民社会》,中央编译出版社2002年版。

56. 阿巴拉斯特:《西方自由主义的兴衰》,吉林人民出版社2004年版。

57. 丹尼尔·沙拉汉:《个人主义的谱系》,吉林出版集团有限责任公司2009年版。

58. 威尔·金里卡:《自由主义、社群与文化》,上海世纪出版集团2005年版。

59. 郝大维、安乐哲:《先贤的民主》,江苏人民出版社 2004 年版。

60. 爱德华·W. 萨义德:《东方学》,生活·读书·新知三联书店 2007 年版。

61. 柯林武德:《自然的观念》,华夏出版社 1999 年版。

62. 塞尔日·莫斯科维奇:《还自然之魅——对生态运动的思考》,生活·读书·新知三联书店 2005 年版。

63. 麦茜特:《自然之死》,吉林人民出版社 1999 年版。

64. 莱斯:《自然的控制》,重庆出版社 1993 年版。

65. 约翰·贝拉米·福斯特:《生态危机与资本主义》,上海译文出版社 2006 年版。

66. 彼得·桑德斯:《资本主义——一项社会审视》,吉林人民出版社 2005 年版。

67. 伊·谢·科恩:《自我论——个人与个人自我意识》,生活·读书·新知三联书店 1986 年版。

68. 路德维希·维特根斯坦:《论确实性》,广西师范大学出版社 2002 年版。

69. 伊利亚·普利高津:《确定性的终结——时间、混沌与新自然法则》,上海科技教育出版社 1998 年版。

70. 弗莱德·R. 多迈尔:《主体性的黄昏》,上海人民出版社 1989 年版。

71. 理查丁·伯恩斯坦:《超越客观主义和相对主义》,光明日报出版社 1992 年版。

72. E. 策勒尔:《古希腊哲学史纲》,山东人民出版社 1992 年版。

73. E. 卡西勒:《启蒙哲学》,山东人民出版社 1988 年版。

74. 保罗·蒂利希:《存在的勇气》,贵州人民出版社 1998 年版。

75. 保罗·蒂利希:《政治期望》,四川人民出版社 1989 年版。

76. 鲁道夫·奥托:《论"神圣"》,四川人民出版社 1995 年版。

77. 大卫·格里芬:《后现代精神》,中央编译出版社 1998 年版。

78. 斯蒂文·贝斯特、道格拉斯·凯尔纳:《后现代理论——批判性的质疑》,中央编译出版社 1999 年版。

79. 斯蒂文·贝斯特、道格拉斯·凯尔纳:《后现代转向》,南京大学出版社 2002 年版。

80. 恩斯特·贝勒尔:《尼采、海德格尔与德里达》,社会科学文献出版社 2001 年版。

81. 安德鲁·甘布尔:《政治和命运》,江苏人民出版社 2003 年版。

82. 乌尔里希·贝克:《世界风险社会》,南京大学出版社 2004 年版。

83. H. P. 里克曼:《理性的探险》,商务印书馆 1996 年版。

84. Jorge Larrai:《意识形态与文化身份:现代性和第三世界的在场》,上海教育出版社 2005 年版。

85. 阿尔温·托夫勒:《第三次浪潮》,生活·读书·新知三联书店 1984 年版。

86. 韩震:《重建理性主义信念》,北京出版社 1998 年版。

87. 袁贵仁:《马克思的人学思想》,北京师范大学出版社 1996 年版。

88. 衣俊卿:《历史与乌托邦——历史哲学:走出传统历史设计之误区》,黑龙江教育出版社 1995 年版。

89. 刘小枫:《现代性社会理论绪论》,上海三联书店 1998 年版。

90. 晏辉:《现代性语境下的价值与价值观》,北京师范大学出版社 2009 年版。

91. 汪民安等主编:《现代性基本读本》(上下),河南大学出版社 2005 年版。

92. 汪民安、陈永国编:《尼采的幽灵——西方后现代语境中的尼采》,社会科学文献出版社 2001 年版。

93. 包亚明主编:《现代性与都市文化理论》,上海社会科学院出版社 2008 年版。

94. 张雄、鲁品越主编:《中国经济哲学评论:2004·货币哲学专辑》,社会科学文献出版社 2005 年版。

95. 张雄、鲁品越主编:《中国经济哲学评论:2006·资本哲学专辑》,社会科学文献出版社 2007 年版。

96. 包利民、M. 斯戴克豪斯:《现代性价值辩证论》,学林出版社 2000 年版。

97. 黄藿:《理性、德行与幸福》,台湾学生书局 1996 年版。

98. 杜维明、卢风:《现代性与物欲的释放》,中国人民大学出版社2009年版。

99. 钱永祥:《纵欲与虚无之上——现代情境里的政治伦理》,生活·读书·新知三联书店2002年版。

100. 韦政通:《中国文化与现代生活伦理思想的突破》,广西师范大学出版社2005年版。

101. 李佑新:《走出现代性道德困境》,人民出版社2006年版。

102. 陈宝:《资本·现代性·人——马克思资本理论的哲学意蕴及当代意义》,安徽人民出版社2008年版。

103. 汪堂家:《自我的觉悟——论笛卡尔与胡塞尔的自我学说》,复旦大学出版社1995年版。

104. 高秉江:《胡塞尔与西方主体主义哲学》,武汉大学出版社2000年版。

105. 林火旺:《正义与公民》,吉林出版集团有限责任公司2008年版。

106. 江宜桦:《自由主义、民族主义与国家认同》,台北扬智文化事业股份有限公司1998年版。

107. 徐向东:《自由主义、社会契约与政治辩护》,北京大学出版社2005年版。

108.《公共理性与现代学术》,生活·读书·新知三联书店2000年版。

109.《共和、社群与公民》,江苏人民出版社2004年版.

110. 应奇编:《自由主义中立性及其批评者》,江苏人民出版社2007年版。

111. 王成兵:《当代认同危机的人学解读》,中国社会科学出版社2004年版。

112. 张志刚:《走向神圣》,人民出版社1995年版。

113. 车玉玲:《总体性与人的存在》,黑龙江人民出版社2001年版。

114. 黄振定:《理性的回归与迷惘——西方经验论评析》,湖南师范大学出版社1996年版。

115. 吕祥:《希腊哲学中的知识问题及其困境》,湖南教育出版社1992年版。

116. 彭新武:《复杂性思维与社会发展》,中国人民大学出版社 2003 年版。

117. 吴伟斌:《第三种形而上学》,学林出版社 2002 年版。

118. 刘福森:《西方文明的危机与发展伦理学:发展的合理性研究》,江西教育出版社 2005 年版。

119. 佘碧平:《现代性的意义与局限》,上海三联书店 2000 年版。

120. 胡传胜:《自由的幻像——柏林思想研究》,南京大学出版社 2001 年版。

121. 张文喜:《自我的建构与解构》,上海人民出版社 2002 年版。

122. 张庆熊:《自我、主体际性与文化交流》,上海人民出版社 1999 年版。

123. 吴国盛主编:《自然哲学》第 2 辑,中国社会科学出版社 1996 年版。

124. 蔡英文:《主权国家与市民社会》,北京大学出版社 2006 年版。

125. Steven D. Hales and Rex Welshon, *Nietzsche's Perspectivism*, University of Illinois Press, 2000.

126. Isaiah Berlin, *The Crooked Timber of Humanity*, Alfred A. Knopf, 1991.

127. Alasdair MacIntyre, *After Virtue: A Study in Moral Theory*, University of Nortre Dame Press, 1984.

128. Michael Sandel, *Liberalism and the Limits of Justice*, Cambridge University Press, 1982.

129. Genevieve Lloyd, "The Man of Reason: 'Male' and 'Female'", *in Western Philosophy*, T. J. Press Ltd., Pasdstow, Cornwall, 1995.

130. Susan Mendus, *Toleration and the Limits of Liberalism*, Macmillan Education Ltd., 1989.

131. Jeffrey Weeks, "The Value of Difference", in Jonathan Rutherford (ed.), *Identity: Community, Culture, Difference*, Lawrence & Wishart, 1990.

132. Stuart Hall, "Cultural Identity and Diaspora", in Jonathan Rutherford (ed.), *Identity: Community, Culture, Difference*, Lawrence & Wishart, 1990.

133. Margaret Whitford, *Luce Irigaray: Philosophy in the Feminine*, Routledge, 1991.

134. Harriet Bradley, *Fractured Identities: Changing Patterns of Inequality*,

Polity Press,1966.

135. Shlomo Avineri and Avener de-Shalit（ed.）,*Communitarianism and Individualism*,Oxford University Press,1999.

136. Michael Oakeshott,*On Human Conduct*,Charendon Press,1975.

137. Dom Illyd Trethowan,*Certainty*:*Philosophical and Theological*,Dacre Press,1948.

138. Richard L. Velkley,*Freedom and the End of Reason*,The University of Chicago Press,1989.

139. Amitai Etzioni,*New Communitarian Thinking*:*Person*,*Virtues*,*Institutions and Communities*,University Press of Virginia,1995.

140. Macpherson,*The Political Theory of Possessive Individualism*:*Hobbes to Locke*,Oxford University Press,1962.

141. Ernest Gellner,*State and Society in Soviet thought*,Blackwell,1988.

二、论文部分

1. 丁祖豪、陈广国:《论不确定性》,《齐鲁学刊》2004 年第 1 期。

2. 王荣江:《追求确定性知识的思维方式及其现代性后果》《自然辩证法研究》2003 年第 7 期。

3. 周茜蓉、程金生:《确定性重建的方向:在现代性的问题域中》,《现代哲学》2001 年第 4 期。

4. 杨耕:《马克思哲学与"生存论转向"》,《哲学研究》2001 年第 12 期。

5. 张曙光:《论"存在"的生存意蕴与辩证性质》,《江海学刊》2002 年第 4 期。

6. 孙正聿:《当代人类的生存困境与新世纪哲学的理论自觉》,《社会科学辑刊》2003 年第 5 期。

7. 韩震:《关于现代性与后现代性的论争》,《新视野》2002 年第 1 期。

8. 朱红文:《二元论、实证主义与世界的祛魅》,《求索》2001 年第 4 期。

9. 甄志宏:《现代性发展理念的内部陷阱》,《齐齐哈尔大学学报》2003 年第 5 期。

10. 张汝伦:《自我的困境——近代主体性形而上学之反思与批判》,《复旦大学学报》1998 年第 1 期。

11. 张文喜:《马克思对哲学史自我同一问题的哲学转换》,《学术月刊》2001 年第 12 期。

12. 陈来:《价值·权威·传统与中国哲学》,《哲学研究》1989 年第 10 期。

13. 王芳:《道德个体的孤独与道德权威的尴尬》,《唐都学刊》2008 年第 4 期。

14. 王蒙:《躲避崇高》,《读书》1993 年第 1 期。

15. 任仕君、白冰:《自由主义民主教育的困境及其解决路径》,《外国教育研究》2009 年第 2 期。

16. 邸利平、袁祖社:《"相对主义"与"绝对价值"之争——价值相对主义与现代性精神存在根基的缺失》,《人文杂志》2010 年第 1 期。

17. 周建国:《单位制与共同体:一种可重拾的美德》,《浙江学刊》2009 年第 4 期。

18. 周怀红、徐兆东:《道德秩序:从传统社会转向现代社会》,《学术论坛》2007 年第 6 期。

19. 贺来:《"道德共识"与现代社会的命运》,《哲学研究》2001 年第 5 期。

20. 贺来:《价值秩序的颠倒与现代社会的命运》,《吉林大学学报(社会科学版)》2003 年第 6 期。

21. 韩艳:《理念世界与生存根基——从生存论角度看柏拉图的"理念论"》,《江汉论坛》2002 年第 3 期。

22. 宋文新:《海德格尔对技术形而上学的思考》,《长春市委党校学报》2001 年第 2 期。

23. 陈立胜:《身体:作为一种思维的范式》,《东方论坛》2002 年第 2 期。

24. 陈立胜:《"上帝之死"与存在哲学之"焦虑"观》,《中山大学学报》2001 年第 6 期。

25. 俞吾金:《对马克思实践观的当代反思———从抽象认识论到生存论本体论》,《哲学动态》2003 年第 6 期。

26. 邹诗鹏:《意识哲学的终结》,《天津社会科学》1998 年第 5 期。

27. 吴开明:《现代性哲学基础的反思——哈贝马斯对意识哲学范式的拒

斥》,《厦门大学学报》2001年第5期。

28. 李侠、邢润川:《论科学主义与现代性认同的危机》,《东南学术》2003年第4期。

29. 唐文明:《何谓现代性?》,《哲学研究》2000年第8期。

30. 杨建祥:《生存体系中的德性》,《中共浙江省委党校学报》2004年第2期。

31. 龚群:《后形而上学的思维及其哲学方法论问题》,《哲学动态》1999年第8期。

32. 张一兵:《阿多诺:奥斯维辛之后不再写诗》,《福建论坛》2001年第1期。

33. 溥林:《理念与光照——论柏拉图理念论对中世纪哲学的影响》,《四川大学学报》2003年第2期。

34. 姚新中:《自我建构与同一性——儒家的自我与一些西方自我观念之比较》,《哲学译丛》1999年第2期。

35. 杨大春:《他者与他性——一个问题的谱系》,《浙江学刊》2001年第2期。

36. 杨龙:《西方自由主义政治思想的转折点——托马斯·格林的政治哲学》,《云南行政学院学报》2000年第3期。

37. 汤剑波:《西方早期社会保障制度背后的主流价值观》,《南京师范大学学报(社会科学版)》2009年第11期。

38. 晏辉:《资本的运行逻辑与消费主义》,《中国人民大学学报》2005年第6期。

39. 郗戈:《从资本逻辑看现代性逻辑的生成与发展》,《社会科学辑刊》2010年第1期。

40. 陶火生:《自然的返魅路径:伦理拓展、制度变革与资本批判》,《哲学动态》2009年第9期。

41. 吴国盛:《自然的发现》,《北京大学学报(哲学社会科学版)》2008年第2期。

42. 徐明宏:《论家庭崇拜与家庭衰落》,《青海社会科学》2005年第5期。

后　记

　　本书是在我的博士论文的基础上修改而成的。时光荏苒,弹指一挥间,十五年光阴已匆匆而过。1995 年我告别了高中生活,来到北京师范大学开始我的大学生涯。自此,我先后在北京师范大学哲学系(哲学与社会学学院)读完了本科、硕士、博士,并于 2005 年 7 月博士毕业后留校任教。回首十多年光阴,感慨良多。这十多年,无论是对于我学术的成长,还是对于我个人生活的磨砺,都是至关重要的。

　　在北京师范大学学习和工作的这十几年里,我得到了无数人的关爱和帮助。特别感激我的博士生导师韩震教授多年来对我的培养、关怀、鼓励和支持。先生严谨的治学之风,勇于探索的精神,始终给我以潜移默化的影响。先生高屋建瓴的理论洞察力,使我不断超越肤浅的认识,一步步深入到问题的实质。在我留校工作的时间里,先生对我的工作和生活给予了大力的帮助和支持。从先生那里,我强烈感受到了学者所具有的严谨治学风格,对社会所具有的高度负责态度,对学生所具有的亲切关怀之情。我的硕士生导师王成兵教授,多年来一直给予我很大的指导和鼓励。在我就读硕士研究生的时间里,王老师对我进行了细致的指导,给我提供了许多宝贵的机会,使我能够尽快进入研究生学习的角色。三年的硕士研究生生活所积累的知识、培养的研究兴趣,至今仍对我有着很大的影响。在我以后的读书和工作中,王老师一如既往地给予着我莫大的帮助和支持。我每一步的成长,都与我的两位导师的悉心指导和亲切关怀密不可分,我的点点滴滴进步都凝聚着两位导师的心血。

　　在博士论文开题、写作和答辩过程中,许多老师给我提出了很好的建议和批评。尊敬的齐振海教授、袁贵仁教授、杨耕教授、张曙光教授、江怡教授、赵敦华教授、马俊峰教授、崔新建教授、吴向东教授、沈湘平教授、兰久富副教授等诸位老师在不同的阶段都从不同的角度对我论文涉及的问题提出了很好的建议,这对我论文的写作、修改起到了很大的作用。

在求学和工作的这十多年里,院、系、所里的各位老师、领导和同事在学业、工作和生活上给予了我莫大的关心和帮助。在这十多年里,我的那些已经毕业的大学和研究生同学们,他们也都在以不同的方式对我进行着鼓舞和支持。离开了各位老师、同事和同学的帮助,很难想象我能有什么成长和进步。

最后,非常感谢教育部人文社会科学重点研究基地北京师范大学价值与文化研究中心将本书列入资助计划,人民出版社的田园编辑为本书的出版做了大量工作,在此一并表示衷心的感谢。

在未来的工作、学习中,我将永存感激之情,以实际行动来表达我最真诚的谢意。

吴玉军

2011 年 2 月

责任编辑:田　园

版式设计:东昌文化

图书在版编目(CIP)数据

非确定性与现代人的生存/吴玉军 著. －北京:人民出版社,2011.12

(当代价值与文化丛书)

ISBN 978－7－01－010436－2

Ⅰ.①非…　Ⅱ.①吴…　Ⅲ.①价值论(哲学)-研究　Ⅳ.①B018

中国版本图书馆 CIP 数据核字(2011)第 240301 号

非确定性与现代人的生存

FEI QUEDINGXING YU XIANDAIREN DE SHENGCUN

吴玉军　著

人 民 出 版 社 出版发行

(100706　北京朝阳门内大街 166 号)

北京集惠印刷有限责任公司印刷　新华书店经销

2011 年 12 月第 1 版　2011 年 12 月北京第 1 次印刷

开本:710 毫米×1000 毫米 1/16　印张:16.75

字数:260 千字　印数:0,001－3,000 册

ISBN 978－7－01－010436－2　定价:34.00 元

邮购地址 100706　北京朝阳门内大街 166 号

人民东方图书销售中心　电话 (010)65250042　65289539